Zwischen Rebellion und Reform
Frauen im Berliner Westen

W0058233

Zwischen Rebellion und Reform

Frauen im Berliner Westen

Herausgegeben von Birgit Jochens und Sonja Miltenberger

Mit Beiträgen von
Claudia Schoppmann, Birgit Wolf, Doris Hünert

sowie Brita Engel, Sandra Hildebrandt,
Gudrun Maierhof, Stefanie Brauer, Amory Burchard,
Hannelore Kempin, Louisa Sach

Jaron Verlag

*Das Buch ist mit freundlicher Unterstützung des
Bezirksamts Charlottenburg von Berlin entstanden.*

Originalausgabe
1. Auflage 1999
© 1999 Jaron Verlag GmbH, Berlin
Umschlaggestaltung: Atelier Kattner, Berlin, unter Verwendung folgender
Fotos: Archiv des Damenschwimm-Vereins „Nixe" e.V. (Gisela Arendt,
um 1936); Edition Braus (Tilla Durieux, um 1925); Berkeley University of
California Press (Lise Meitner und Eva van Bahr-Bergius, um 1920)
Satz: LVD GmbH, Berlin
Druck und Bindung: Clausen & Bosse, Leck

ISBN 3-89773-003-0

Inhalt

Einleitung 7
Birgit Jochens/Sonja Miltenberger

Soziale Arbeit und Frauenbewegung 10
Birgit Jochens/Claudia Schoppmann

Politik und Zeitgeschichte 39
Claudia Schoppmann

Literatur 62
Claudia Schoppmann

Kunst, Architektur und Musik 82
Birgit Wolf

Theater, Film und Kabarett 135
Claudia Schoppmann

Wissenschaft und Bildung 160
Birgit Wolf/Doris Hünert

Wirtschaft 193
Doris Hünert

Salon 204
Doris Hünert

Sport 213
Sonja Miltenberger

Literaturverzeichnis 227
Personenregister 230

Einleitung

Ohne das Engagement von Frauen wäre Charlottenburg nicht das, was es heute ist: ein aufregender, vielfältiger und lebendiger Bezirk mitten in Berlin.

Von der Atomphysikerin bis zur schnellsten Frau der Welt, von der „besten Hausfrau Berlins" bis zur Ballonfliegerin, von Filmdiven und Chemikerinnen bis zu Bildhauerinnen reicht die Palette der Frauen, die in Charlottenburg gelebt oder gearbeitet haben. Sie alle haben von der damals reichsten Stadt Preußens profitiert und zugleich zu ihrer Entwicklung, ihrem Flair beigetragen: sei es im sozialen Bereich, dessen Aufgaben und Ziele eng verknüpft waren mit denen der bürgerlichen Frauenbewegung, sei es in der Politik, in Kunst und Literatur, auf der Leinwand oder der Bühne, in Laboren und Chefetagen, auf der Aschenbahn oder im Salon.

Dabei sind viele Leistungen zu einer Zeit erbracht worden, da die beruflichen Rahmenbedingungen für Frauen noch nicht geschaffen waren, sondern erst mühsam erstritten werden mußten. Dennoch bot Charlottenburg eine ganze Menge besonderer Anziehungspunkte, um sich hier anzusiedeln oder tätig zu werden.

Seit Entstehung der Stadt vor rund 300 Jahren verfügt diese über eine reiche kulturelle Tradition. Schon Kurfürstin Sophie Charlotte, nach der das einstige Lützenburg 1705 benannt wurde, hat sie mit einem Hofleben begründet, das Künstler und Gelehrte versammelte und das Schloß zu einem Zentrum des berlin-brandenburgischen Geisteslebens werden ließ. Auch außerhalb des Hoflebens haben „Vergnügungs-Etablissements" mit einem vielfältigen kulturellen Angebot eine besondere Rolle in der bis in die Mitte des vorigen Jahrhunderts hinein eher verträumten Sommerfrische gespielt, denn sie zählten zu den Attraktionen, mit denen die verwöhnten Berliner angelockt werden sollten. Im Zuge der Industrialisierung, die Charlottenburg innerhalb von rund 50 Jahren zu einer modernen Groß-

stadt werden ließ, hat sich der Neue Westen Berlins wegen seiner
reichhaltigen Kulturlandschaft, den Hochschulen und Theatern als
Alternative zum Leben im alten Zentrum etablieren können. Besonders in den 20er Jahren machte der Kurfürstendamm mit seinen
eleganten Restaurants, Cafés, Kinos und Kunstausstellungen Charlottenburg zu einem Treffpunkt der Avantgarde. Auch war die Stadt
um eine „Daseinsfürsorge nach dem besten Standard der Zeit"
bemüht. Mit der Unterstützung von privaten Initiativen, von denen
in den folgenden Kapiteln noch ausführlich berichtet wird, hat sie
eine Reihe führender Einrichtungen der sozialen Fürsorge geschaffen, vor allem im Bereich der städtischen Armen- und Waisenpflege,
der Krankenpflege, der Säuglingsfürsorge und des Schulwesens.
So hat sie sich als ein Wohnort für die „besseren", für moderne Ent-
wicklungen aufgeschlossene Kreise behaupten können, aus denen
viele der Frauen stammen, die im folgenden vorgestellt werden.

Die meisten von ihnen haben im 19. und 20. Jahrhundert gelebt;
gelegentlich konnten auch Daten zu Frauen ermittelt werden, deren
Hauptlebenszeit im 18. Jahrhundert liegt.

Anliegen der in diesem Band angestellten „Spurensuche" ist es,
einen Eindruck von dem zu vermitteln, was Frauen zu unterschiedlichen Zeiten, in verschiedenen Berufen und aus den vielfältigsten
Motiven heraus geleistet haben, und darzulegen, warum dies gerade in Charlottenburg geschah. Dabei sind die rund 130 Biografien
jeweils größeren Berufsbereichen zugeordnet, deren Einleitungs-
texte den stadt- und kulturgeschichtlichen Hintergrund skizzieren.
Den größten Raum nehmen die Sparten Kunst, Literatur und Musik
ein – nicht allein deswegen, weil Frauen hier im allgemeinen schon
früh Betätigungsfelder für sich erobern konnten, sondern auch infolge der oben beschriebenen besonderen Sozialstruktur des Neuen
Westens. Den in der Kunst aktiven Frauen folgen die Wissenschaft-
lerinnen, die mit der Eröffnung der Technischen Hochschule und
der Zulassung von Frauen zu naturwissenschaftlichen Fächern den
Weg nach Charlottenburg fanden. Ausführlich ist von einigen der
Sozialpädagoginnen, Sozialpolitikerinnen und Frauenrechtlerinnen
die Rede, die sich – oft in Kooperation mit dem für diese Bereiche
aufgeschlossenen Magistrat – einen weit über Berlin hinaus rei-
chenden Namen haben machen können. Selbst im Bereich des Sports

lassen sich herausragende Leistungen von Frauen aufzeigen, da die Stadt auch hier über fortschrittliche Einrichtungen verfügte.

Sofern es keine Selbstzeugnisse gibt, ist die Rekonstruktion der Biografien nicht immer einfach gewesen. Auch in diesem Bereich ist die Geschichte der Überlieferung männlich geprägt. Das Wirken der Frauen nachzuzeichnen ist oft schon allein deswegen schwierig, weil „Beruf" bei vielen von ihnen nicht notwendig bezahlte Arbeit bedeutete, sondern eher gleichzusetzen ist mit Berufung, Engagement und Profession und dementsprechend wenig dokumentiert ist. Auch sind bei manchen Frauen zwar ihre besonderen Leistungen bekannt, nicht jedoch ihre sonstigen Lebensumstände oder womit sie ihren Lebensunterhalt verdienten.

Schon allein die Klärung der Frage, wo die Frauen, deren Lebensspuren sich verfolgen lassen, überhaupt gelebt haben, erweist sich oft als unmöglich. In Adreßbüchern ist manche Frau nicht auffindbar, weil sie hinter Ehemännern bzw. Vätern als Namensgeber und Haushaltsvorstand „verschwindet".

Die vorgelegten Porträts sollen dementsprechend nicht nur zahlreiche interessante Frauen vorstellen, sie sollen auch neugierig machen und zu weiteren Nachforschungen anregen. Am Schluß jedes Porträts folgen daher Literaturhinweise zur Person und – soweit bekannt – ein Hinweis zum Ort, an dem sich der Nachlaß befindet. Im Literaturverzeichnis schließlich sind jene Titel aufgenommen, die allgemeine bzw. weiterführende Informationen zur Lokal- und Frauengeschichte enthalten.

Wir danken Petra Budke sowie folgenden Berliner Institutionen für die bereitwillige Unterstützung und großzügige Bereitstellung von Materialien: dem Frauenforschungs-, -bildungs- und -informationszentrum (FFBIZ), das eine der wichtigsten frauenspezifischen Sammlungen besitzt und darüber hinaus auch besonders zur Charlottenburger Frauengeschichte informiert, dem Verborgenen Museum, dem Archiv der Humboldt-Universität zu Berlin, dem Archiv des Staatsbürgerinnenverbandes, dem Archiv des Sportmuseums (Stiftung Stadtmuseum Berlin), der Gedenkstätte Deutscher Widerstand, dem Archiv des Vereins der Berliner Künstlerinnen, e. V. sowie dem Bauhaus-Archiv.

Januar 1999   *Die Herausgeberinnen*

Soziale Arbeit und Frauenbewegung

Als die Armendirektion Charlottenburgs 1912 einen *Führer für die Praxis* vorlegte, in dem auf fast 100 Seiten alle damaligen Wohlfahrtseinrichtungen der Kommune aufgeführt waren, konnte die Stadt mit Stolz auf ein vorbildliches System sozialer Fürsorge verweisen. Die Voraussetzungen dafür waren von einer kommunalen Selbstverwaltung geschaffen worden, die nach einer „Daseinsfürsorge nach dem besten Standard der Zeit" strebte und dafür als eine der reichsten und größten Städte Preußens auch die Mittel besaß. Mit der Neuordnung und Ausweitung fürsorgerischer Bemühungen reagierte Charlottenburg nicht nur auf das sich infolge der Industrialisierung einstellende Bevölkerungswachstum und Massenelend, sondern es war im Wettstreit mit Berlin auch mehr als andere Städte darum bemüht, steuerzahlende Bürger sowie Industrie anzulocken, und schon deswegen an der Bereitstellung einer entsprechenden Infrastruktur interessiert.

Das modellhafte Fürsorgesystem Charlottenburgs basierte jedoch vor allem auf dem privaten Engagement der zahlenmäßig stark vertretenen Oberschicht, für die Wohltätigkeit eine selbstverständliche Ergänzung zur eigenen privilegierten Lebensführung war. Viele ihrer, oft miteinander befreundeten, Familien – so u. a. ↑Heyl, ↑Gierke, Siemens, Mommsen, Harnack, ↑Weber – widmeten sich, obwohl ansonsten eher konservativ, der im ganzen Reich geführten Diskussion über die „soziale Frage". Sie waren auch aufgeschlossen für die Ziele der bürgerlichen Frauenbewegung, die vielen Charlottenburgerinnen zusätzliche Impulse für das eigene Handeln gab. So hatten gerade Frauen aus „guter" Familie einen entscheidenden Anteil an der sozialen Arbeit. Sie vermittelten einander nicht nur das dafür notwendige geistige Rüstzeug, sondern nutzten auch die gesellschaftlichen Verbindungen innerhalb ihrer Schicht, aber auch zum Magistrat. Ihre Netzwerke haben sie v. a. eingesetzt, um die notwendigen Mittel für die von ihnen geplanten Projekte einzutreiben. Als ein wahres Finanzgenie galt bspw. Hedwig Heyl, der es dank der Protektion von Kaiserin Friedrich immer wieder gelang, auch Ministerien und den Magistrat für ihre sozialen und sozialpädagogischen Ziele einzuspannen. Die Bekanntschaft mit einer ihrer Mitstreiterinnen, Anna von Gierke, galt – so die *Neue Frauen-Zeitung* vom 15. 3. 1924 – im Kreise der Berliner Gesellschaft jahrelang sogar als „recht gefährlich: Niemand entkam ungerupft ihrer Nähe." Während sie auf dem Gebiet der sozialen Arbeit eigene Ideen entwickelten oder staatliche Bemühungen intensivierten und qualifizierten, wodurch auch die Professionalisierung in den entsprechenden Arbeitsbereichen vorangetrieben wurde, haben sich die Frauen der Charlottenburger Oberschicht wenig geschont: Oft haben sie bis zur Erschöpfung und in Selbstausbeutung gearbeitet. Ein bis in die Nacht reichender Arbeitseinsatz war für Anna von Gierke zeitlebens selbstverständlich. Hedwig Heyl bezahlte ein ähnliches Pensum mit dauerhafter Migräne und zahlreichen Zusammenbrüchen.

Der größte Teil der sozialen Arbeit und Unterstützung wurde in Charlottenburg wie überall im Kaiserreich bis zur Jahrhundertwende in den Formen einer traditionellen Wohltätigkeit geleistet, für die sich eine große Zahl von Vereinen, Stiftungen und einzelne wohlhabende und bekannte „Gönner" sowie die christliche und die jüdische Gemeinde engagierten. Ein frühes Beispiel dafür ist das 1867 errichtete Wilhelm-Stift am heutigen Spandauer Damm 62: ein „Asyl für hilfsbedürftige Witwen und verwaiste Jungfrauen aus den gebildeten Ständen", das dank der Initiative von Abelone ↑Jensen mit der Unterstützung einiger reicher Bürgerinnen und Bürger, von Bankhäusern und Mitgliedern des Königshauses entstand. Wichtige Instrumente zur Beschaffung der notwendigen Mittel waren gesellschaftliche Ereignisse wie Wohltätigkeitsbasare, Bälle oder Lotterien, über die in der Presse ausführlich und mit gebührendem Respekt berichtet wurde.

Solche Aktivitäten ergänzten die städtische Armen- und Waisenpflege, die bis in die 1890er Jahre hinein eine Domäne von Männern war. Mit der Wahrnehmung ihrer Ämter strebten diese im allgemeinen nach einer Karriere in der kommunalen Selbstverwaltung.

Seit 1892 ließ man auf den Druck der Frauenbewegung hin auch in
Charlottenburg Frauen zur Waisenpflege und seit 1901 zur Armenpflege zu. Seit 1904 mit dieser Funktion betraut, gehörte Helene
Weber, Mutter der namhaften Sozialwissenschaftler Max und Alfred Weber und eine der besonders aktiven „Mütter" der Stadt, zu
den ersten, zwar noch nicht bezahlten, aber „amtlichen" Armenpflegerinnen.

Im Bereich der Wohnungspflege, die bauliche Mängel in den
überfüllten Mietshäusern, vor allem aber „Mängel in der Benutzung
von Wohnungen" wie „ungenügendes Lüften" oder „sittlichkeits-
gefährdende Zustände" festzustellen und zu beheben hatte, wurden
bürgerliche Frauen von Anfang an einbezogen. Als Hausfrauen
hielt man sie für besonders kompetent und geschickter „im freund-
lichen Einwirken auf andere". Als erste hauptamtliche Kraft wurde
hier 1912 gleich eine Frau, die Doktorin der Staatswissenschaften
Marie-Elisabeth ↑Lüders, eingestellt. Sie erhielt allerdings nur die
Hälfte des Gehaltes, das man ihren Kollegen zubilligte, und keinen
Gehilfen.

Zu den Bereichen der Wohlfahrt, in denen sich Charlottenburg
dank des Engagements seiner Mitbürgerinnen ganz besonders hervorgetan hat, gehört die Kinder- und Jugendpflege, wesentlich ini-
tiiert von der schon genannten Hedwig Heyl und von Anna von
Gierke. Die beiden Frauen haben sich damit und mit ihrem weiteren
unermüdlichen Wirken in unzähligen Vereinen, Verbänden und Institutionen einen weit über Berlin hinausreichenden Namen gemacht.

Direkt konfrontiert mit den Lebensbedingungen der in der Fabrik
ihres Mannes tätigen Kinder, deren Gesundheitszustand infolge mi-
serabler Wohnbedingungen, einer mangelhaften Ernährung und dem
Zwang zu früher Erwerbsarbeit beeinträchtigt war und deren schu-
lische Leistungen zusätzlich unter einer mangelhaften außerschuli-
schen Betreuung litten, sorgte Hedwig Heyl zusammen mit Anna
von Gierke mit der Gründung des Vereins Jugendheim e. V. ab 1894
für die Einrichtung einer Stätte, die all diesen Mängeln entgegenzu-
wirken suchte. Die Stadt unterstützte diese Bemühungen, indem sie
dem Verein 1907 ein Grundstück in der Goethestraße 22 zur Verfügung stellte. Im Streben nach Professionalisierung aller Arbeitsge-

biete von Frauen haben die beiden zugleich für die Etablierung neuer sozialer Berufe wie der Hortnerin, Jugendleiterin und Schulpflegerin gesorgt. Zusammen mit Frauen wie Henriette Schrader-Breymann und dem Schöneberger Pestalozzi-Fröbel-Haus sowie dem Sozialpädagogischen Seminar in der Goethestraße schufen sie auch gleich entsprechende Ausbildungsstätten.

Am Wirken einer weiteren Einrichtung, die sich der Kinderfürsorge widmete und zum Modell für ähnliche Einrichtungen im ganzen Deutschen Reich wurde, dem Kaiserin Auguste Victoria Haus (KAVH), hatten ebenfalls Frauen einen entscheidenden Anteil. Das mit Unterstützung der Stadt, die – wiederum – ein Grundstück am Heubnerweg (früher: Mollwitzstraße) stiftete, und dank des Protektorats von Kaiserin Friedrich sowie mit Hilfe zahlreicher öffentlicher und privater Spenden 1909 eröffnete Säuglings-Krankenhaus, eines der ersten seiner Art, hatte das Ziel, mit entsprechenden Forschungen und der Entwicklung von Pflegeprogrammen zur Verringerung der Säuglingssterblichkeit beizutragen. Diese lag in Charlottenburg zwar niedriger als in anderen deutschen Großstädten, dennoch überlebte um 1900 noch fast jedes dritte Kind das erste Lebensjahr nicht. Zur Aufklärung einer breiten Öffentlichkeit über die Hauptursachen dieser Situation wurden verschiedene Schriften herausgegeben, die über eine säuglingsgerechte Ernährung und Pflege informierten. Besonderen Erfolg hatte die *Säuglingspflegefibel* der Oberin Antonie ↑Zerwer, die in ca. zwei Millionen Exemplaren Verbreitung fand. In engem Kontakt mit anderen im Bereich der sozialen Arbeit tätigen Frauen wie Anna von Gierke organisierten Antonie Zerwer und weitere Schwestern des KAVH darüber hinaus von Charlottenburg aus die Ausbildung von Säuglings- und Kinderpflegerinnen in vielen deutschen Städten.

Ebenfalls der Initiative von Frauen war es zu verdanken, daß im Oktober 1908 in Charlottenburg in der Rüsternallee 24 eines der größten Mütter- und Säuglingsheime Deutschlands den Betrieb aufnehmen konnte. Es war mit Unterstützung des Vereins Säuglingsheim entstanden, einer Gründung von Aniela Fürstenberg und Fanny Steinthal, den Ehefrauen von zwei der einflußreichsten Berliner Bankiers. Dieses Heim unterschied sich von vergleichbaren Einrichtungen nicht nur dadurch, daß es gezielt ledige Frauen aufnahm,

sondern auch darin, daß es diesen die Möglichkeit gab, hier gleich
mehrere Jahre als Mieterinnen zu wohnen. Allein der Nachweis dieser Heimstätte wird manches Dienstmädchen vor dem Verlust des
Sorgerechts für das uneheliche Kind bewahrt haben.

Zum besonderen Standard der Sozialarbeit in Charlottenburg
gehörte seit 1909 auch eine Zentrale aller sozialen und pflegeri-
schen Aktivitäten – sowohl der privaten wie auch der kommunalen
Träger –, die gegenüber dem Rathaus im Cecilienhaus an der ehemaligen Berliner Str. 137 (heute: Otto-Suhr-Allee 59) eingerichtet
wurde. Den aufwendigen Bau, der z. T. mit den damals neuesten
technischen und hygienischen Errungenschaften wie Elektrizität,
Warmwasserheizung, Hausfernsprechanlage, Fahrstühlen und einer
Staubsaugeanlage ausgestattet wurde, hatten der Vaterländische
Frauenverein mit Hilfe zahlreicher Spenden und die Stadt Charlottenburg ermöglicht. Mit dieser Einrichtung, deren Geschäftsstelle
Elisabeth Stein unterstand, suchte man eine größtmögliche Über-
schaubarkeit, Effizienz und Planbarkeit aller sozialen Aktivitäten
zu erzielen – und auch eine Kontrolle der Klientel, um zu verhindern, daß diese sich gleich mehrfach in dem ausgebauten Netz sozialer Fürsorge bedienen konnte.

Der dem Roten Kreuz angegliederte Vaterländische Frauenverein, dessen Charlottenburger Zweigstelle Frauen des Adels und des
gehobenen Bürgertums 1879 gegründet hatten, widmete sich seit den
1870er Jahren längst nicht mehr nur der Ausbildung von Frauen für
die Pflege von in Kriegszeiten Verwundeten. Er unterhielt im Cecilienhaus eine Klinik mit eigener Schwesternschaft, eine Zentral-
und eine Krankenküche, eine Volksküche, Fürsorgestellen für Lun-
genkranke und Alkoholsüchtige und eine Krippe. Ebenfalls im Cecilienhaus angesiedelt waren u. a. die städtischen Fürsorgestellen,
von denen die Tuberkulosefürsorge besonders intensiv frequentiert
wurde, und die Vereinigung der Wohltätigkeitsbestrebungen, ein
im Jahr 1901 gegründeter Zusammenschluß der wichtigsten Wohltätigkeitsbestrebungen. Auch zwei der im ganzen Deutschen Reich
prominenten Vereine, der Verein Jugendheim und Hedwig Heyls
Hauspflegeverein, waren hier zu finden.

Helene Webers Öffentliche Schreibstube für Stellenlose bot sechs-
wöchige Arbeitsbeschaffungsmaßnahmen an.

In der Jugendgerichtshilfe arbeitete eine der ersten angestellten Frauen, Clara ✝ Israel; bis zur Verfolgung durch die Nationalsozialisten war sie mit leitenden Funktionen in der Charlottenburger Wohlfahrtspflege betraut.

Das, wonach die im Bereich der sozialen Arbeit Tätigen strebten, hieß „Mütterlichkeit". Die Konzepte der bürgerlichen Frauenbewegung von der „weiblichen Kulturaufgabe" und der „geistigen Mütterlichkeit", die wesentlich von der Pädagogik Friedrich Fröbels beeinflußt waren, bildeten die ideologische Grundlage. Diese Theorien gingen von einer grundsätzlichen Wesensverschiedenheit von Frau und Mann aus. Der Frau wurden „mütterliche", d. h. besonders hegende und pflegende Eigenschaften zugeschrieben. Diese sollten sowohl der Familie als auch allen „Bedürftigen" außerhalb der Familie zugute kommen. Durch diese Übernahme von öffentlichen Pflichten im Staat hofften die Frauen, auch zu einer politischen Gleichberechtigung zu gelangen. Dabei stellte das Frauenbild die Zuständigkeit der Frauen für Haushalt und Familie nicht in Frage.

Während kleinbürgerliche und proletarische Frauen längst gezwungen waren, sich etwa als Dienstmädchen oder Waschfrau in einem der bürgerlichen Haushalte oder in der Charlottenburger Elektro- und Chemieindustrie, bei Siemens & Halske oder bei Schering, zu verdingen, wurden seit Ende des 19. Jahrhunderts von der Frauenbewegung Erwerbsarbeitsplätze für bürgerliche Frauen außer Haus erkämpft und neue Berufe wie die Telefonistin, kaufmännische Angestellte und Handelsgehilfin erstritten. Allerdings blieben die Frauen auch in diesen Berufen bezüglich Einkommen und Aufstiegschancen den Männern gegenüber diskriminiert. Gegen diese Benachteiligung wehrten sie sich durch die Gründung eigener Berufsorganisationen und Gewerkschaften, die z. T. einen sehr hohen Organisationsgrad erreichten.

Hierzu gehörte u. a. der 1907 gegründete Berliner Verein der Post- und Telegraphenbeamtinnen, der einem dezentral geführten Gesamtverband angehörte. Doch auch er konnte nicht verhindern, daß die Post 1922 eine eigene „weibliche" Laufbahnordnung schuf und damit die Diskriminierung der Frauen verwaltungsmäßig festschrieb. Von Anfang an war die Diskussion um besondere Unterkünfte für die bei der Post beschäftigten Frauen von großer Bedeutung. 1925 konnte in der Charlottenburger Dernburgstraße das erste Wohnheim mit 100 Wohnungen für ledige Postbeamtinnen in Berlin bezogen werden; benannt wurde es nach Hedwig Rüdiger, der ersten Vorsitzenden des Vereins seit 1907.

Im selben Jahr wurde auch die Vereinigung der bibliothekarisch arbeitenden Frauen ins Leben gerufen. Mitinitiatorin war Martha Schwenke, die in der 1908 eröffneten Zweigstelle der Charlottenburger Volksbibliothek in der Danckelmannstraße 47 arbeitete (dort befindet sich heute, in guter Tradition, das Frauenforschungs-, -bildungs- und -informationszentrum). Eine wichtige Rolle im Kampf für die Interessen der Bibliothekarinnen spielte auch Marie ↑Nörenberg, die Leiterin der Charlottenburger Hauptstelle in der Wilmersdorfer Straße. Sie war die erste wissenschaftlich ausgebildete Bibliothekarin in Deutschland.

In Charlottenburg existierte ein regelrechtes Netzwerk an Frauenvereinen und -initiativen, die aufgrund der Sozialstruktur der Stadt meist der bürgerlichen Frauenbewegung nahestanden. Zu diesen Vereinigungen für Bildungs-, Berufs- und soziale Fragen gehörte u. a. der Allgemeine Charlottenburger Lehrerinnenverein (unter Vorsitz von Alwine ↑Reinold), der Kommunale Frauenverein Charlottenburg, der Deutsche Juristinnenverein, zahlreiche „israelitische" Frauenvereine, der Deutsche Staatsbürgerinnenverband mit seinem Klubhaus „am Knie" sowie die 1910 von Adele ↑Schreiber-Krieger mitgegründete Deutsche Gesellschaft für Mutter- und Kindesrecht, die in der Dahlmannstraße 25 ihre Geschäftsstelle hatte und unverheirateten Müttern Unterstützung bei allen anstehenden Problemen bot. Zum Teil gehörten diese Vereine dem 1894 gegründeten Bund Deutscher Frauenvereine an, der Dachorganisation der bürgerlichen Frauenbewegung, die ihren Sitz in der Motzstraße 22 (heute 49) hatte, oder aber dem regionalen Zusammenschluß, dem Stadtverband Berliner Frauenvereine, dessen 1. Vorsitzende (seit 1929) Anna von Gierke war und der um 1930 rund 60 000 Mitglieder zählte.

Nach der Machtübernahme Hitlers lösten sich die meisten großen Frauenverbände auf; viele konservative Vereine, wie die Nationale Vereinigung Deutscher Hausfrauen oder die Vereinigung Evangelischer Frauen, traten jedoch der NS-Frauenschaft bei. Die von

Propagandaminister Goebbels geforderte „Emanzipation der Frau von der Frauenbewegung" war scheinbar erreicht worden.

Auch im Bereich der sozialen Arbeit ist nach 1945 nie wieder ein ähnlich komplexes Netz von Einrichtungen entstanden, wie es das um die Jahrhundertwende gab. Staatliche Regelungen, eine Spezialisierung und Hierarchisierung der Berufsfelder sind dem Engagement von Frauen entgegengetreten, dessen besondere Antriebskraft darin bestanden hatte, sich mit Hilfe eigener finanzieller Mittel und gesellschaftlicher Einflußmöglichkeiten geschmeidig den jeweiligen Bedingungen und Aufgaben anpassen zu können. *(BJ/CS)*

Abicht, Martha

Kindergärtnerin • 12. 5. 1878 Ehrlichsmühle bei Neustadt/Thür.–
12. 11. 1941 Berlin-Charlottenburg • Sesenheimer Straße 28:
1931–1934; Schillerstraße 14: 1936/37; Carmerstraße 12:
1938–1941

Sie war die erste und wichtigste Mitarbeiterin Anna von ↑Gierkes
im Jugendheim. Ihr Onkel Prof. Kehrbach, ein Bekannter Hedwig
↑Heyls, hatte die früh verarmte Müllerstochter und deren Familie
nach Wilmersdorf geholt und dafür gesorgt, daß A. vom September
1893 an eine zweijährige Ausbildung im Pestalozzi-Fröbel-Haus
erhielt. Nur kurze Zeit als Kindermädchen tätig, wurde der eben
18jährigen von Hedwig Heyl die Leitung des Kindergartens in der
Pestalozzistraße 71 anvertraut. Damit – so Anna von Gierke – begann eigentlich die „Jugendheimzeitrechnung". Mit Begeisterung
machte sich A. an die Arbeit, und schon bald leitete sie die im Hause
anwesenden Hortmädchen ebenso wie ehrenamtliche Mitarbeiterinnen bei der Versorgung der Kleinen an. Auch richtete sie gegen
den anfänglichen Widerstand von Hedwig Heyl, die dafür keine
Mittel auftreiben zu können meinte, einen Knabenhort ein, dem
dank Stadtrat Neufert schon 1901 in der Bismarckstraße 40 geeignete Räumlichkeiten geboten wurden. Bereits als Einrichtung ungewöhnlich genug, lernten die Jungen von A., die sich selbst dafür
eigens in Buchbinden und Tischlern ausbilden ließ, außer dem handwerklichen auch hauswirtschaftliches Arbeiten, Kochen, Nähen,
Sticken und Gärtnern. Wegen einer „persönlichen Enttäuschung"
gab A. 1908 diese Tätigkeit auf und übernahm statt dessen für ein
Jahr einen Hort im Pestalozzi-Fröbel-Haus. Sie leitete jedoch gleichzeitig – dazu von Anna von Gierke überredet – die Schulspeisung in
Charlottenburg. A. widmete sich anschließend wieder ausschließ-
lich dem Jugendheim. Obwohl von gänzlich anderer sozialer Herkunft, verstand sie sich mit der energischen, stets neue Pläne verfol-
genden Anna von Gierke sehr gut. Vor allem gelang es ihr, deren
Ideen einfühlsam in die Praxis umzusetzen. Wegen ihrer engen Ver-
bundenheit mit Anna von Gierke verließ A. 1933 das Jugendheim,
bezog in deren Elternhaus eine Wohnung und unterstützte sie bei
der Fürsorge für Hilfsbedürftige und von den Nationalsozialisten

Bedrängte. Auch begann sie ihre Lebenserinnerungen aufzuzeichnen. Nach dem Besuch einer ihrer Schutzbefohlenen erlitt sie einen Herzschlag.   *(BJ)*

Lit.: Abicht, Martha: *Lebenserinnerungen. Ein Fragment*, Charlottenburg 1952; Koschwitz, Heidi: *Das Jugendheim Charlottenburg*, unveröff. Diplomarbeit, TU Berlin 1984.

Berliner, Cora

Wirtschafts- und Sozialwissenschaftlerin • 23. 1. 1890 Hannover – deportiert 22. 6. 1942 „in den Osten" • Kantstraße 158 (Haus der zentralen jüdischen Organisationen): 1939–1942

B. entstammte einer angesehenen bürgerlichen Intellektuellenfamilie Hannovers. Nach ihrer Reifeprüfung studierte sie zunächst Mathematik in Freiburg, danach Volkswirtschaft in Berlin und Heidelberg. 1916 promovierte sie mit einer Arbeit über die jüdische Jugendbewegung in Deutschland mit summa cum laude. Schon früh engagierte sich B. in der jüdischen Sozialarbeit. 1909 wurde sie Mitglied und von 1912 bis 1914 Geschäftsführerin des Verbandes der jüdischen Jugendvereine Deutschlands. Dort kümmerte sie sich insbesondere um die Interessen der Mädchen. 1919 trat sie als Referentin für Fragen des Verbraucherschutzes und des Genossenschaftswesens in das Reichswirtschaftsministerium ein und wurde 1923 Regierungsrätin im Statistischen Reichsamt in Berlin – für damalige Verhältnisse eine hohe Position für eine Frau. Dort lernte sie den Statssekretär Hans Schäffer kennen. Eine jahrlange Freundschaft und Liebesbeziehung begann, die erst durch die Deportation B.s 1942 gewaltsam beendet wurde. Nach kurzem Aufenthalt in London 1927, wo sie an der deutschen Botschaft als Beraterin der Wirtschaftsabteilung arbeitete, erhielt B. 1930 einen Ruf an die Technische Hochschule in Berlin. Dort lehrte sie als Professorin für Wirtschaftwissenschaften, bis sie 1933 im Zuge der Berufsverbote für Jüdinnen und Juden entlassen wurde. Im selben Jahr übernahm sie den stellvertretenden Vorsitz im Jüdischen Frauenbund. Daneben arbeitete sie in der Reichsvertretung der Juden in Deutschland,

war dort für Wirtschafts- und Sozialfragen zuständig und leitete die
Statistische Abteilung. Im Sommer 1939 wurde ihr die Abteilung
„Allgemeine Wanderung, Information, Statistik und Frauenaus-
wanderung" in der Dachorganisation unterstellt; dabei setzte sie
sich vor allem für die Emigration von Frauen und Mädchen ein.
Hans Schäffer, der inzwischen mit seiner Familie nach Schweden
ausgewandert war, versuchte vergeblich, K. zur Emigration zu über-
reden. Sie lehnte alle Auswanderungsmöglichkeiten mit der Begründung ab, daß das Leben seinen Sinn verlieren würde, ließe sie
die von ihr betreuten Menschen im Stich. Hannah ↑ Karminski, die
engste Mitarbeiterin von B., besuchte sie und ihre Freundin Paula
Fürst einen Tag vor der Deportation: „Als ich am letzten Tag, kurz
vor der Abreise, bei ihnen war, saßen sie in der Sonne im Hof und
lasen Goethe." Über das weitere Schicksal von B. ist nichts bekannt.   *(GM)*

Lit.: Exler, Margarete: *Cora Berliner (1890–1942). Ihre Rolle in der jüdischen
Jugendbewegung insbesondere für die Organisation der weiblichen jüdischen
Jugend.* In: Carlebach, Julius: *Zur Geschichte der jüdischen Frau in Deutschland,* Berlin 1993, S. 167–181; Hildesheimer, Esriel: *Cora Berliner. Ihr Leben
und ihr Wirken.* In: *Bulletin des Leo Baeck Institute,* 67/1984, S. 41–70.

Braun, Lily, geb. von Kretschmann; verh. von Gizycki
Frauenrechtlerin, Politikerin, Schriftstellerin • 2.7.1865 Halber-
stadt – 8.8.1916 Berlin-Zehlendorf • Nettelbeckstraße 24:
um 1894; Kleiststraße 4: ab 1895

B. entstammte einer alten Adelsfamilie. Ihre Großmutter Jenny von
Gustedt war eine uneheliche Tochter Jérôme Bonapartes und mit
Goethe befreundet. Als B.s Eltern, General Hans von Kretschmann
und seine Frau Jenny, beim Kaiser in Ungunst fielen, änderten sich die
wohlhabende Verhältnisse der traditionsbewußten Familie schlagartig. An einem Wendepunkt angelangt, begann B. ihr Leben selbst
in die Hand zu nehmen: Gegen den Willen der Eltern heiratete sie
1893 den gelähmten Philosophieprofessor Georg von Gizycki, der
sie mit dem Sozialismus vertraut machte und wesentlich beein-

flußte. Er führte auch die Gesellschaft für ethische Kultur, deren
Wochenschrift sie bald leitete. Nach von Gizyckis Tod 1895 trat B.
in die SPD ein, wodurch es zum Bruch mit ihrer Familie kam. 1896
heiratete sie den SPD-Politiker Heinrich Braun. Zunehmend engagierte sie sich in der Frauenbewegung: Sie gehörte zunächst dem
Vorstand von Minna ↑Cauers Verein Frauenwohl an und forderte
als erste deutsche Frauenrechtlerin 1894 das Frauenwahlrecht. Als
Sozialistin setzte sie sich für die Zusammenarbeit zwischen bürger-
lichem und proletarischem Flügel ein, um mit Reformen gemeinsam für die Belange der Frauen einzutreten. Dies brachte sie in einen
vehementen Gegensatz zu Clara Zetkin, die sich ganz der Arbei-
terinnenemanzipation verschrieben hatte. Im damit verbundenen
Machtkampf unterlag B., was ihre Position generell schwächte.
Dennoch engagierte sie sich unermüdlich weiter für ihre Ziele. In
dem Buch *Die Frauenfrage: Ihre geschichtliche Entwicklung und
wirtschaftliche Seite* (1901) setzte sie sich mit der Mehrfachbela-
stung berufstätiger Mütter auseinander; sie entwarf die Idee von
„Haushaltsgenossenschaften", in denen für einen ganzen Hausblock
Kinderbetreuung, Wäsche, Reinigung und Kochen zentral organi-
siert werden sollten, so daß die Frau, vom Haushalt entlastet, einem
Beruf nachgehen könne. Auch plädierte sie für eine Mutterschafts-
versicherung und die Verbesserung der Lage der Dienstboten. Daraufhin wurde B. von Zetkin 1906 die Mitherausgeberschaft an der
Zeitschrift *Gleichheit* entzogen; sie wurde aus der Berliner Frauen-
organisation, in der sie aufgrund ihrer Herkunft stets mißtrauisch be-
äugt worden war, ausgeschlossen, ebenso wie sie und ihr Mann aufgrund ihrer revisionistischen Überzeugungen die SPD verlassen
mußten. Mit ihm gründete sie bald darauf die Zeitschrift *Die neue
Gesellschaft*. Im Alter gab sie ihre populären *Memoiren einer Sozialistin* (2 Bände, 1909–11) heraus und wandelte sich zuletzt zu einer
glühenden Befürworterin des „vaterländischen" Kriegs.   *(BW)*

Lit.: Borkowski, D.: *Rebellin gegen Preußen. Das Leben der Lily Braun*, Frankfurt a. M. 1982; Asendorf, Manfred / Bockel, Rolf von (Hrsg.): *Demokratische
Wege. Deutsche Lebensläufe aus 5 Jahrhunderten*, Stuttgart / Weimar 1997.

Gierke, Anna von

Sozialreformerin, Sozialpädagogin • 14. 03. 1874 Breslau –
3. 04. 1943 Berlin-Charlottenburg • Carmerstraße 12: 1891–1910
u. 1934–1943; Goethestraße 22: um 1910–1933

„Es gilt ein hohes Ziel zu erreichen. Die leisen Bande gegenseitigen
Verstehens und allmählich erwachenden Vertrauens, die gemein-
same Arbeit zwischen Helferin und Kind schlingt, die mittragende
Sorge, die Helferin und Mutter verbindet, sie werden eine Brücke
schlagen über die Kluft, die heute weite Volkskreise trennt." (*Das
Charlottenburger Jugendheim*, S. 7)

  „Nach Hedwig Heyl die nächste Charlottenburgerin, die ganz
Deutschland kennt", so urteilte das Lokalblatt *Neue Zeit* vom 29. 3.
1934 über G., als es anläßlich des 60. Geburtstags deren umfangreichen Leistungen im sozialen Bereich würdigte. Den Weg zur Sozialarbeit fand G. früh – beeinflußt vom Vater, dem namhaften Rechts-
gelehrten Otto v. Gierke, der zugleich Mitarbeiter des Vereins für
Sozialpolitik war, und durch die Begegnung mit dem Theologen
und Hofprediger Ernst v. Dryander, der ein auf die Praxis ausge-
richtetes Christentum lehrte. Gleich nach der Schule und einer zweijährigen hauswirtschaftlichen Ausbildung im Elternhaus wurde sie
von Helene ↑ Weber als Schülerin bei Hedwig ↑ Heyl eingeführt. Ab
1891 arbeitete sie in deren Jugendheim mit – einer Einrichtung, die
das Ziel verfolgte, Kindern bedürftiger und berufstätiger Eltern
eine Stätte zu schaffen, wo sie sich ergänzend zur Schule bei Arbeit
und Spiel weiterbilden und auf die Zukunft vorbereiten konnten.
Ähnlich tatkräftig, ungeheuer arbeitsam und energisch wie ihre
Lehrmeisterin, übernahm G. am 1. Oktober 1898 nach einem Schnell-
kurs im Pestalozzi-Fröbel-Haus die Leitung des Jugendheims. Schon
bald erweiterte sie dieses Betätigungsfeld, das von zentraler Bedeutung für ihr Leben war. So übernahm sie in Absprache mit dem
Charlottenburger Magistrat ab 1907 die Organisation der Schulspeisung. Seit Kriegsbeginn lieferte das Haus 1875 Portionen täglich an
die Charlottenburger Schulen. Auch hat das Jugendheim, Vorbild
für eine ganz Deutschland ergreifende Bewegung, ab 1907 zahlreiche „Filialen" in den Charlottenburger Schulen und an anderen Or-
ten erhalten. Um ihren Helferinnen, meist wie sie selbst Töchter aus

gutem Hause, die notwendige Ausbildung zu schaffen, richtete G.
in der Goethestraße 1911 ein Sozialpädagogisches Seminar ein. Die
dortige Ausbildung der Hortleiterinnen und Schulpflegerinnen be-
gründetete zwei Berufswege, die im ganzen Deutschen Reich Verbreitung fanden. Auch die späteren kinderfürsorgerischen Dienste
und der Deutsche Verband für Schulkinderfürsorge waren Einrichtungen, denen G. den Weg geebnet hatte – u. a. durch ihre Berichte
über die Lage von Arbeiterfrauen und deren Kindern, die sie im Ersten Weltkrieg im Auftrage des Kriegsamtes erstellte. Während des
Krieges begründete sie auch den Charlottenburger Hausfrauenver-
ein, der bald 6000 Mitglieder hatte und wichtige Hilfestellungen
bei der Linderung kriegsbedingter Not leistete. Er ist später in den
Reichsverband der deutschen Hausfrauenvereine aufgenommen
worden.

Die politische Betätigung dagegen blieb nur ein kurzes Intermezzo. Schon 1920 wurde G. von der Deutschnationalen Partei, die
sie seit dem 19. Januar 1919 als Abgeordnete in der Weimarer Nationalversammlung und in der Charlottenburger Stadtverordnetenversammlung vertreten hatte, nicht mehr aufgestellt. Ihre Bemühungen,
eine Frauenpartei zu gründen, scheiterten im selben Jahr. Dagegen
waren ihre Verbindungen zur Frauenbewegung, vermittelt über die
Jugendwohlfahrtsarbeit, intensiv. So führte sie Frauenvereine der
unterschiedlichsten Berufsgruppen im Stadtverband Berliner Frauenvereine zusammen. Ergänzend zum Jugendheim hat G. 1921 zusammen mit Martha ↑ Abicht das Landjugendheim Finkenkrug westlich
Berlins gegründet, ein Vorbild für weitere Landjugendheime und
Landschulheime. Hier fanden Kinder, Angestellte und Schülerinnen Erholung und wurden im landwirtschaftlichen und gärtneri-
schen Bereich ausgebildet. 1944 wurde diese Einrichtung Zuflucht
für Verfolgte des NS-Regimes. Ebenso neu war die Gründung eines
Kinderhotels in der Berliner Straße 27, das den Kindern in Berlin
durchreisender Eltern Betreuung, Verpflegung und ein Nachtquar-
tier bot. Viele ihrer sozialreformerischen Ideen hat G. von 1927 an
in der von ihr begründeten Zeitschrift *Soziale Arbeit*, ein Organ für
alle sozial tätigen Frauen, erläutert. 1933 mußte G. ihrer „halbjüdi-
schen" Abstammung wegen den Vorsitz in ihren Heimen aufgeben.
Ungebeugt leistete sie weiterhin soziale Arbeit – mit einem Mittags-

tisch für Bedürftige in ihrem Elternhaus in der Carmerstraße, das sie
darüber hinaus auch für Diskussionsabende mit Gästen wie Theodor Heuss und seiner Frau Elly, Gertrud Bäumer, Helmut Gollwitzer und Romano Guardini und für Bibellesungen (mit Mitgliedern
der Bekennenden Kirche) öffnete. G., an die in Berlin die Gierke-
zeile und der Gierkeplatz erinnern, ist auf dem Friedhof der Kaiser-
Wilhelm-Gedächtnisgemeinde beerdigt.   *(BJ)*

Lit.: *25 Jahre Verein Jugendheim*, Berlin 1894; Gierke, Anna von: *Das Charlottenburger Jugendheim*, Berlin 1910; Baum, Marie: *Anna von Gierke. Ein Lebensbild*, Weinheim/Berlin 1954; Gruner, Isa (Hrsg.): *Das Jugendheim in Berlin*, Berlin o. J.; Hohenbild, Gabriele: *Anna von Gierke*. In: Ilse Brehmer (Hrsg.):
Mütterlichkeit als Profession?, Pfaffenweiler 1990; Koschwitz, Heidi: *Das Jugendheim Charlottenburg*, unveröff. Diplomarbeit, TU Berlin 1984; Peters,
Dietlinde: *Mütterlichkeit im Kaiserreich*, Bielefeld 1984; Reicke, Ilse: *Die großen Frauen der Weimarer Republik*, Freiburg i.Br. 1984; v. Zahn-Harnack,
Agnes: *Anna von Gierke*. In: *Schriften und Reden 1914–1950*, Tübingen 1964.

Hartstein, Margarete
Fürsorgerin • 5. 4. 1887 Berlin – 22. 10. 1942 Berlin • Wielandstraße 14: 1924–1931; Trendelenburgstraße 1:? – 1942

H. wuchs mit sechs Geschwistern auf; der Vater, ein wohlhabender
Kaufmann, der sich aus kleinen Verhältnissen hochgearbeitet hatte,
verstarb früh. Die junge Grete besuchte die Victoriaschule, war eine
glänzende Schülerin, musikalisch und sprachbegabt. Da sich die
Eltern einer Berufsausbildung widersetzten, schloß sie sich früh
den 1893 gegründeten „Mädchen- und Frauengruppen für soziale
Hilfsarbeit" an und arbeitete ehrenamtlich in verschiedenen Organisationen. Dabei lernte sie Clara ↑Israel kennen, mit der sie bald
eine Lebensgemeinschaft verband. Nachdem 1920 vom Preußischen
Ministerium für Volkswohlfahrt Ausbildungsbestimmungen erlas-
sen worden waren, die es langjährigen Mitarbeitern in der Wohlfahrtspflege nach einem halbjährigen Kurs ermöglichten, die staatliche Prüfung als Fürsorgerin abzulegen, machte H. davon 1921
Gebrauch. Sie wurde als Fürsorgerin bei der Charlottenburger Wohlfahrtszentrale angestellt und 1929 als beamtete Fürsorgerin vom

Bezirksamt übernommen. Zuständig für das Pflegestellenwesen, kümmerte sie sich um die Unterbringung von Schutzbefohlenen. Im April 1933 wurde sie als letzte jüdische Beamtin vom Bezirksamt Charlottenburg entlassen und stellte sich daraufhin der jüdischen Zentralwohlfahrtsstelle (Kantstraße 158) zur Verfügung, wo sie Hilfesuchende beriet. Als in den späteren 30er Jahren die im selben Haus ansässige Spitzenorganisation, die Reichsvertretung der deutschen Juden, eigene Informationsblätter herausgab, war es H., die das Material für diese Publikation zusammenstellte. Pflichtbewußtsein und die Treue zu ihrer Freundin hinderten sie daran, Deutschland rechtzeitig zu verlassen. Als im Herbst Clara Israel von der Deportation bedroht war, beging H. mit ihr und deren Schwester Rosa Grunwald Selbstmord. *(CS)*

Lit.: Lowenthal, Ernst G.: *Bewährung im Untergang*, Stuttgart 1965, S. 69 f.

Heyl, Hedwig, geb. Crüsemann
Sozialreformerin, Frauenpolitikerin • 5. 5. 1850 Bremen –
23. 1. 1934 Berlin • Salzufer 5 (8): nach 1872–1878;
Ulmenallee 30: 1919–1925; Rankestraße 22: 1926–1933

Sie, die Praktikerin, hat „als Pionier der Frauenrechte mehr gewirkt, als viele Programmsprecherinnen, die mit der Standarte der Gleichberechtigung gegen die Männer zu Felde zogen". (Dr. Georg Reicke in *Gedenkblatt* zum 70. Geburtstag, S. 126)

Als „Mutter Deutschlands" und „beste Hausfrau Berlins" gehörte H. zu den prominentesten Persönlichkeiten der Stadt. Tatsächlich ist mit diesen Ehrentiteln nur ein Teil ihres immensen Wirkens benannt, zu dem neben dem Einsatz für hauswirtschaftliche Bildung und soziale Fürsorge auch die Förderung frauenpolitischer Ziele gehörte. Die Grundlagen für dieses gesellschaftliche Engagement wurden H., Tochter des Mitbegründers des Norddeutschen Lloyd, Eduard Crüsemann, und seiner Frau Henriette, geb. Böhm, bereits im Pensionat der Henriette (Schrader-) Breymann im Wolfenbüttler Neu-Watzum vermittelt. Der Lehre ihres Onkels Fröbel folgend, hielt die Institutsleiterin ihre Schülerinnen zur Vermittlung „geisti-

ger Mütterlichkeit" an, zu praktischer Häuslichkeit und Erzie-
hungsvermögen, die dem Gemeinwohl zugute kommen und Frauen
zu professionell ihren Lebensbereich meisternden Gefährtinnnen
des Mannes machen sollten. Trotz des großbürgerlichen Lebens-
stils, den H. nicht nur als Reederstochter, sondern auch als Gattin
des Charlottenburger Farbenfabrikanten Georg Heyl genoß, trotz
der Belastung durch Ehe und fünf Kinder, wurde sie gleich vom Beginn ihres Erwachsenenlebens an auf sozialem Gebiet aktiv. Zu ihren
ersten Unternehmungen, bald Musterstätten für ganz Deutschland,
gehörte die Einrichtung von Brauseanstalt, Mittagstisch und Kindergarten in der eigenen Fabrik, mit der sie den Gesundheitszustand der Belegschaft und die Versorgung der „Schlüsselkinder" zu
fördern suchte. Zeitlebens hat H. über hervorragende gesellschaftliche Verbindungen verfügt, zum Hofe, zu Ministerien und zum
Charlottenburger und Berliner Magistrat, und so machte sie vor allem dank der Freundschaft mit der Kronprinzessin und späteren
Kaiserin Friedrich schon bald aus ihren privaten Kindergärten, aus
Tagesstätten für Knaben und Mädchen ein Jugendheim, dem Anna
von ↑Gierke eine vorbildliche Form gab. Dem Einsatz für bessere
berufliche Bildung von Frauen waren ihre Kochkurse im eigenen
Haus gewidmet, die sie trotz Übernahme der Fabrikleitung nach
dem Tode ihres Mannes (1889) leitete. Sie bildeten die Keimzelle
der hauswirtschaftlichen Berufsfachschule des von ihr zusammen
mit Henriette Schrader-Breymann gegründeten Pestalozzi-Fröbel-
Hauses und mündeten in der Abfassung des Standardwerks *ABC
der Küche* (1888), das nicht nur koch- und hauswirtschaftliche Anleitung bot, sondern – ungewöhnlich genug – auch neueste ernäh-
rungswissenschaftliche Erkenntnisse vermittelte. Inzwischen längst
von einem großen Stab von Mitarbeiterinnen unterstützt, war H. an
unzähligen Vereinsgründungen beteiligt, die ein dichtes Netzwerk
frauen- und sozialpolitischer Bestrebungen bildeten und in allen
Bereichen eine Professionalisierung dieser Arbeit anstrebten. Sie
gehörte u. a. zu den Begründerinnen des Hauspflegevereins, der
bedürftige Familien bei Erkrankung der Mutter unterstützte, des
Hausfrauenvereins zur Heranbildung „gelernter Hausfrauen", der
ersten Gartenbauschule für Frauen in Marienfelde und des Deutschen Lyzeums-Clubs, der auf internationaler Ebene alle künstle-

risch, geistig und sozial tätigen und interessierten Frauen vereinigte. Zu den Höhepunkten ihres Lebens zählte H. die Organisation
der großen Ausstellung „Die Frau in Haus und Beruf" (1912), die
mit Hilfe von 25 000 Helferinnen auf dem einstigen Ausstellungs-
gelände am Zoologischen Garten eine Übersicht über alle Bereiche
weiblicher Berufsarbeit präsentierte. Hier wie schon bei der Aus-
richtung des Internationalen Frauenkongresses (1903) arbeitete sie
eng mit Vertreterinnen der bürgerlichen Frauenbewegung zusammen. Das Organisationsgenie der Älteren schätzten deren Vertreterinnen, Helene Lange oder Gertrud Bäumer, sehr, H.s politische
Fähigkeiten wurden dagegen eher kritisch beurteilt. „Sie" (die
Frauenbewegung) – so hat H. in ihrer Biographie (S. 70) den Konflikt beschrieben – „erkannte damals nicht, daß die Rechtstellung
der Frau wesentlich von der ihr eigenen praktischen Tüchtigkeit beeinflußt war …". Dennoch wurde die erfolgreiche Zusammenarbeit
fortgesetzt, u. a. im Nationalen Frauendienst, den H. mit Gertrud
Bäumer im Ersten Weltkrieg organisierte. Im Auftrage der Stadt
Berlin unterstützte er mit Massenspeisungen die notleidende Bevölkerung. Trotz des Zusammenbruchs, den H.s Weltanschauung
beim Ausbruch der Revolution erfuhr, fühlte sie sich weiterhin zu
gesellschaftlichem Engagement verpflichtet und arbeitete noch mit
69 Jahren als Abgeordnete der Deutschen Volkspartei in der Charlottenburger Stadtverordnetenversammlung mit. Das parlamentarische Geschäft und die unruhigen Zeiten ermüdeten sie jedoch bald,
und so zog sie sich bereits ein Jahr später aus allen Geschäften zurück. Obwohl überall hoch angesehen, seit 1920 auch mit dem
Dr. h. c. für ihre Verdienste um die Ernährungswissenschaft von der
Universität Berlin geehrt, war H. infolge familiärer Umstände am
Ende ihres Lebens selbst auf die Hilfe der Wohlfahrt angewiesen.
Sie lebte mit Unterstützung der Ludwig von Cuny-Stiftung vor ihrem
Tode im Lyzeums-Club am Lützowplatz. Beerdigt ist sie auf dem
Luisenfriedhof II. An ihrer einstigen Villa in der Ulmenallee erin-
nert eine Gedenktafel an ihre Verdienste.   *(BJ)*

Lit.: Heyl, Hedwig: *Aus meinem Leben*, Berlin 1925; Bäumer, Gertrud: *Gestalt
und Wandel*, Berlin 1939; Hopffgarten, Elise von (Hrsg.): *Hedwig Heyl*, Berlin
1920; Koschwitz-Newby, Heidi: *Hedwig Heyl*. In: Eiffert, Christiane / Rouette,
Susanne (Hrsg.): *Unter allen Umständen. Frauengeschichte(n) in Berlin*, Berlin

1986; Peters, Dietlinde: *Mütterlichkeit im Kaiserreich*, Bielefeld 1984; Reicke,
Ilse: *Die großen Frauen der Weimarer Republik*, Freiburg i.Br. 1984

Israel, Clara

Sozialarbeiterin • 28. 10. 1876 Spandau – 22. 10. 1942 Berlin •
Trendelenburgstraße 1: ?–1942

Mit vier Geschwistern wuchs I. in einer alteingesessenen Kaufmannsfamilie auf, die nach dem Tod des Vaters nach Berlin zog.
I. wurde Kindergärtnerin und leitete jahrelang einen Hort in der Nähe
des Alexanderplatzes. Früh schloß sie sich den 1893 auf Initiative
von Minna ↑Cauer u. a. gegründeten „Mädchen- und Frauengruppen für soziale Hilfsarbeit" an, in denen Frauen in den verschiedenen Sparten der Sozialfürsorge systematisch ausgebildet wurden.
(Die erste Vorsitzende war Jeanette Schwerin, nach deren Tod 1899
Alice Salomon, die 1908 die Soziale Frauenschule in Schöneberg
gründete.) I. arbeitete außerdem als ehrenamtliche Helferin bei der
deutschen Zentrale für Jugendfürsorge. Als 1908 die ersten Jugend-
gerichte installiert wurden und Charlottenburg diese Arbeit der
Wohlfahrtszentrale übertrug, wurde auf Empfehlung von A. Salomon I. mit der Jugendgerichtshilfe betraut. Dieser Tätigkeit widmete sie sich mit Leib und Seele. An der Entwicklung der sozialen
Arbeit von der traditionellen Armenpflege zur modernen Wohl-
fahrtsarbeit hatte I. entscheidenden Anteil, und am Aufbau des Wohl-
fahrts- und Jugendamtes Charlottenburg, dessen Fürsorgeabteilung
sie leitete, war sie maßgeblich beteiligt. 1929 wurde sie zum ersten
weiblichen Magistratsrat in Berlin ernannt. Als sie am 11. März 1933
aufgrund ihrer jüdischen Herkunft entlassen wurde, stellte sie sich
in den Dienst der jüdischen Selbsthilfe. „Was heute in Deutschland
geschieht, verlangt von jedem Stellungnahme", schrieb sie in einem
Brief 1933. Im Rahmen des Jüdischen Hauspflegevereins in Charlottenburg organisierte I. Hilfe für Bedürftige und Kranke. Im Herbst
1942 bat sie einen Gestapomann, einen ihrer alten Pfleglinge nicht
zu deportieren. Ihre Bitte wurde abgelehnt und ihr selbst daraufhin
mit der Deportation gedroht. Da eine Emigration zu diesem Zeitpunkt legal nicht mehr möglich war, sah sie keinen anderen Ausweg

und beging, sechs Tage vor ihrem 66. Geburtstag, Selbstmord, gemeinsam mit ihrer Schwester Rosa Grunwald und ihrer früheren Mitarbeiterin und Lebensgefährtin Margarete ↑Hartstein.   *(CS)*

Lit.: Lowenthal, Ernst G.: *Bewährung im Untergang*, Stuttgart 1965, S. 74–76.

Jensen, Abelone

Wohlfahrtspflegerin • 1. 8. 1829 Aarhus (Dänemark) – 5. 7. 1884 • Spandauer Damm 62 (Wilhelm-Stift)

Eine der ältesten sozialen Einrichtungen, die Charlottenburg den Ruf einer fortschrittlichen Stadt einbrachten, das noch heute bestehende Wilhelm-Stift am Spandauer Damm 62 (früher: Spandauer Str. 10a), geht auf die Initiative einer Landwirtstochter aus Dänemark zurück, die nach dem Tode der Eltern ihrem Onkel, dem Hofgärtner Ferdinand Fintelmann, in Sanssouci bei Potsdam das gastliche Haus zu versorgen hatte. Selbst früh verwaist, beschäftigte sie schon bald das Schicksal älterer alleinstehender Damen des Mittelstandes, die, wenn sie nicht im Haushalt der Eltern oder sonstiger Verwandter versorgt wurden, im Alter Armut zu leiden hatten. Sie begann für die Schaffung eines Wohnstifts zu kämpfen, in dem Frauen ungeachtet ihres Berufs, aber aus „gebildeten Ständen" mit geringem Einkommen, „für den Abend ihres Lebens" ohne große Not leben konnten. Auch brachte sie mit dem Verkauf einer Sammlung von Bibelsprüchen und Liedern, die den Titel *Balsamine* trägt, dafür einen kleinen Grundstock zusammen. Dank der Fürsprache von Königin-Witwe Elisabeth, die J. nach dem Umzug ihres Onkels nach Charlottenburg kennengelernt hatte, überließ König Wilhelm I. dem künftigen Stift ein Baugelände, das an den Schloßpark grenzte. Erlöse aus Lotterien, Konzerten und Theateraufführungen und großzügige Geldspenden, die ein Kuratorium aus Mitgliedern der Hofgesellschaft, Bürgermeister Bullrich und seiner Frau sowie Oberprediger Kollatz zusammen mit J. sammelten, machten den Baubeginn bald möglich. Das erste Haus wurde am 28. Oktober 1867 feierlich eingeweiht. Seinen Bewohnerinnen, die nicht jünger als 45 Jahre sein durften und sich einer strengen Hausordnung zu unterwerfen hat-

ten, wurden neben freier Wohnung bei Bedürftigkeit auch „Heizungs-
material" und „kleine monatliche Geldbenefizien" gewährt.   *(BJ)*

Lit.: Scholtze, Gisela: *Das Wilhelm-Stift in Charlottenburg*. In: *Mitteilungen des Vereins für die Geschichte Berlins*, H.2 (92. Jg.) 1996.

Karminski, Hannah (Johanna)
Sozialarbeiterin und Frauenrechtlerin • 24. 4. 1897 Berlin –
deportiert 9. 12. 1942 ins KZ Auschwitz • Kantstraße 158
(Haus der zentralen jüdischen Organisationen): 1939–1942;
Kaiserdamm 101: 1942

In Berlin geboren und aufgewachsen, ließ sich K. im Pestalozzi-
Fröbel-Haus zur Kindergärtnerin ausbilden. Danach arbeitete sie
für kurze Zeit in einem Kindergarten. Sie setzte ihre Ausbildung in
dem von Gertrud Bäumer geleiteten Sozialpädagogischen Institut
in Hamburg fort und siedelte im Anschluß nach Frankfurt a. M. über.
Dort übernahm sie die Leitung des Jüdischen Mädchenclubs. Zu
Beginn der 20er Jahre begegnete K. in Frankfurt der fast 40 Jahre
älteren Bertha Pappenheim, der Gründerin des Jüdischen Frauenbundes (JFB), die zu ihrer „innigen mütterlichen Freundin" (E. G.
Lowenthal) wurde und großen Einfluß auf ihren weiteren Lebensweg ausüben sollte. Wie Bertha Pappenheim, mit der sie bis zu deren Tod 1936 zusammenarbeitete, widmete sich K. fortan mit ganzer
Kraft dem JFB und war seit Mitte der 20er Jahre in der Geschäfts-
führung tätig. Um 1925 kehrte sie nach Berlin zurück und übernahm bis 1938 die Redaktion der *Blätter des Jüdischen Frauenbundes*. Nach dem Novemberpogrom war sie in hohem Maße an der
Rettung jüdischer Kinder beteiligt. Sie begleitete einige Kinder-
transporte nach England, in deren Rahmen insgesamt etwa 10 000
jüdische Kinder aus Deutschland und Österreich gerettet werden
konnten. Nach Auflösung des JFB 1938 wurde ihr ein Jahr später
die Leitung der Wohlfahrtspflege-Abteilung in der Reichsvereinigung der Juden in Deutschland übertragen; dieses Amt übte sie bis
zu ihrer Deportation Ende 1942 aus. Familienangehörige, die bereits in die Schweiz ausgewandert waren, versuchten wiederholt,

K. zur Emigration zu bewegen. Sie lehnte jedoch mit der Begründung ab, daß es gerade in dieser schweren Zeit wichtig sei, in Deutschland zu bleiben und zu helfen, wo sie gebraucht werde. Ihre Freundin und Lebensgefährtin Paula Fürst, Schuldezernentin bei der Reichsvereinigung, wurde zusammen mit Cora ↑Berliner im Juni 1942 „in den Osten" deportiert. K. hat diesen Verlust nie überwunden. „Heute ist Paulas Geburtstag. Wie mag sie ihn verbringen? Nicht einmal seine Gedanken kann man an einen festen Punkt senden – und doch wird sie sie fühlen", schrieb sie in einem Brief im August 1942. Im November 1942 wurde K. verhaftet und am 9. Dezember 1942 vom Gestapogefängnis aus nach Auschwitz deportiert. Seitdem gilt sie als verschollen.   *(GM)*

Lit.: Kaplan, Marion: *Die jüdische Frauenbewegung in Deutschland. Organisation und Ziele des Jüdischen Frauenbundes 1904–1938*, Hamburg 1981, S. 148–150; Lowenthal, E. G.: *Soziale Arbeit – jüdische Tradition. Im Gedenken an Hannah Karminski. Zum 50. Gründungstag des „Jüdischen Frauenbundes"*. In: *Allgemeine Wochenzeitung der Juden in Deutschland*, 11. 6. 1954, S. 8; Lowenthal, E. G. (Hrsg.): *Bewährung im Untergang. Ein Gedenkbuch*, Stuttgart 1965, S. 89–93.

Kautsky, Luise, geb. Ronsperger

Publizistin, Übersetzerin, Politikerin • 11. 8. 1864 Wien – Dez. 1944 Auschwitz • Windscheidstraße 31: um 1915

Als Tochter eines wohlhabenden jüdischen Konditormeisters verbrachte K. mit ihren drei Brüdern bis zum Selbstmord ihres Vaters eine glückliche Kindheit in Wien. Bereits früh fühlte sie sich den Ideen des Sozialismus verbunden. 1890 heiratete sie den sozialistischen Schriftsteller Karl Kautsky. Von den gleichen Idealen beseelt, unterstützte sie diesen bei seiner Arbeit, die sich mit den Theorien und Inhalten des Marxismus befaßte. Neben der Durchsicht seiner Skripte übersetzte sie aber auch politische Literatur, verfaßte Biographien zu Persönlichkeiten des Sozialismus und arbeitete für die sozialdemokratische Frauenzeitschrift *Die Gleichheit*. In Stuttgart war sie die Mitarbeiterin ihres Mannes bei der Herausgabe der Zeitschrift *Die neue Zeit*, die zu einem wichtigen Organ der Arbei-

terbewegung wurde. Nach ihrem Umzug nach Berlin engagierte sie
sich 1919/20 für die USPD in Charlottenburg – als eine der ersten
weiblichen Stadtverordneten. Ihre Freundschaft mit Rosa Luxemburg führte zu einer von K. verfaßten Biographie (*Rosa Luxemburg.
Gedenkbuch*, 1929) und zur Herausgabe des Briefwechsels von Luxemburg mit Persönlichkeiten wie Karl Kautsky und Sophie Liebknecht. So ist es K.s Verdienst, Luxemburgs Persönlichkeit und ihr
Wirken aus einem vorurteilsfreien Blickwinkel gezeigt zu haben.
1924 zog das Ehepaar, resigniert von der Parteipolitik, nach Wien.
Nach dem „Anschluß" Österreichs 1938 emigrierten sie nach Prag
und schließlich nach Amsterdam, wo Karl Kautsky starb. 1944 wurde
K. von der Gestapo verhaftet und nach Auschwitz deportiert. Dort
war auch einer ihrer drei Söhne interniert. Anfang Dezember starb
die von den Folgen der psychischen und physischen Strapazen stark
geschwächte 80jährige im Konzentrationslager.   *(BW)*

Lit.: Juchacz, Marie: *Sie lebten für eine bessere Welt. Lebensbilder führender
Frauen des 19. und 20. Jahrhunderts*, Hannover 1971; Dick, Jutta/ Sassenberg,
Marina (Hrsg.): *Jüdische Frauen im 19. und 20. Jahrhundert. Lexikon zu Leben
und Werk*, Reinbek b. Hamburg 1993. • Nachlaß: Internationaal Instituut voor
Sociale Geschiedenis, Amsterdam

Lion, Hildegard Gudilla

Lehrerin, Sozialpädagogin • 14. 05. 1893 Hamburg – 8. 04. 1970
Hindhead/Surrey (England) • Schwarzbergallee 6: 1931–1933

Mit ihrer Neigung zu einem politischen Handeln, das „Tat" sein
sollte, zu einer volkserziehenden Kraft, die eine Bewegung anstrebte,
nicht aber eine Partei im System, wäre sie eine der interessantesten
Vertreterinnen der deutschen Frauen- und Sozialbewegung geworden, hätten die Nationalsozialisten nicht auch ihrem Wirken eine
ganz andere Richtung gegeben. L. stammt aus einer Hamburger
Kaufmannsfamilie. Sie war nach dem Besuch des Lyzeums und
Oberlyzeums St. Johannes im Ersten Weltkrieg zunächst als Lehrerin tätig. Daneben beschäftigte sie sich bereits in dieser Zeit mit den
beiden Themen, die für sie ihr Leben lang von zentraler Bedeutung

sein sollten: der sozialen Arbeit und der politischen Bildung von
Frauen. Sie gehörte 1917 zum ersten Jahrgang der Schülerinnen des
Hamburger Sozialpädagogischen Instituts. Wie Gertrud Bäumer,
der sie seit 1916 – seit ihrer ersten Begegnung auf einer großen Ver-
sammlung des Bundes Deutscher Frauenvereine – begeistert, nach
1933 aber auch in kritischer Distanz verbunden war, schloß sich L.
der Deutschen Demokratischen Partei an. Als Parteisekretärin arbeitete L. vom Dezember 1918 bis zum April 1919 in Hamburg und
vom November 1924 bis zum September 1925 in Frankfurt a. M. an
der Aufgabe, „den großen Kreis der der Partei plötzlich zuströmen-
den Frauen zu organisieren". Weil sie selbst eher von ihren erziehe-
rischen und praktischen Fähigkeiten überzeugt war als von ihrer
politischen Führungskraft, beendete sie diese Aufgabe bald, unterstützte Ida Dehmel bei der Herausgabe der Briefe des Dichters
Richard Dehmel und studierte Volkswirtschaft und Pädagogik. 1924
promovierte sie in Köln bei Leopold von Wiese mit einer Arbeit *Zur
Soziologie der Frauenbewegung*. Von 1925 an wirkte L. erneut als
Lehrerin, in Anna von †Gierkes Sozialpädagogischem Seminar, wo
sie Pädagogik und Methodik in der praktischen Ausbildung von Er-
zieherinnen, Hortnerinnen und Jugendleiterinnen unterrichtete.
Bereits drei Jahre später wechselte sie an die von Alice Salomon gegründete Akademie für soziale und pädagogische Frauenarbeit in
Berlin, die höchstes Ansehen in der Frauenbewegung genoß. Sie
avancierte hier 1929 zur Direktorin für den gesamten Ausbildungs-
bereich und legte in dieser Funktion zahlreiche Veröffentlichungen
vor: vor allem zur Frage der Ausbildung für die soziale Arbeit und zur
Frauenbewegung sowie zum freiwilligen Arbeitsdienst von Frauen
und Mädchen. Diese Arbeit ist durch das Eingreifen der Nationalsozialisten abrupt beendet worden. Sie forderten wegen ihrer jüdischen Religionszugehörigkeit die Entlassung L. s. Aus Solidarität
mit ihrer Mitarbeiterin ließ Alice Salomon am 9. Mai 1933 die Akademie auflösen. L. und ihre Lebensgefährtin Emilie Wolff, die lange
Jahre Gertrud Bäumers Mitarbeiterin in der Redaktion von *Die
Frau* und *Die Hilfe* gewesen war und 1928/29 das Jahrbuch des Bundes Deutscher Frauenvereine betreut hatte, emigrierten mit Hilfe
eines Forschungsstipendiums nach Großbritannien. Sie gründeten
dort, unterstützt von den Quäkern und mit praktischer Anleitung

durch Jugendheimerinnen wie Nora Astfalck und Johanna Nacken,
die Stoatley Rough School in Haselmere/Surrey, die alleinstehende
Flüchtlingskinder betreute. Bis 1938 besuchte L. immer wieder
Deutschland, pflegte in Berlin Kontakte zu den Jugendheimern um
Anna von ↑Gierke und begleitete Kinder bei der Emigration nach
England. Auch nach dem Krieg, den L. und ihre Schützlinge ohne
nennenswerte Internierungen überstanden, knüpfte sie vorsichtige
Kontakte zu Deutschland. Bereits 1948 besuchten Berliner Sozial-
pädagoginnen ihre Schule; in den 50er Jahren wurden dort auch
Kinder von DDR-Flüchtlingen aufgenommen. 1960 schloß die Stoat-
ley Rough School. Zusammen mit ihrer Mitarbeiterin und Freundin
Luise Leven zog L. nach Hindhead, wo sie ein Jahr nach dem Tod
von Emilie Wolff verstarb.   *(BJ)*

Lit.: Lion, Hildegard: *Zur Soziologie der Frau*, Berlin 1926; Simmel-Joachim,
Monika: *Hilde Lion zum 100. Geburtstag*. In: Ariadne. H.23 (1993); Feidel-
Mertz, Hildegard. In: Dick, Jutta/ Sassenberg, Marina (Hrsg.): *Jüdische Frauen
im 19. und 20. Jahrhundert*. Reinbek 1993. • Nachlaß: Archiv der London School
of Economics (Schulakten von Stoatley Rough) und Hindhead/Surrey

Schwarz, Minna, geb. Rosenau
Sozialarbeiterin • 25. 11. 1859 Pommern – 27. 12. 1936 Berlin •
Schlüterstraße 49/50: 1911 • Schlüterstraße 53: 1912–1934

Über die Familienverhältnisse der aus einer kleinen pommerschen
Stadt stammenden S. ist kaum etwas bekannt. Einen Bruder, eine
Schwester und sie zog es früh nach Berlin; hier heiratete S. einen
Kaufmann, dessen Einkommen ihr ein starkes soziales Engagement gestattete. 1888 gründete sie zusammen mit anderen jüdischen
Frauen den Frauenverein der Berliner Loge Bnai Brith und leitete
ihn (von ihrer Wohnung aus) bis zu ihrem Tod fast 50 Jahre lang.
Der unabhängige Orden Bnai Brith (hebräisch: Söhne des Bundes)
wurde in Deutschland 1882 als Antwort auf den zunehmenden Antisemitismus gegründet. Da die Logen Männern vorbehalten waren, schufen deren Ehefrauen ab 1883 sog. Schwesternvereine, die
der Wohltätigkeit verpflichtet waren, der zweite entstand im März

1888 in Berlin. Darüber hinaus gründete S. bald ein Entbindungs-
heim für ledige Mütter in der Brunnenstraße 41 in Berlin-Mitte. Wegen der großen Nachfrage ließ S. 1914 einen Neubau auf dem Hof
des Grundstücks errichten, das nun als Mütter- und Säuglingsheim
diente. Teilweise wurden über 300 Frauen pro Jahr aufgenommen,
unabhängig von ihrer Konfession oder Staatsangehörigkeit. Das Haus
beherbergte auch eine Mütterberatungsstelle, und ab 1917 konnten
junge Frauen eine zweijährige Ausbildung an der Säuglingsschule
absolvieren, die 1926 staatlich anerkannt wurde. 1932 wandelte man
eine Etage zum Altenheim um, zu dessen Bewohnerinnen und Be-
wohnern auch die inzwischen verwitwete Gründerin gehörte. S.,
die Großes in der Sozialfürsorge geleistet hat und in zahlreichen Organisationen, darunter dem Jüdischen Frauenbund, und Wohlfahrtseinrichtungen aktiv war, starb in dem nun offiziell so genannten
Minna-Schwarz-Heim. Nur wenige Jahre später wurde es von den
Nationalsozialisten als Sammellager mißbraucht, von dem aus die jüdischen Bewohner in Vernichtungslager deportiert wurden.   *(CS)*

Lit.: Infoblatt des Brunnhilde e. V.

Weber, Helene, geb. Fallenstein
Sozialarbeiterin • 1844 Heidelberg –14. 10. 1919 Berlin • Leibnizstraße 19: 1872–1902; Marchstraße 7 f.: 1903–1918; Marchstraße 15: 1919

W. gehörte zur großen Schar der Damen aus Charlottenburgs Oberschicht, die sich als „Mütter" der Stadt erwiesen. Obwohl sie selbst
acht Kinder gebar und einen großen Garten mit Obst, Gemüse, Hüh-
nern und Katzen zu versorgen hatte, leistete sie – nicht ohne einen
gewissen „moralischen Rigorismus" und getragen von Religiosität
und sozialem Mitleid – besonders eifrig ehrenamtliche soziale Arbeit. Dies geschah sehr zum Mißfallen ihres Gatten Stadtrat Max
Weber sen., der seiner Frau sogar den Einblick in das mütterliche
Erbe verweigerte, um ihr soziales Engagement zu begrenzen. Strebte
er nach einer seiner Stellung entsprechenden Geselligkeit, so ge-
währte seine Frau im eigenen Haus jedem Hilfe, der sie benötigte:

armen Mädchen, einem Fürsorgezögling, im Winter allen verfrorenen Dienstboten, die sie mit dem Schild „heißer Tee" an der Tür ins Haus einlud, schon um diese vom Alkohol abzuhalten. Nach dem Tode ihres Gatten 1897 vollends auf die sozial-karitative Arbeit konzentriert, war W. wie die meisten ihrer Mitstreiterinnen Mitglied und im Vorstand von zahlreichen Vereinen. Sie gehörte zu den Begründerinnen des Vereins Jugendheim und des Charlottenburger Hauspflegevereins. Stets beherbergte ihr Haus ein Depot mit Pflegeutensilien für Wöchnerinnen, denen sie auch den Beistand ihrer Männer bei der Geburt zu sichern suchte. In ihrem Haus sortierte sie eigenhändig die Kleidungsstücke, die für die „Brockensammlung" gespendet worden waren. Sie engagierte sich im konservativen Elisabeth-Frauenverein, begründete zusammen mit Hedwig ↑Heyl ein Zentralbüro für die vielfältigen karitativen Arbeiten – die Vereinigung der Wohltätigkeitsbestrebungen –, gehörte zum Kuratorium des Bürgerhauses für besitzlose alte Menschen und führte den Vorsitz im Komitee für die Öffentliche Schreibstube des Cecilienhauses, die erwerbslosen Männern eine befristete Arbeit bot. Ab 1904 gehörte sie – sehr zum Mißvergnügen mancher ihrer männlichen Kollegen, die ihr eine solche Arbeit nicht zutrauten – zu den ersten Armenpflegerinnen Charlottenburgs. Daneben warb sie ständig um neue ehrenamtliche Mitarbeiterinnen. Schließlich setzte sie sich mit ihrer Unterschrift unter die Petition um die Zulassung von Lehrerinnen zum akademischen Studium für eine bessere Bildung der Frauen ein, etwas, das ihr zeitlebens verwehrt geblieben war. Anders als ihr Mann bewunderte ihr Sohn, der Sozialwissenschaftler Max Weber, nach anfänglichem Zwiespalt wegen der elterlichen Differenzen W. ihrer sozialen Arbeit wegen sehr – ebenso wie seine Frau Marianne, die sich in der Frauenbewegung engagierte.   *(BJ)*

Lit.: Kathol. Dt. Frauenbund e. V. (Hrsg.): *Festschrift zum 80. Geburtstag von Helene Weber*, Köln 1961; Peters, Dietlinde: *Das soziale Engagement Charlottenburger Bürgerinnen im Kaiserreich*, unveröff. Manuskr. 1986; Reicke, Ilse: *Die großen Frauen der Weimarer Republik*, Freiburg i.Br. 1984; Velsen, Dorothee von: *Im Alter die Fülle. Erinnerungen*, Tübingen 1956; Weber, Marianne: *Max Weber. Ein Lebensbild*, Heidelberg 1950.

Zerwer, Antonie Elisabeth

Krankenschwester, Fürsorgerin • 17. 3. 1873 Riesenwalde
(damals Westpr.) – 5. 2. 1956 Berlin-Charlottenburg • Heubnerweg 6 (KAVH): 1908–1938 u. 1945–1956

„Mutter sein kann nicht jede Frau, aber mütterlich empfinden, Mütterlichkeit zeigen kann jedes gesunde natürliche Menschenkind.
Ich möchte hier auch erwähnen, daß es heutzutage sicher von Wert
wäre, wenn nicht nur bei den Frauen, sondern auch bei den Männern eine gewisse Mütterlichkeit zu spüren wäre; besonders bei den
Männern, die an der Spitze sozialer Einrichtungen stehen. Mütterlichkeit heißt u. a. helfen, beraten, trösten und dadurch glücklich
machen." (Zit. nach Hedwig Wegmann: *Antonie Zerwer*, S. 67)

Als erste in ihrer Berufsgruppe machte Z. das Engagement für
eine Professionalisierung der Ausbildung von Säuglings- und Kin-
derschwestern sowie von Pflegerinnen im häuslichen Bereich zum
Mittelpunkt ihres Lebens. Dabei mußte die Tochter eines Gestüts-
wärters und späteren Gastwirts lange darum kämpfen, bis ihr –
selbst nach Schule und Anstellungen als Kinderfräulein und Haus-
hälterin – eine Berufsausbildung zugestanden wurde. 1903 erhielt
sie einen Platz in einem Haus der Diakonie in Zeitz. Mit dem Eintritt in die Schwesternschaft des Kaiserin Auguste Victoria Hauses
(KAVH), das als eine Einrichtung, die der Erforschung der Ursachen von Säuglings- und Kinderkrankheiten gewidmet war, besondere Anforderungen an die Mitarbeiterinnen und Mitarbeiter stellte,
eröffnete sich Z. von 1908 an ein komplexes Feld beruflicher Be-
tätigungsmöglichkeiten. Seit 1909 Oberschwester in verschiedenen
Säuglingsstationen, übernahm sie auch die Leitung der Lehrkoch-
küche sowie die der Säuglings- und Kleinkinderfürsorgestelle, die
von der Stadt auf dem Gelände des KAVH eingerichtet worden war.
In ihren Kursen wurden u. a. Volksschülerinnen, Lehrerinnen und
Schülerinnen des Pestalozzi-Fröbel-Hauses, Arbeiterinnen und die
Helferinnen des Vaterländischen Frauenvereins sowie die Fürsor-
gerinnen der Städtischen Wohlfahrtsschule ausgebildet. Ihr Wissen
vermittelte Z. auch in zahlreichen Zeitschriften zur Sozialhygiene
und zum Säuglingsschutz. Besonderen Erfolg hatte sie mit ihrer
Säuglingspflegefibel, die in zehn Auflagen und in acht Sprachen in

ca. zwei Millionen Exemplaren verbreitet worden ist. Die häufig-
sten Fragen zu Hygiene, Kleidung und Ernährung der Säuglinge
aufgreifend, vermittelt dieses an junge Mädchen, die ihre kleinen
Geschwister zu versorgen hatten, gerichtete Buch mit anschauli-
chen Abbildungen das nötige Grundwissen und überdies Schnitt-
muster für Babykleidung. Längst auch in Außenstellen des KAVH
um die Verbesserung der Säuglingspflege und Pflegeausbildung
bemüht, sorgte Z., seit dem 28. November 1925 zur Oberin ernannt,
1927 für die Gründung des Reichsverbandes für Säuglings- und
Kleinkinderpflegerinnen. Obwohl nicht so sehr auf politische Ziele
hin orientiert, strebte der Verband unter dem Vorsitz von Z. doch
nach größerer Anerkennung der Säuglings- und Kleinkinderschwe-
stern, einer Verbesserung ihrer Altersvorsorge und vor allem nach
einer Weiterentwicklung und Vereinheitlichung der Ausbildung. Mit
der Auflösung des Verbandes endete 1934 Z.s berufspolitisches Wirken. Sie bemühte sich aber bis zu ihrem Ausscheiden aus dem Amt
1938 um den Zusammenhalt der KAVH-Schwestern, die sich einer
Übernahme durch die Nationalsozialistische Volkswohlfahrt ent-
ziehen konnten. Nach den Kriegsjahren, die Z. wohl in Pommern
verlebte, kehrte sie am 6. Dezember 1945 in das KAVH zurück. Sie
lebte dort bis zu ihrem Tode als Oberin im Ruhestand. Ihr Grab befindet sich auf dem Charlottenburger Luisenfriedhof II.   *(BJ)*

Lit: Zerwer, Antonie: *Säuglingspflegefibel*, Berlin 1912; Wegmann, Hedwig:
Antonie Zerwer. Ein Leben für Kinder. 75 Jahre Kinderkrankenpflege, Berlin
1992. • Nachlaß: KAVH

Politik und Zeitgeschichte

„Dem Reich der Freiheit werb' ich Bürgerinnen!" Nicht zufällig wählte Louise Otto, die Begründerin der deutschen Frauenbewegung, dieses Motto für ihre von 1849 bis 1852 erscheinende *Frauen-Zeitung*. Schon damals forderte sie – wie auch andere streitbare Demokratinnen – politische Rechte für Frauen. Doch anders als in den USA und England, wo die kämpferischen Suffragetten schon früher für Furore sorgten, setzte der organisierte Kampf um die politische Gleichberechtigung in Deutschland erst um 1900 ein. Dies war nicht zuletzt eine Folge des restriktiven Preußischen Vereinsgesetzes von 1850, das – als Reaktion auf die demokratischen Frauenvereine von 1848 – Frauen die Mitgliedschaft und Mitarbeit in politischen Vereinen und Parteien verbot. Die Definition des Begriffs „politisch" war dabei sehr weit gefaßt, so daß Frauenvereine faktisch ständig von der Auflösung bedroht waren. 1891 vertrat die SPD in ihrem Erfurter Programm als erste und bis 1918 einzige Partei das Recht der Frauen auf Gleichberechtigung, und 1895 stellte August Bebel im Reichstag den ersten Antrag auf Einführung des Frauenstimmrechts, der jedoch abgelehnt wurde. In der bürgerlichen Frauenbewegung herrschten unterschiedliche Ansichten in dieser Frage. Obwohl der „gemäßigte" Flügel, repräsentiert durch den Bund Deutscher Frauenvereine (BDF), das Frauenstimmrecht prinzipiell befürwortete, fand er es lange Zeit – bis 1907 – politisch nicht opportun, es auch zu fordern. Anders dagegen verhielt sich der „radikale" Flügel, zu dessen bekanntesten Vertreterinnen Minna ↑Cauer gehörte, die das Stimmrecht nicht als krönendes Ziel, sondern als Fundament für die Gleichheit der Frauen in allen Lebensbereichen betrachtete. Erst wenn Frauen ins Parlament eingezogen seien, hätten sie die Macht, diskriminierende Gesetze abzuschaffen, wie sie etwa das 1900 in Kraft getretene Bürgerliche Gesetzbuch enthielt.

Minna Cauer wurde auch auf kommunaler Ebene aktiv. Zeitgleich mit anderen Frauen in Preußen stellte sie 1906 einen Antrag auf Aufnahme in die Wählerliste für die Stadtverordnetenversammlung von Charlottenburg. Obwohl sie die rechtlichen Voraussetzungen (Steueraufkommen etc.) erfüllte und Frauen in der Städteordnung von 1853 nicht ausdrücklich vom Bürger- und Wahlrecht ausgeschlossen waren, wurde ihr Antrag abgelehnt. 1908 verlor sie auch die Berufung vor dem Oberverwaltungsgericht. Dennoch gab sie nicht auf und beteiligte sich weiterhin an den vielfältigen Aktivitäten für das Stimmrecht, die von der Durchführung internationaler Konferenzen über die Gründung von Vereinen und Eingabe von Petitionen bis zur Herausgabe von Publikationen wie der *Zeitschrift für Frauenstimmrecht* reichte. Nachdem 1908 das Preußische Vereinsgesetz gefallen war, konnten Frauen endlich Parteimitglieder werden – was allerdings auch zu Konflikten in der um politische Neutralität bemühten bürgerlichen Frauenbewegung führte, so in der Frage des Wahlrechts. Für Minna Cauer und Gleichgesinnte wie Anita Augspurg und Lida Gustava Heymann kam nur das freie, gleiche, geheime, das demokratische Wahlrecht also in Frage. Doch darüber herrschte unter den verschiedenen Frauenverbänden keine Einigkeit.

Im November 1918 erhielten alle Frauen über 20 Jahre das aktive und passive Wahlrecht – nachdem sie während des Ersten Weltkrieges im Nationalen Frauendienst, in dem bürgerliche und proletarische Frauen erstmals zusammenarbeiteten, ihre Leistungsfähigkeit für das Volkswohl „unter Beweis" gestellt hatten. Was Minna Cauer noch 1908 in Charlottenburg verwehrt worden war, war nun möglich: Frauen machten (Partei-)Politik. Sie zogen in den Reichs- oder Landtag ein und engagierten sich in der zentralen Vertretung Berlins, in der Stadtverordnetenversammlung, oder in einer der 20 Bezirksverordnetenversammlungen, die über die lokalen Angelegenheiten des betreffenden Bezirks zu entscheiden hatten.

In der Stadtverordnetenversammlung lag der Frauenanteil in den 20er Jahren mit 15–20 % relativ hoch. Unter den ersten weiblichen Stadtverordneten Charlottenburgs befanden sich u. a. Anna von ↑Gierke, Hedwig ↑Heyl und, für die USPD, die Schriftstellerin Luise ↑Kautsky sowie Anna Nemitz, eine der wichtigsten Sozialdemo-

kratinnen der Weimarer Republik. 1918 war sie als einzige Frau im
Arbeiter- und Soldatenrat Charlottenburgs und von 1920 bis 1933
auch Mitglied des Reichstages sowie im Parteivorstand von USPD/
SPD. Die meisten der weiblichen Stadtverordneten waren erwerbs-
tätig, viele von ihnen, wie etwa Elise Deutsch, Ida Klockow und
Alwine ↑Reinold, im pädagogischen Bereich. In der Stadtverordnetenversammlung setzten sich diese Charlottenburger Lehrerinnen
und Schulleiterinnen besonders für die Interessen der Privatschullehrerinnen ein. Sie äußerten sich aber auch zu anderen Themen,
vorwiegend auf dem Gebiet der Volksgesundheit, der Wohlfahrtspflege und der Jugenderziehung.

Schon die Wahl für die verfassungsgebende Nationalversammlung am 19. Januar 1919 fand unter hoher Beteiligung der Frauen
statt. Von 310 kandidierenden Frauen wurden 37 gewählt (darunter
A. v. Gierke). Die Parteien hatten jedoch – bis auf Adele ↑Schreiber-
Krieger (SPD) – nicht die in der Frauenstimmrechtsbewegung aktiven Frauen aufgestellt. Im Gegenteil: Für die konservative DNVP,
die das Frauenwahlrecht eigentlich ablehnte (aber dennoch nutzte,
um Politik zu machen), zogen erklärte Stimmrechtsgegnerinnen
wie Paula Müller-Otfried, Vorsitzende des Deutsch-Evangelischen
Frauenbundes, ins Parlament ein.

Bei den Reichstagsneuwahlen 1920 erreichte der Frauenanteil
mit insgesamt 9,6 % aller Abgeordneten den Höchststand gegenüber allen folgenden Reichstagen (bis 1933 ging der Anteil kontinuierlich zurück). SPD und KPD wiesen dabei den sowohl absolut
als auch prozentual höchsten Frauenanteil innerhalb der Fraktionen
auf. Die Parlamentarierinnen der bürgerlichen Parteien (DDP, DVP,
DNVP, Zentrum) kamen zu einem großen Teil aus der bürgerlichen
Frauenbewegung, die viele politisch geschulte und in der Öffentlich-
keitsarbeit versierte Frauen vereinigte. Darunter befanden sich auch
die in Charlottenburg ansässige Marie-Elisabeth ↑Lüders (DDP),
Helene ↑Weber (Zentrum) und Elsa ↑Matz (DVP).

Die parlamentarische Arbeit der weiblichen Abgeordneten kon-
zentrierte sich auf den Ausschuß für Bevölkerungspolitik (Vorsitzende waren u. a. A. v. Gierke und Adele Schreiber-Krieger), auf soziale Angelegenheiten sowie Rechts- und Schulfragen. Doch die
Erwartungen der Frauenbewegung, auf diesem Weg das in die Pra-

xis umzusetzen, was Helene Lange als „mütterliche Politik" bezeichnete, erfüllten sich kaum. Zu stark bestimmten parteipolitische Erwägungen die Arbeit. Ein gesetzgeberischer Erfolg – über die Parteigrenzen hinweg – war zweifellos das Gesetz zur Bekämpfung der Geschlechtskrankheiten, das 1927 die Reglementierung der Prostitution aufhob. Insgesamt zeigte sich jedoch ein Mangel an gemeinsamer Frauenpolitik, so auch in der Diskussion um Artikel 109 der Reichsverfassung. Er gestand den Frauen grundsätzlich dieselben staatsbürgerlichen Rechte und Pflichten wie den Männern zu. Aber eben nur „grundsätzlich", d. h. Frauen blieben im Ehe- und Arbeitsrecht u. a. weiterhin benachteiligt. Als Marie Juchacz (SPD) die Änderung dieses Artikels beantragte, wurde dies mit den Stimmen der meisten bürgerlichen Parlamentarierinnen als „zu extrem" abgelehnt. Die Nationalsozialisten, die seit 1928 im Reichstag vertreten waren, lehnten die Entsendung weiblicher Abgeordneter in die Volksvertretung konsequent ab. Sie hatten sich die Ausschaltung von Frauen aus jeder einflußreichen Stellung im öffentlichen, namentlich parlamentarischen Leben schon früh zum Ziel gesetzt. Nach 1933 konnten sie diese und andere Vorstellungen radikal umsetzen. Bei der Reichstagswahl 1930 lag die NSDAP in Berlin zwar unter dem Reichsdurchschnitt, in Charlottenburg jedoch bereits leicht darüber. 1932 verbesserten die Nationalsozialisten ihr Charlottenburger Ergebnis noch erheblich (von 18 % auf 33 %); der Bezirk galt als NSDAP-Hochburg. 1929 war die Partei erstmals mit fünf Vertretern, darunter Joseph Goebbels, in die Bezirksverordnetenversammlung eingezogen.

Von einigen inselartigen Wohngebieten abgesehen, gehörte Charlottenburg nicht zu den traditionellen Arbeiterbezirken; die bürgerliche Mitte dominierte. Als „Kleiner Wedding" galten jedoch die Straßenzüge zwischen Knobelsdorffstraße und Friedrich-Karl-Platz (heute Klausener Platz) sowie zwischen Nehringstraße und Sophie-Charlotte-Platz, wo unmittelbar nach der Machtübernahme der Nationalsozialisten Verhaftungen und Razzien durchgeführt wurden. Während die Charlottenburger Ortsgruppe der NSDAP ihren Sitz in der Roscherstraße hatte, diente das ehemalige „Volkshaus" der Arbeiterbewegung in der Rosinenstraße 3/4 (heute Loschmidstraße) der SA als Prügelkeller. Mit der *Notverordnung zum Schutz von*

Volk und Staat vom 28. Februar 1933, die die Grundrechte außer Kraft setzte, wurde die Überwachung politischer Versammlungen und die „präventive" Verhaftung politisch mißliebiger Personen formal legalisiert. Im Zuge der Errichtung einer totalitären Staats- und Gesellschaftsordnung wurden 1933 alle bürgerlichen und Arbeiterparteien verboten bzw. lösten sie sich unter dem Druck der Nazis auf. Damit fand auch die demokratische Mitwirkung von Frauen vorerst ein Ende. Oppositionelle wurden verhaftet und verfolgt, in den Untergrund oder die Emigration getrieben (wie z. B. Adele Schreiber-Krieger). Einige Frauen beteiligten sich jedoch auch an der Errichtung und dem Ausbau der NS-Herrschaft, sei es aus ideologischer Überzeugung oder in der Hoffnung auf berufliche Aufstiegschancen. Prominentes Beispiel ist Jutta Rüdiger, ab 1937 „Reichsreferentin" des Bundes Deutscher Mädel, der seinen Sitz in der Reichsjugendführung am Adolf-Hitler-Platz (heute Theodor-Heuss-Platz) hatte und die staatliche Indoktrinierung „arischer" Mädchen ab zehn Jahren betrieb. Daneben wären auf Bezirksebene bspw. noch die NS-Frauenschaftsleiterin Gertrud Leschke (Mindener Straße 2) sowie Dr. Elisabeth Koch als Gauleiterin (Schlüterstraße 18) zu nennen.

Während es in Charlottenburg zu örtlich begrenzten antijüdischen Ausschreitungen kam, gab es darüber hinaus auch zentral organisierte wie den „Boykott"-Tag am 1. April 1933, der besonders viele Geschäfte jüdischer Inhaber, häufig aus der Textilbranche, am Kurfürstendamm traf, sowie der Pogrom in der Nacht vom 9. zum 10. November 1938, wo u. a. die 1912 eröffnete zentrale Synagoge in der Fasanenstraße 79 zerstört wurde. Charlottenburg hatte bis 1933 – neben Wilmersdorf – den höchsten jüdischen Bevölkerungsanteil. Etwa 27 000 Jüdinnen und Juden (das waren etwa 8 % der Berliner Gesamtbevölkerung), vorwiegend aus dem (gehobenen) Bürgertum, hatten sich hier niedergelassen, und zahlreiche kulturelle, soziale und religiöse Einrichtungen befanden sich in diesem Stadtteil. Zu den beiden wichtigsten Zentren gehörte das Haus der zionistischen Organisationen (Meinekestraße 10), wo sich u. a. das „Palästina-Amt" befand. Seine Aufgabe war die Betreuung und Förderung der Auswanderung nach Palästina, die nach 1933 für viele Jüdinnen und Juden nicht nur aus Berlin eine lebensrettende Be-

deutung bekam. Das Haus der zentralen jüdischen Organisationen
befand sich dagegen in der Kantstraße 158, gegenüber dem Theater
des Westens. Hier war seit 1933 die Reichsvereinigung der deutschen Juden untergebracht, der erste reichsweite Zusammenschluß
jüdischer Organisationen überhaupt, sowie mehrere bedeutende
Wohlfahrtseinrichtungen. Hier hatte auch der Jüdische Frauenbund
seinen Sitz. Dieser 1904 gegründete Dachverein engagierte sich in
den 30er Jahren stark in der beruflichen Weiterbildung und Umschu-
lung von Frauen. All diese Vereine versuchten auf unterschiedliche
Weise der zunehmenden Entrechtung, Ausgrenzung und Verfolgung
der jüdischen Minderheit, deren (Über-)Leben immer schwieriger
wurde, etwas entgegenzusetzen. Zahlreiche Frauen, die sich häufig
bereits vor 1933 auf dem Gebiet der Sozialarbeit oder in Vereinen
des Jüdischen Frauenbundes engagiert hatten, beteiligten sich an
dieser Form der Selbstbehauptung und Selbsthilfe. So setzte sich
Recha ↑Freier bereits 1932 für die Alija (Auswanderung) jüdischer
Kinder und Jugendlicher nach Palästina ein – anfangs auch gegen
den Widerstand des jüdischen „Establishments". Andere Frauen wie
Cora ↑Berliner und Hanna ↑Karminski arbeiteten in der Reichsvereinigung und bezahlten ihren couragierten Einsatz wie etwa 55 000
andere jüdische Berlinerinnen und Berliner, die von den Nationalsozialisten in die Vernichtungslager deportiert wurden, mit dem
Leben.

Nur wenigen gelang es, nach dem Auswanderungsverbot im Oktober 1941 im Untergrund zu überleben. Sie waren dabei auf die
Hilfe mutiger Nichtjuden angewiesen, die selbst ihr Leben riskier-
ten. Inge Deutschkron hat in ihrem Buch *Ich trug den gelben Stern*
beschrieben, wie das Ehepaar Emma und Franz Gumz, das in der
Knesebeckstraße 17 eine Wäscherei betrieb, ihr und ihrer Mutter in
der Illegalität half.

Neben der Hilfe für verfolgte Jüdinnen und Juden, für die sich besonders viele Frauen (u. a. Klara ↑Bloch) einsetzten, gab es auch
eine ganze Reihe von Widerstandsaktionen, an denen Frauen beteiligt waren. Das Spektrum reichte hier von verschiedenen Gruppie-
rungen der verbotenen Arbeiterbewegung (SPD, SAP) bis zu der
sehr heterogenen, von der Gestapo „Rote Kapelle" genannten Wi-
derstandsorganisation um Harro und Libertas ↑Schulze-Boysen.

Hier war der Frauenanteil besonders hoch, und einige der führenden Repräsentanten wohnten in Charlottenburg. Viele dieser Antifaschistinnen und Antifaschisten, die aus den unterschiedlichsten
Motiven, z. B. ihrem christlichen Glauben, heraus handelten, wurden vom Reichskriegsgericht in der Witzlebenstraße 4–5 zum Tode
verurteilt und in der Strafanstalt Plötzensee, einer der zentralen
Stätten des NS-Terrors, hingerichtet. 2500 Frauen, Männer und Jugendliche verloren hier ihr Leben.   *(CS)*

Bloch, Klara, geb. Begall, verh. Jung
Antifaschistin • 13. 2. 1908 Berlin – 4. 11. 1988 Berlin (West) •
Horstweg 28: 1939 – mind. 1945

Keine Berühmtheit im herkömmlichen Sinn, sondern eine „unbe-
sungene Heldin" ist B., die in einer kleinbürgerlichen Familie in
Charlottenburg aufwuchs. Kläre, wie sie genannt wurde, half ihrem
Vater, der ein kleines Taxiunternehmen führte, als Droschkenkut-
scherin im Geschäft. 1931 lernte die begeisterte Autofahrerin im
Romanischen Café ihre große Liebe kennen, den jüdischen Graphi-
ker und Maler Erich Bloch, der in den 20er Jahren ein bekannter
Pressezeichner war. Als dessen nichtjüdische Ehefrau, durch die er
bis dahin noch geschützt war, ihn verließ und er ausgebombt wurde,
nahm B. ihn 1943 in ihrer kleinen Erdgeschoßwohnung auf und
versteckte ihn dort bis Kriegsende. Bei Gefahr mußte er in einer
Truhe verschwinden, die in der Diele stand. B., die während des
Krieges als Kontoristin dienstverpflichtet war (u. a. bei den Charlottenburger Steinzeugwerken in der Nähe des Schlosses), brachte
ihren Freund ohne Lebensmittelkarten durch und schützte ihn vor
den Denunziationen des Hauswarts. Sie half jedoch auch anderen
gefährdeten Menschen, darunter zwei jüdischen Frauen, die sie
ebenfalls bei sich aufnahm bzw. in einer leerstehenden Wohnung
im Nachbarhaus versteckte. Mutter und Tochter, entfernte Ver-
wandte von Erich Bloch, überlebten so den Krieg. Nach der Befreiung beteiligte sie sich am Aufbau – in der Hoffnung, daß in Berlin
die unheilvollen Kräfte der Vergangenheit nie wieder Einfluß gewinnen würden, wie es in einer Todesanzeige hieß. Eine Einrichtung der Volkshochschule in Charlottenburg trägt den Namen dieser mutigen Frau, die Kopf und Kragen riskierte, um anderen
Menschen zu helfen.   *(CS)*

Lit.: Wörmann, Heinrich-Wilhelm: *Widerstand in Charlottenburg*, Berlin 1991.

Cauer, Minna (Theodore Wilhelmine Marie), geb. Schelle, verh. Latzel

Frauenrechtlerin • 1. 11. 1841 Freyenstein/Ostprignitz – 3. 8. 1922 Berlin • Nettelbeckstraße 21 (heute: An der Urania): 1888–1905; Wormser Straße 5: 1905–1922

„Nicht die Frauenbewegung allein hat mich jemals ganz angelockt; was mich ins öffentliche Leben hineingezogen hat, war nicht sie, sondern ein heißes Gefühl, das Recht für die Schwachen und Unterdrückten zu erringen", schrieb die bekannte Aktivistin der bürgerlichen Frauenbewegung 1911. Dieses „Recht" ist nicht zuletzt wörtlich zu verstehen, denn C. bekämpfte die rechtliche Diskriminierung von Frauen und setzte sich vor allem für die Erlangung des Frauenstimmrechts ein. Die Cauerstraße in der Nähe des Rathauses Charlottenburg wurde allerdings nicht nach ihr benannt, sondern nach dem Pädagogen Ludwig Cauer, ihrem Schwiegervater. Als drittes Kind des Pfarrers Alexander Schelle und seiner Frau Juliane, geb. Wolfschmidt, wuchs C. in Freyenstein in der Mark Brandenburg auf und besuchte eine höhere Töchterschule. Die 1862 geschlossene Ehe mit dem Hausarzt der Familie, August Latzel, endete unglücklich. 1895 starb der einzige Sohn an Diphtherie und ein Jahr später in der Berliner Charité der psychisch erkrankte Mann. 1867 legte C. das Lehrerinnenexamen ab und ging anschließend für ein Jahr als Deutschlehrerin nach Paris – damals ein ungewöhnlicher Schritt für eine Frau. Sie lehrte dann an einer Mädchenschule in Hamm, wo sie den Gymnasialdirektor Eduard Cauer kennenlernte, einen Witwer mit fünf Kindern, mit dem sie 1869 eine zweite Ehe einging. Nach seiner Ernennung zum Schulrat 1876 zog das Paar von Danzig nach Berlin. Durch ihren Mann, der sich für eine Reform der Mädchenbildung einsetzte, wurde C. zur Beschäftigung mit der „Frauenfrage" angeregt; ein Resultat ihrer Studien war *Die Frau im 19. Jahrhundert* (1898). Nach Cauers Tod 1881 war sie erneut als Lehrerin tätig und trat 1888, im Alter von 47 Jahren, ins öffentliche Leben, als sie (bis 1919) die Leitung des Vereins „Frauenwohl" übernahm. Der Verein setzte sich zunächst für eine bessere Mädchenbildung ein, wurde dann aber zunehmend politischer und avancierte zum Kristallisationspunkt des „radikalen" Flügels der

Frauenbewegung. 1894 forderte „Frauenwohl" – als erster bürgerlicher Frauenverein – das Frauenwahlrecht. Dem von Helene Lange
geführten Bund Deutscher Frauenvereine (BDF) ging diese und
gingen auch andere Forderungen nach freier Selbstbestimmung zu
weit. So kam es 1899 zur Gründung des von C. geführten Verbandes fortschrittlicher Frauenvereine, dem um 1900 bereits etwa 20
Vereine angehörten. Zu seinen Aufgaben gehörte die gewerkschaft-
liche Arbeiterinnenorganisation, der Schutz unehelicher Kinder,
der Kampf gegen die staatliche Reglementierung der Prostitution,
die Strafrechtsreform (§ 218) u. a. Als sich dieser Verband, den C.
als den „Sauerteig in der Frauenbewegung" bezeichnete, 1907 dem
BDF anschloß, legte C. den Vorsitz nieder, ohne deshalb jedoch in
ihrem Engagement nachzulassen. Von 1895 bis 1919 gab sie *Die
Frauenbewegung*, das Organ des Vereins „Frauenwohl" heraus,
und von 1912 bis 1918 lag die Redaktion der *Zeitschrift für Frauenstimmrecht* in ihren Händen. Doch erst durch die Novemberrevolution von 1918 wurde das Frauenstimmrecht erreicht, für das C. und
andere Aktivistinnen, darunter Adele ↑ Schreiber-Krieger und Anita
Augspurg, über zwei Jahrzehnte in verschiedenen Organisationen
gestritten hatten. Obwohl C., wie sie 1912 schrieb, nicht aus ihrer
„bürgerlichen Haut" heraus konnte, lag ihr die Verständigung zwischen bürgerlicher und proletarischer Frauenbewegung am Herzen,
und sie ließ es auch an praktischer Hilfe nicht mangeln: So unterstützte sie z. B. 1903 die Streikaktionen der Crimmitschauer Textil-
arbeiterinnen für den Zehnstundentag. Während des Ersten Weltkrieges begann sie, sich als Pazifistin zu engagieren. Auch nach
Kriegsende setzte sie sich für Völkerverständigung und für die kri-
sengeschüttelte junge Republik ein. Sie sympathisierte mit der So-
zialdemokratie, stand aber auch dem Linksliberalismus nahe und
trat der im November 1918 gegründeten Deutschen Demokratischen
Partei bei. „Ihre Feuerseele war immer ihrer Zeit voraus", schrieb
Else Lüders, ihre engste Mitarbeiterin seit 1898, in einem Nachruf,
„die große Tragik all derer in Deutschland, die aus der Tiefe der Erkenntnis für Menschheitsgedanken eintreten und von dem eigenen
Volke, das lieber blind in sein Unglück stürzt, im Stiche gelassen
werden".   *(CS)*

Lit.: Lüders, Else: *Minna Cauer. Leben und Werk. Dargestellt an Hand ihrer Tage-
bücher und nachgelassenen Schriften*, Gotha, Stuttgart 1925; Peters, Dietlinde:
Minna Cauer. In: Hülsbergen, Henrike (Hrsg.): *Stadtbild und Frauenleben.
Berlin im Spiegel von 16 Frauenporträts*, Berlin 1997, S. 153–174.

Eisenblätter, Charlotte

Antifaschistin • 7. 8. 1903 Charlottenburg – hingerichtet
25. 8. 1944 Berlin • Geißlerpfad 9: 1932–1934; Goebelstraße 99:
1935–1943

„Denken, was wahr ist, und fühlen, was schön ist, und wollen, was
gut ist. Darin erkennt der Geist das Ziel des vernünftigen Lebens."
Diese Worte von Plato machte E. sich schon als Jugendliche zum
Leitspruch. Daß danach zu leben nicht immer leicht war, lernte das
jüngste von zehn Kindern einer Arbeiterfamilie schnell. Nach dem
frühen Tod des Vaters war an eine lange Schulzeit nicht zu denken,
und so begann E. bereits mit 14 im Siemens-Konzern als Laufmäd-
chen. In Abendkursen lernte sie Steno und Schreibmaschine und
ging, gerade 16jährig, als Stenotypistin in ein Patentanwaltsbüro.
Dort arbeitete sie 23 Jahre, bis zu dem Tag, an dem sie von der Gestapo verhaftet wurde. Schon früh hatte sie sich der Arbeiterjugend-
bewegung angeschlossen und verbrachte ihre Freizeit bei den „Na-
turfreunden" und dem Sportverein Fichte. Sie gehörte keiner Partei
an, doch ihre politische Haltung wurde geprägt von ihrer Freundschaft mit Hans Schwalm, dem späteren kommunistischen Schriftsteller Jan Petersen, der 1933/34 illegal den dokumentarischen Roman *Unsere Straße* schrieb (gemeint war damit die Wall-, heutige
Zillestraße), in dem dem Arbeiterwiderstand in Charlottenburg ein
Denkmal gesetzt wird. E. nahm in ihrer Wohnung gelegentlich Illegale auf und gehörte schließlich zu einer seit 1940 von Robert Uhrig
geleiteten Widerstandsgruppe, deren Kern die illegale Berliner KPD-
Organisation war, die jedoch auch mit mehreren anderen antifa-
schistischen Gruppen in ganz Deutschland in Verbindung stand (vor
allem mit der um den Hauptmann a. D. Josef Römer). Hunderte dieser Antifaschisten organisierten Flugblattaktionen, Hilfe für Zwangs-
arbeiter, Sabotage in Rüstungsfirmen und Antikriegspropaganda in

der Wehrmacht. E. fertigte Informationsmaterial an und tippte mehrere Ausgaben der von Uhrig und Römer verfaßten illegalen Flug-
schrift *Informationsdienst*. Mit Hilfe von zwei Spitzeln gelang es
der Gestapo im Februar 1942, die Uhrig-Römer-Gruppe aufzudek-
ken. Allein in Berlin, München und Tirol wurden über 200 Mitglieder der Organisation verhaftet, darunter am 10. Februar E. Im Sommer 1942 wurde sie zusammen mit einigen anderen verhafteten
Frauen ins KZ Ravensbrück eingewiesen. Ab November 1943 fanden mehr als 20 Prozesse gegen mindestens 105 Widerstandskämp-
fer der Gruppe statt, darunter 15 Frauen. Über 40 Angeklagte wurden zum Tode verurteilt. Nach über zweijähriger Leidenszeit im
KZ stand auch E. im Juli 1944 wegen „Vorbereitung zum Hochverrat" und „Feindbegünstigung" vor dem Volksgerichtshof und wurde
zum Tode verurteilt, woran auch ein Gnadengesuch ihrer Geschwister nichts ändern konnte. Ihre Schwester Marie Herrmann beging
daraufhin Selbstmord. E. wurde gemeinsam mit ihrer Kampfge-
fährtin Elfriede Tygör in der Strafanstalt Plötzensee enthauptet.
Ein Bildnis in der Halle des Rathauses Charlottenburg erinnert an
sie.   *(CS)*

Lit.: Thoms-Heinrich, Lieselotte: *Charlotte Eisenblätter*. In: Jacobeit, Sigrid/
Thoms-Heinrich, Lieselotte (Hrsg.): *Kreuzweg Ravensbrück. Lebensbilder an-
tifaschistischer Widerstandskämpferinnen*, Leipzig 1987, S. 16–21.

Freier, Recha, geb. Schweitzer

Lehrerin • 29. 10. 1892 Norden/Ostfriesland – 2. 4. 1984 Jerusalem • Kantstraße 158 (Haus der zentralen jüdischen Organisationen): 1933–1938; Meinekestraße 10 (Haus der Zionistischen
Organisationen): 1939–1942

F. wuchs als Tochter der Sprachenlehrerin Bertha, geb. Levy, und
des Volksschullehrers Manasse Schweitzer in Schlesien auf. In Breslau und München studierte sie Philologie und legte das Staatsexamen als Lehrerin für Höhere Schulen ab. 1919 heiratete sie den Rabbiner Dr. Moritz Freier. Bis Mitte der 20er Jahre lebten sie in Sofia/
Bulgarien, wo F. an einer deutschen Schule unterrichtete. 1925 über-

siedelte die Familie – zwei Söhne waren inzwischen geboren – nach
Berlin, wohin Moritz Freier als Rabbiner berufen worden war. Als
1932 jüdische Jugendliche, die aufgrund des zunehmenden Antisemitismus ihre Stellen verloren hatten, vor ihrer Wohnung in Berlin-
Mitte standen und sie um Hilfe baten, entwickelte F. den Plan, ihnen
– und anderen jüdischen Kindern – zu einer neuen Zukunftsper-
spektive in Palästina zu verhelfen. Am 30. Januar 1933, dem Tag der
Machtübernahme der Nationalsozialisten, gründete F. eine zionisti-
sche Rettungsorganisation, die Jugend-Alija (das hebräische Wort
bezeichnet die Einwanderung nach Palästina). Der Verein befand
sich zunächst in der Kantstraße 158, wo einige wichtige jüdische
Organisationen untergebracht waren, und ab 1939 in der Meinekestraße 10, bis er 1942 von den Nazis aufgelöst wurde. Die Beschaffung der erforderlichen Einreisezertifikate und Schiffspassagen
wurde immer schwieriger. Als F. 1939 versuchte, polnische Juden
aus dem KZ Sachsenhausen zu befreien, und sich nicht scheute,
dafür auch illegale Methoden anzuwenden, wurde die an ihr von offi-
zieller jüdischer Seite geübte Kritik lauter, und sie wurde entlassen.
Während sich ihr Mann mit den drei Söhnen bereits in England auf-
hielt, mußte F. mit ihrer Tochter Maayan Deutschland 1940 fluchtartig
verlassen. Über Jugoslawien, wo sie weitere Kinder aus Deutschland rettete, gelangten sie 1941 nach Palästina. Von der weiteren
Mitarbeit in der Jugend-Alija, ihrem Lebenswerk, wurde F. jedoch
ausgeschlossen. Sie gründete und leitete schließlich ein landwirt-
schaftliches Ausbildungszentrum für verwahrloste Kinder in Israel,
und 1958 rief sie einen Fonds zur Unterstützung zeitgenössischer
israelischer Komponisten ins Leben. Ihre Beschäftigung mit moderner Musik führte auch dazu, daß sie zwischen 1968 und 1983 sechs
große Musikfestivals unter dem Titel „Testimonium" realisierte.
Hier wurden der Kampf und das Leiden des jüdischen Volkes musikalisch zum Ausdruck gebracht. Von F., die sich schon früh schriftstellerisch betätigte, sind zwei Gedichtbände erschienen. 1975 wurde
sie für ihre Verdienste mit dem Ehrendoktorat der Universität Jerusalem und 1981 mit dem Israelischen Staatspreis ausgezeichnet.
Eine Gedenktafel im jüdischen Gemeindezentrum, Fasanenstraße 79,
erinnert an die mehr als 7700 jüdischen Kinder und Jugendlichen,
die dank F.s mutigem Einsatz gerettet werden konnten.   *(CS)*

Lit.: Freier, Recha: *Let the Children come. The early History of Youth Alijah*, London 1961; Ogorek, Monika: *Recha Freier und die Gründung der Jugend-Alijah. Porträt einer ungewöhnlichen Frau*, Berlin 1986 (SFB-Rundfunk-Feature).

Gloeden, Elisabeth-Charlotte, geb. Kuznitzky

Antifaschistin • 9. 12. 1903 Köln – hingerichtet 30. 11. 1944
Berlin • Kastanienallee 23: 1938–1944

Liselotte, wie sie genannt wurde, war die Tochter des jüdischen Sanitätsrats Martin Kuznitzky und seiner aus Straßburg stammenden Ehefrau Elisabeth, geb. Freiin von Liliencron. Sie wuchs in Köln auf und legte dort 1923 ihr Abitur am städtischen Gymnasium ab. G., auch eine vorzügliche Pianistin, studierte dann bis 1926 Rechtswissenschaften an den Universitäten Kiel, München, Lausanne und Köln. 1927 legte sie ihre erste juristische Staatsprüfung ab, wurde Gerichtsreferendarin am Oberlandesgericht Köln und promovierte im folgenden Jahr mit einer Arbeit über das deutsche Adelsrecht. 1938 heiratete sie den 15 Jahre älteren Architekten und Regierungsbaumeister Dr.-Ing. Erich Gloeden, dessen Vater Siegfried Loevy eine bekannte Berliner Bronzegießerei besessen hatte. G. und ihr Mann, die nach den NS-Gesetzen als „Halbjuden" galten, waren leidenschaftliche Gegner des Regimes. Sie unterstützten in Bedrängnis geratene Menschen, vor allem Opfer der Judenverfolgung, besorgten falsche Pässe und Lebensmittel oder gewährten und organisierten Unterschlupf. Am 29. Juli 1944 bat sie einer der Mitverschwörer des 20. Juli, der ihnen bislang unbekannte General der Artillerie Fritz Lindemann, um Hilfe. Sie versteckten ihn zunächst einige Tage im Nachbarhaus (Kastanienallee 24), in einem Zimmer, in dem Elisabeth Kuznitzky, die seit dem Tod ihres Mannes 1939 in Berlin lebte, zur Untermiete wohnte, und dann in ihrer eigenen Wohnung. Bald wußten sie über Lindemanns wahre Identität Bescheid, entschlossen sich aber trotz der damit verbundenen Gefahr, ihn weiter zu verstecken. Doch ein Mitwisser, der Elektroingenieur Ernst Schäffner, verriet den steckbrieflich unter Aussetzung von 500 000 RM Belohnung gesuchten Lindemann. Am 3. September verhaftete ihn die Gestapo in G.s Wohnung. Bei dem Versuch zu fliehen wurde er angeschossen und verstarb bald an den Folgen seiner Verletzungen. Das Ehepaar Gloeden sowie Elisabeth Kuznitzky wurden festgenommen; G. wurde ins Polizeigefängnis am Alexanderplatz gebracht. Am 27. November 1944 begann gegen sie und sieben weitere Fluchthelfer die Verhandlung wegen „Landesverrats" vor dem berüchtigten Volksgerichtshof unter Vorsitz von Rudolf Freisler. Einem NS-Prozeßbericht zufolge hatte G. noch den Mut, rechtliche Einwendungen zu machen, doch an ihrer Verurteilung konnte sie nichts mehr ändern. Sechs Todesurteile wurden insgesamt verhängt. In Abständen von je zwei Minuten wurden Erich und Liselotte Gloeden und ihre Mutter am 30. November im Hinrichtungsschuppen von Plötzensee enthauptet. 1963 wurde eine Straße, der Gloedenpfad, nach G. benannt, und im Rathaus Charlottenburg erinnert ein Bildnis an diese mutige Frau.   *(CS)*

Lit.: Mühlen, Bengt von zur (Hrsg.): *Sie gaben ihr Leben. Unbekannte Opfer des 20. Juli 1944. General Fritz Lindemann und seine Fluchthelfer*, Berlin 1995.

Lüders, Marie-Elisabeth

Politikerin, Frauenrechtlerin • 25. 6. 1878 Berlin – 23. 3. 1966 Berlin (West) • Fasanenstraße 2: 1883–1885; Uhlandstraße 7: 1886–1928; Im Hornisgrund 25: 1928–1966

L. war eine der ersten Frauen, die sich 1909, ein Jahr nach der Zulassung von Studentinnen an Preußens Universitäten, immatrikulierte, und die erste, die – 1912 – im Fach Staatswissenschaften promovierte. Und sie gehört auch zu den ersten Vertreterinnen der bürgerlichen Frauenbewegung, die 1919 in den deutschen Reichstag einzogen – der Beginn einer langen Laufbahn als liberale „Berufspolitikerin". Aufgewachsen als sechstes Kind des Oberregierungsrats im preußischen Kultusministerium Carl Christian L. und seiner Ehefrau Friederike, besuchte die junge, bildungsbeflissene Marie-Elisabeth eine höhere Töchterschule. Doch erst Jahre nach dem Abschluß konnte sie ihren Traum vom Studium in die Tat umsetzen. Von 1912 bis 1914 war sie als städtische Wohnungspflegerin

in Charlottenburg tätig, d. h. sie inspizierte die Wohnungen der armen
Bevölkerung. Mit Beginn des Ersten Weltkriegs gründete sie gemeinsam mit anderen Vertreterinnen des Bundes Deutscher Frauenvereine den Nationalen Frauendienst. L. leitete zunächst die städtische
Kriegsfürsorge in Charlottenburg, dann die Frauenarbeitszentrale
beim Kriegsministerium, was eine direkte Mitarbeit in der Organisation für den Krieg bedeutete. Nach 1918 konnte sie die Grenzen
der städtischen Sozialarbeit überschreiten und sich in erster Linie
der Politik widmen: 1919 wurde sie für die Deutsche Demokratische Partei in die Nationalversammlung gewählt, und von 1920 bis
1932 war sie für diese Partei im Reichstag. Hier kümmerte sie sich
vor allem um soziale Fragen, um die Erziehung und Bildung der Jugend und die Frauenrechte. Obwohl sie den Nationalsozialismus
ablehnte, veröffentlichte sie 1936 das Buch *Das unbekannte Heer,
Frauen kämpfen für Deutschland 1914–1918*, das den Nationalsozialisten im Hinblick auf die Mobilisierung von Frauen für den Krieg
willkommen war. Dennoch wurde L. im Juni 1937 vier Monate lang
wegen angeblicher „Heimtücke" von der Gestapo inhaftiert und anschließend mit Rede- und Schreibverbot belegt. Sie zog sich zurück
und versuchte, Hilfe im privaten Bereich zu leisten: So nahm sie in
ihrem Haus in Eichkamp verfolgte Berliner Juden auf. Vor den
Bombenangriffen floh sie 1944 nach Süddeutschland und kehrte
1947, nach einer Tätigkeit als Lehrerin an einer amerikanischen
Verwaltungsschule, nach Berlin und in die Politik zurück. Von 1948
bis 1950 war sie Stadträtin für Sozialwesen, und 1953, im Alter von
75 Jahren, wurde sie für die FDP in den Bundestag gewählt. Als Al-
terspräsidentin beschäftigte sie sich bis 1961 mit der Gleichberechtigung der Frau – vor allem im Bereich des Rechts und des Berufs – und mit sozialen Fragen. Nach der Ehrenbürgerin der Stadt
Berlin (1958) wurde eine Straße in Charlottenburg benannt – eine
der vielen Auszeichnungen, die L. erhielt.   *(CS)*

Lit.: Lüders, Marie-Elisabeth: *Fürchte Dich nicht. Persönliches und Politisches
aus mehr als 80 Jahren. 1878–1962, Köln*, Opladen 1963; Peters, Dietlinde:
Marie-Elisabeth Lüders. In: Hülsbergen, Henrike (Hrsg.): *Stadtbild und Frauenleben. Berlin im Spiegel von 16 Frauenporträts*, Berlin 1997, S. 123–150.

Schreiber-Krieger, Adele, geb. Schreiber

Sozialpolitikerin, Frauenrechtlerin, Publizistin • 29. 4. 1872 Wien –
18. 2. 1957 Zürich • Ahornallee 50: 1910–1933 (Gedenktafel)

„Ich war eine geborene Rebellin, in steter Auflehnung gegen Ge-
bote der Sittlichkeit für brave Mädchen", bekannte S., die sich zeit
ihres Lebens für Frauenrechte einsetzte. Adele wuchs in der Steier-
mark und in Tirol auf, wo ihr Vater, der Arzt und Universitätsdozent
Josef Schreiber, eine Klinik leitete; die Mutter Clara, geb. Hermann,
war Schriftstellerin. S. erhielt Privatunterricht, besuchte Pensionate
in Paris und Stuttgart und war publizistisch tätig. 1898 übersiedelte
sie nach Berlin und studierte dort von 1901 bis 1903 Nationalökonomie. Im selben Jahr heiratete sie den Arzt Dr. Richard Krieger,
der in der Ahornallee eine Praxis betrieb. S. war besonders in der
dem „radikalen" Flügel der bürgerlichen Frauenbewegung nahestehenden Stimmrechtsbewegung aktiv. Im 1904 von ihr mitgegrün-
deten Weltbund für Frauenstimmrecht war sie bis 1933 Vizepräsi-
dentin; ab 1914 redigierte sie die Zeitschrift *Die Staatsbürgerin*,
das Organ des Deutschen Verbandes für Frauenstimmrecht. Neben
Helene Stöcker war S. die bedeutendste Vertreterin der Mutter-
schutzbewegung. Als Mitbegründerin der Deutschen Gesellschaft
für Mutter- und Kindesrecht (1910) setzte sie sich für die Besser-
stellung von unverheirateten Müttern und ihren Kindern ein. Zu
diesem wie auch zu anderen frauenpolitischen Themen veröffentlichte sie mehrere Schriften (u. a. *Mutterschaft*, 1912, und *Schutz
unseren Frauen und Müttern*, 1919). 1920 rief sie den deutschen
Zweig der Internationalen Vereinigung für Kinderhilfe ins Leben,
und von 1920 bis 1924 leitete sie die Abteilung Mutter und Kind
beim Roten Kreuz. In den Jahren 1920 bis 1924 und 1928 bis 1932
war die Sozialdemokratin Mitglied des Reichstags, leitete dort den
bevölkerungspolitischen Ausschuß und beschäftigte sich u. a. mit
der Abtreibungs- und der Prostitutionsproblematik. Aufgrund politischer und rassistischer Verfolgung emigrierte S., deren Vater vom
Judentum zum Katholizismus konvertiert war, am 5. März 1933 in
die Schweiz, um ihre stets international betriebene Arbeit fortzusetzen. 1939 ging sie mit ihrem Mann, der bis dahin in Deutschland
geblieben war, nach England, wo sie 1944/45 im Auftrag des briti-

schen Informationsministeriums deutsche Kriegsgefangene schulte.
S., der die Nationalsozialisten 1939 die deutsche Staatsangehö-
rigkeit aberkannt hatten, kehrte nach dem Krieg nicht mehr nach
Deutschland zurück, sondern ging in die Schweiz.   *(CS)*

Lit.: Heimatmuseum Charlottenburg: Ausstellungsmaterialien • Nachlaß: Bun-
desarchiv Koblenz; Deutsches Exilarchiv Frankfurt a. M.

Schulze-Boysen, Libertas, geb. Haas-Heye

Antifaschistin • 20. 11. 1913 Paris – hingerichtet 22. 12. 1942
Berlin • Waitzstraße 2: 1936–1939; Altenburger Allee 19:
1939–1942 (Gedenktafel)

Libertas war die jüngste Tochter des Kunstprofessors Haas-Heye
und der Gräfin Viktoria zu Eulenburg. Aufgewachsen auf dem Lie-
benberger Gut des Großvaters Fürst Phillip zu Eulenburg, besuchte
sie zwischen 1926 und 1931 ein Lyzeum in Zürich, wo sie das Abitur ablegte. Nach einem Englandaufenthalt arbeitete sie ab 1933 als
Pressereferentin bei der Metro-Goldwyn-Mayer-Filmgesellschaft in
Berlin. S., die damals noch mit den Nationalsozialisten sympathisierte, ging 1935 freiwillig ein halbes Jahr zum Reichsarbeitsdienst.
Anschließend war sie freiberuflich tätig. Im Juli 1936 heiratete S.
Harro Schulze-Boysen, den sie zwei Jahre zuvor kennengelernt
hatte, und distanzierte sich immer mehr vom Nationalsozialismus.
Der Jurist und spätere Oberleutnant arbeitete im Luftfahrtministe-
rium und war ein früher NS-Gegner. Zusammen mit Libertas baute
er einen Kreis von Oppositionellen auf, der sich einer eindeutigen
politischen Zuordnung entzog und später unter der Gestapo-Be-
zeichnung Rote Kapelle bekannt wurde. Die Aktionen der weitver-
zweigten Gruppe, zu der viele Wehrmachtsbedienstete und andere
Funktionsträger des NS-Staates, aber auch zahlreiche Künstler und
insgesamt über 40 Frauen gehörten, konzentrierten sich zunächst
auf die Verbreitung illegaler Schriften. Nach Kriegsbeginn und mit
Hilfe der Zusammenarbeit mit dem Widerstandskreis um Arvid
und Mildred Harnack wurden auch Informationen über die deutsche Kriegsführung an die Sowjetunion übermittelt. Nach der Ver-

haftung einer zu diesem Kreis gehörenden Verwandten von Libertas, Gisella von Pöllnitz, wurde S.s Wohnung durchsucht und Libertas im Sommer 1939 wegen Spionageverdachts kurzzeitig verhaftet. Ab November 1941 war sie in der Deutschen Kulturfilmzentrale im Propagandaministerium tätig, wo sie heimlich Fotos von Naziverbrechen sammelte, die in einer illegalen Schrift dokumentiert wurden. S. unterstützte ihren Mann besonders bei der Suche nach neuen Verbindungen und half bei der Verbreitung von Flugblättern. Im Sommer 1942 gelang der Gestapo die Aufdeckung der Gruppe; S. wurde am 8. September 1942 verhaftet, wenige Tage nach ihrem Mann. Beide wurden im zentralen Verfahren vor dem Reichskriegsgericht in der Witzlebenstraße am 19. Dezember 1942 wegen „Vorbereitung zum Hochverrat, Feindbegünstigung und Spionage" zum Tode verurteilt und drei Tage später im Zuchthaus Plötzensee hingerichtet. Mit der Verhaftung von weit über 100 Mitgliedern, von denen über 50 zum Tode verurteilt wurden, war eine der bedeutendsten Oppositionsgruppen gegen Hitler zerschlagen.   *(CS)*

Lit.: Coppi, Hans: *Harro und Libertas Schulze-Boysen*. In: *Coppi, Hans u. a.* (Hrsg.): *Die Rote Kapelle im Widerstand gegen den Nationalsozialismus*, Berlin 1994, S. 192–203.

Stöbe, Ilse

Antifaschistin • 17. 5. 1911 Berlin – hingerichtet 22. 12. 1942 Berlin • Ahornallee 48: 1940–1942

Als Tochter des Tischlers Max Stöbe und seiner Frau Frieda, geb. Schumann, wuchs S. in Berlin-Lichtenberg auf. Nach einer Ausbildung zur Sekretärin und Stenotypistin an der Handelsschule war sie in der Annoncen-Expedition des Verlagshauses Mosse tätig. Dort fiel sie dem Chefredakteur des *Berliner Tageblatts*, Theodor Wolff, auf, der sie zu seiner Sekretärin machte und ihre journalistischen Versuche unterstützte. Nachdem ihre ersten Artikel in der *Neuen Zürcher Zeitung* erschienen waren, arbeitete sie ab 1934/35 als Vertreterin für deutsche und Schweizer Blätter in Warschau. Dort war Rudolf Herrnstadt, mit dem sie seit 1928 befreundet war, als

Korrespondent für mehrere Zeitungen tätig. Vermutlich wurde S. durch ihn, der ab Anfang der 30er Jahre für den Militärischen Nachrichtendienst der Roten Armee arbeitete, in die Tätigkeit für die sowjetische Aufklärung einbezogen. Während Herrnstadt im Herbst 1939 nach Moskau emigrierte, kehrte S. nach Berlin zurück und war 1940 in der Informationsabteilung des Auswärtigen Amtes beschäftigt. Hier traf sie mit dem Journalisten Dr. Carl Helfrich sowie mit dem ihr bereits aus Warschau bekannten Legationsrat Rudolf von Scheliha zusammen, die ebenfalls an Widerstandsaktionen teilnahmen. Unter dem Decknamen „Alta" übermittelte S. im Frühjahr 1941 Warnungen vor dem deutschen Überfall nach Moskau, die jedoch von der Führung unter Stalin ignoriert wurden. Nach einer vorübergehenden Tätigkeit in der Werbeabteilung der Lingnerwerke in Dresden war S. vermutlich erneut im Auswärtigen Amt angestellt. Zusammen mit ihrem Lebensgefährten Carl Helfrich wurde sie am 12. September 1942 verhaftet; nach Gestapoquellen wurde S. in einem entschlüsselten Funkspruch aus Moskau genannt. Während Helfrich mehrere KZs überlebte, wurden S. und von Scheliha am 14. Dezember 1942 vor dem Reichskriegsgericht in der Witzlebenstraße der Prozeß gemacht. Beide wurden wegen angeblicher Agententätigkeit und „Landesverrat" nach wenigen Stunden zum Tode verurteilt und drei Tage später im Zuchthaus Plötzensee hingerichtet – zusammen mit Libertas ↑ Schulze-Boysen und vielen anderen Mitgliedern dieser Gruppe.   *(CS)*

Lit.: Sahm, Ulrich: *Ilse Stöbe*. In: Coppi, Hans u. a. (Hrsg.): *Die Rote Kapelle im Widerstand gegen den Nationalsozialismus*, Berlin 1994, S. 262–276.

Terwiel, Maria
Antifaschistin • 7. 6. 1910 Boppard / Rhein – hingerichtet
5. 8. 1943 Berlin • Lietzenburger Straße 6: 1940–1942

Als ältestes der drei Kinder des Juristen Dr. Johannes Terwiel und seiner jüdischen Frau Rosa, geb. Schild, wuchs T. im Rheinland auf. Wegen der beruflichen Tätigkeit ihres Vaters in Pommern legte sie 1931 das Abitur an einem Gymnasium in Stettin ab. Im selben

Jahr begann sie in Freiburg und München Jura zu studieren; dabei
lernte sie ihren Lebensgefährten, den Zahnmedizinstudenten Helmut Himpel kennen. Trotz bereits fertiggestellter Dissertation brach
sie 1935 das Studium ab, da sie als „Halbjüdin" keine Aussicht auf
eine Referendarstelle hatte. Nach der Rückkehr zu ihrer in Berlin
lebenden Familie war sie bis 1942 als Sekretärin in einem Textilun-
ternehmen tätig. Seit 1940 lebte sie mit Himpel, den sie aufgrund
der Nürnberger Rassengesetze nicht heiraten konnte, in dessen
Arztpraxis zusammen. Als leidenschaftliche NS-Gegner, die vor
allem aus christlicher Überzeugung handelten, suchten sie und ihr
Freund nach Gleichgesinnten. In wachsender Sorge um ihre von
zunehmender Verfolgung bedrohte Mutter unterstützte T. andere
Juden durch Lebensmittelkarten und Personalpapiere. Um 1939
lernte sie Harro und Libertas ↑Schulze-Boysen kennen und beteiligte sich an den Aktionen dieser von der Gestapo als Rote Kapelle
bezeichneten Widerstandsgruppe. So vervielfältigte sie auf ihrer
Schreibmaschine mehrere Flugschriften, darunter die Predigten des
Bischofs von Galen gegen die als Euthanasie getarnten Morde an
(vermeintlich) Geisteskranken. Zusammen mit Himpel u. a. organisierte sie den Versand dieser Schriften per Post und beteiligte sich
im Mai 1942 an einer nächtlichen Zettelklebeaktion gegen die anti-
sowjetische Propagandaausstellung „Das Sowjetparadies". Im Zuge
der Enttarnung der Roten Kapelle wurden am 17. September 1942
auch T. und Himpel in ihrer Wohnung verhaftet. Das Urteil des
Reichskriegsgerichts vom 26. Januar 1943 lautete für beide auf To-
desstrafe „wegen Vorbereitung eines hochverräterischen Unternehmens und wegen Feindbegünstigung", nachdem Hitler die für T.
vorgeschlagene Begnadigung abgelehnt hatte. Nach verschiedenen
Haftstationen, darunter auch im Gerichtsgefängnis in der Kantstraße 79, wurde die 33jährige am 5. August 1943 in Plötzensee
hingerichtet, zusammen mit zwölf anderen Antifaschistinnen (darunter Oda ↑Schottmüller). Heute erinnert der Terwielsteig in Charlottenburg an das mutige Engagement dieser Frau.   *(CS)*

Lit.: Tuchel, Johannes: *Maria Terwiel und Helmut Himpel. Christen in der Roten
Kapelle*. In: Coppi, Hans u. a. (Hrsg.): *Die Rote Kapelle im Widerstand gegen
den Nationalsozialismus*, Berlin 1994, S. 213–225.

Thadden, Elisabeth von

Schulleiterin • 29. 7. 1890 Mohrungen/Ostpreußen –
hingerichtet 8. 9. 1944 Berlin • Carmerstraße 12: 1941–1944

Selbst als der berüchtigte Volksgerichtshof unter Vorsitz von Rudolf Freisler 1944 ihr Todesurteil verkündete, stand T. aufrecht zu ihrer vom evangelischen Glauben geprägten Gesinnung. In der Welt des pommerschen Adels auf dem Familiengut in Trieglaff aufgewachsen, wandte sich die älteste Tochter des preußischen Landrats Adolf von Thadden und seiner Frau Ehrengard, geb. v. Gerlach, nach dem Ersten Weltkrieg der Sozialarbeit zu. 1921 absolvierte sie in Berlin an Alice Salomons Frauenschule einen pädagogischen Kurzlehrgang und lernte hier u. a. Anna von ↑Gierke kennen, mit der sie zeitlebens befreundet blieb. Über deren Schülerin Marie Baum, die Regierungsrätin in Baden war, erhielt sie ihre erste Stelle. T. leitete ein Jugendlager auf der Schwäbischen Alb, wobei sie ihre bei der Führung des Familiengutes erworbenen organisatorischen Talente und ihre pädagogische Begabung entfaltete. Im Anschluß an eine Tätigkeit in der bekannten Salemer Schule gründete sie 1927 in Wieblingen bei Heidelberg ein rasch aufblühendes Evangelisches Landerziehungsheim für Mädchen. Nach 1933 sollte sie jedoch bald mit dem Nationalsozialismus in Konflikt geraten, da sie aufgrund ihrer humanistischen Überzeugung den Rassenwahn zutiefst ablehnte und weiterhin Kontakt zu rassisch Verfolgten hielt. Die Denunziation durch eine ihrer Schülerinnen führte im Mai 1941 zum Entzug der Genehmigung für den Betrieb ihres Internats, da es „keine ausreichende Gewähr für eine nationalsozialistisch ausgerichtete Erziehung der Jugend" bot. Die Privatschule wurde verstaatlicht, T.s Lebenswerk zerstört. Sie ging daraufhin nach Berlin, wo sie beim Roten Kreuz arbeitete und im Haus Anna v. Gierkes in der Carmerstraße eine Wohnung bezog. Nicht nur hier nahm sie an Zusammenkünften teil, sondern auch bei Hanna Solf, der Witwe des ehemaligen Botschafters in Tokio, Wilhelm Solf. Dort trafen sich NS-Gegner, darunter auch der Gesandte Otto Kiep, der Kontakte zur bürgerlich-militärischen Opposition hatte. Am 10. September 1943 kamen einige aus dem Solf-Kreis zum Tee zu T., doch auch ein Gestapospitzel, der Arzt Dr. Paul Reckzeh, war unter den Gästen und leitete die dabei gemachten regimefeindlichen Äußerungen weiter. Angebliche verräterische Beziehungen zum Ausland führten am 12. Januar 1944 zur Verhaftung von T. und ca. 70 weiteren Personen des Solf-Kreises. Monatelange Verhöre, u. a. in den KZ Sachsenhausen und Ravensbrück, folgten. „Mir ist kein einziges Wort entschlüpft, das andere belastet hätte", vertraute T. kurz vor ihrem Tod dem Gefängnisgeistlichen an. Bei dem Prozeß am 1. Juli 1944 wurden T. und Otto Kiep wegen „Wehrkraftzersetzung" zum Tode, andere Mitangeklagte zu Haftstrafen verurteilt. Obwohl T. nicht in das Attentat vom 20. Juli verwickelt war, blieben nach dessen Scheitern Gnadengesuche erfolglos. Am 8. September 1944 wurde die aufrechte und hilfsbereite Frau, die ihr Leben dem Dienst am Mitmenschen gewidmet hatte, in der Strafanstalt Plötzensee enthauptet.   *(CS)*

Lit.: Lühe, Irmgard von der: *Elisabeth von Thadden. Ein Schicksal unserer Zeit*, Düsseldorf, Köln 1966.

Literatur

„Warum man überhaupt in Berlin wohnen bleibt? In dieser kalten, unerquicklichen Stadt", fragte sich Else ↑Lasker-Schüler, eine der bedeutendsten Dichterinnen Deutschlands, in ihrem Briefroman *Mein Herz*. Dennoch war gerade Berlin, das sie als „kreisende Weltfabrik" beschrieb, und insbesondere der Neue Westen 40 Jahre lang Zentrum ihres Schaffens und Lebens. Und das sicher nicht zufällig. Denn hier, in den Cafés rund um den Kurfürstendamm, traf sie nicht nur gleichgesinnte Dichter und Künstler, sondern fand auch einen Platz zum Schreiben – und vielleicht auch die Anregungen, die ihre Phantasie beflügelten.

Gegen Ende des 19. Jahrhunderts hatte sich die Gegend um den Kurfürstendamm von einer ruhigen Wohngegend für Reiche zu einem modernen, kulturell interessanten zweiten Stadtzentrum gewandelt. Im wegen seiner Architektur so genannten Romanischen Viertel rund um die Gedächtniskirche entstanden zahlreiche Restaurants und Cafés.

Zu den bekanntesten gehörte das 1895 am Kurfürstendamm 18/19 gebaute Café des Westens (an der Stelle des heutigen Café Kranzler), das bald im Volksmund Café Größenwahn hieß. Seine Blütezeit hatte das Café von der Jahrhundertwende bis zum Ersten Weltkrieg. Hier kam die Avantgarde zusammen, trug ihre Werke vor, philosophierte und debattierte miteinander, hier trafen sich Schriftsteller und Künstler, darunter Erich Mühsam, Frank Wedekind, Tilla ↑Durieux, Joachim Ringelnatz und Gottfried Benn. Zu den Stammgästen zählten auch Else Lasker-Schüler und ihr Mann Herwarth Walden, denn, so sagte sie einmal, „das ist unsere Börse, dort muß man hin, dort schließt man ab. Dorthin kommen alle Dramaturgen, Maler, Dichter und Proleten, die gucken wollen, Damen mit Riesenhüten, Männer mit Monocle, lilagepuderte Gesichter, auch Jungens, die sich pudern". Das Café bot die Möglichkeit, Kon-

takte zu knüpfen und z. B. einen Verleger kennenzulernen. Und es
entstanden neue Arbeitszusammenhänge: So fand Herwarth Walden Mitarbeiter für seine avantgardistische Kunst- und Literaturzeit-
schrift *Sturm*, Max Reinhardt hob hier 1901 sein Kabarett „Schall
und Rauch" aus der Taufe, und 1920 eröffnete Rosa ↑Valetti im ersten Stock des Hauses ihr „Cabaret Größenwahn". Als der Besitzer,
Ernst Pauly, das Café um 1913 an den Kurfürstendamm 26 verlegte,
wechselten die meisten Gäste jedoch in das 1900 gegenüber der Gedächtniskirche gebaute Romanische Café. Dort gab sich nun, bis
zum Exodus nach 1933, die Boheme ein Stelldichein, darunter die
Kabarettistin Trude ↑Hesterberg und die angehende Schriftstellerin
Ruth Landshoff, und auch die Produzenten, Vertreiber und Agenten
der Kultur gingen aus und ein.

Immer mehr kulturelle Institutionen, vor allem Theater und Kinos,
wurden im Umkreis des Kurfürstendamms gegründet, ein Kunst-,
Unterhaltungs- und Vergnügungszentrum etablierte sich. Hier entstand das „Industriegebiet der Intelligenz", wie Erich Mühsam es
nannte, und in der Nähe der Hochschulen, rund um den Savignyplatz, befanden sich auch viele Buchhandlungen und Galerien. „Für
Leute, die vorwärtskommen wollen, ist es also notwendig, am Ku-
damm zu wohnen. Zumindest aber in Berlin W. Alle anderen Stadt-
teile werden nicht respektiert", brachte es der Journalist Hardy
Worm auf den Punkt. (Zit. n. Strohmeyer, S. 201)

Diese Gegend mit ihrer Infrastruktur war nicht nur Schauplatz
von Irmgard Keuns *Kunstseidenem Mädchen*, Gabriele Tergits *Käse-
bier erobert den Kurfürstendamm* sowie anderer „Berlin W"-Publi-
kationen. Sie war auch Anziehungspunkt für viele (häufig aus dem
Bürgertum stammende) Frauen, die einen Neuanfang versuchten,
die sich von Tradition und Enge befreien und beispielsweise schriftstellerisch betätigen wollten – und auch für die, die sich bereits erfolgreich hatten etablieren können, wie etwa Hedwig ↑Courths-
Mahler, die mit ihren Trivialromanen ein Vermögen erschrieb und
mit ihrer Familie in einer 190 Quadratmeter großen Beletage-Wohnung in der Knesebeckstraße 12 residierte.

Daß Frauen literarisch tätig waren, war gewiß nichts Neues (ein
Umstand, der auch dadurch erleichtert wurde, daß hierfür keine be-

rufliche Ausbildung notwendig war). Doch im ausgehenden 19. Jahrhundert begaben sich schreibende Frauen erstmals verstärkt aus
dem privaten Raum heraus, um auf den öffentlichen Markt vorzu-
dringen. Dies geschah nicht zuletzt auch in der Absicht, sich dadurch eine eigenständige Existenz zu schaffen. „Die Tatsache, daß
in diesen Jahren [zwischen 1871 und 1945] mehr als 1000 Frauen in
Berlin schriftstellerisch tätig waren, widerlegt eindrucksvoll die
immer noch weit verbreitete Meinung, daß Frauen an der kulturellen Produktion der Stadt keinen oder nur einen geringen Anteil gehabt hätten", stellen Petra Budke und Jutta Schulze in ihrem Lexikon über Schriftstellerinnen in Berlin fest. (Budke / Schulze, S. 7)

Mehrere Faktoren begünstigten die Professionalisierung des
Schreibens von Frauen: Zum einen verbesserte sich mit der Öffnung
der Universitäten für weibliche Studierende, die Preußen als letztes
deutsches Land 1908 vollzog, der Zugang zu einer umfassenderen
Bildung, die Frauen zuvor autodidaktisch oder im Ausland erwer-
ben mußten. Zum anderen boten die zahlreichen in Berlin angesie-
delten Verlage auch einer wachsenden Zahl von Schriftstellerinnen
die Möglichkeit zu publizieren.

Eine Folgeerscheinung dieser Entwicklung war u. a. die Gründung spezifischer Berufsorganisationen, etwa des Deutschen Schrift-
stellerinnenbundes, der von 1896 bis zu seiner Zwangsauflösung
1933 existierte und zeitweise auch in Charlottenburg (Rankestraße
31/32) angesiedelt war. Neben der Organisation literarischer Ver-
anstaltungen traten zunehmend berufspraktische Fragen wie Rechts-
beratung oder die Einrichtung einer Unterstützungskasse in den
Vordergrund der Verbandsarbeit.

Vor allem der rasant wachsende Zeitungsmarkt – in den 20er Jahren erschienen in Berlin allein mehrere Dutzend Tageszeitungen –
trug dazu bei, daß immer mehr Frauen ihr Geld als freie Mitarbeiterinnen für Zeitungen und Zeitschriften verdienten. Dies war *eine*
Möglichkeit, sich ohne Startkapital eine eigene Existenz aufzu-
bauen und ökonomisch unabhängig von einem Mann zu leben.

Darüber hinaus hatte sich auch das Spektrum der literarischen
Produktion von Frauen erheblich erweitert. Sie eroberten sich nun
nicht nur als Dramatikerinnen die Theaterbühnen, sondern auch
das Feuilleton und die Reportage, wie Erika Mann – aus eigener Er-

fahrung – in der Berliner „Zeitgeist"-Zeitschrift *Tempo* vom 21. 3.
1931 feststellte:

„Seit kurzem gibt es einen neuen Typ Schriftstellerin, der mir für
den Augenblick der aussichtsreichste scheint: Die Frau, die Reportage macht, in Aufsätzen, Theaterstücken, Romanen. Sie bekennt
nicht, sie schreibt sich nicht die Seele aus dem Leib, ihr eigenes
Schicksal steht still beiseite, die Frau berichtet, anstatt zu beichten.
Sie kennt die Welt, sie weiß Bescheid, sie hat Humor und Klugheit,
und sie hat die Kraft, sich auszuschalten. Fast ist es, als übersetzte
sie: das Leben in die Literatur, in keine ungemein hohe Literatur,
aber doch in eine brauchbare, oftmals liebenswerte."

Von der Mitarbeit bei den im traditionellen Berliner Zeitungs-
viertel – es lag zwischen Wilhelmstraße und Spittelmarkt – produzierten Periodika bis hin zur Publikation eigener Werke war es, wie
beispielsweise bei Gabriele Tergit oder Mascha ↑Kaléko, oft nur
noch ein kleiner Schritt. „Gegen Ende der 20er Jahre hatte sich so
ein neuer Typ der schreibenden Frau durchgesetzt, die zielstrebig
und selbstbewußt ihr Ziel – literarische Anerkennung – verfolgte",
resümieren Petra Budke und Jutta Schulze diese Entwicklung.
(Budke/Schulze, S. 9) Doch keineswegs alle Autorinnen verfolgten explizit emanzipatorische Ziele oder schrieben literarisch an-
spruchsvoll; Inhalt und Qualität waren ebenso breit gefächert wie
bei ihren männlichen Kollegen.

Diese Entwicklung wurde 1933 von den Nationalsozialisten radikal unterbunden. Die „Gleichschaltung" des Literaturbetriebes
wurde eine wichtige Voraussetzung für die Manipulation des Volkes im Sinne der NS-Weltanschauung. Als wichtige Kontrollinstanz
diente die 1935 errichtete Reichsschrifttumskammer. Doch schon
unmittelbar nach der Machtübernahme der Nationalsozialisten fanden viele Autorinnen ihre Bücher auf den Listen „undeutschen
Schrifttums" wieder und erhielten Publikationsverbot. Sie konnten,
wenn überhaupt, nur noch „für die Schublade" schreiben. War in
den 20er Jahren fast das gesamte „literarische Berlin" im Neuen
Westen ansässig, so mußten nun viele, darunter zahlreiche Frauen,
ihre Heimat verlassen, sei es aufgrund ihrer (veröffentlichten) Gesinnung oder ihrer „nichtarischen" Herkunft. Ein Exodus ungeheu-
ren Ausmaßes setzte ein. An der „Stätte der Fäulnis", wie Propa-

gandaminister Goebbels den ihm verhaßten Kurfürstendamm genannt hatte, war endlich wieder „deutscher Geist" eingezogen. Als
ideologische Wegbereiterinnen hatten sich daran auch mit dem Nationalsozialismus sympathisierende Autorinnen beteiligt, darunter
Ilse Hamel, die ab 1935 Beauftragte für Frauenfragen in der Reichsschrifttumskammer wurde, und Friede Kraze, die für ihre NS-Best-
seller mit einer Sondergenehmigung zur Führung eines männlichen
Pseudonyms belohnt wurde – was Autorinnen im Nationalsozialismus ansonsten grundsätzlich untersagt war.   *(CS)*

Boveri, Margret

Journalistin, Schriftstellerin • 14. 8. 1900 Würzburg – 6. 7. 1975
Berlin (West) • Wundtstraße 62: 1944–1945

B. wohnte nur acht Monate in Charlottenburg, und doch wurde sie
eine für die Geschichte des Bezirks unverzichtbare Zeitzeugin. Ab
Februar 1945 schilderte sie Schweizer Freunden täglich ihre Ein-
drücke und Gefühle während der letzten Kriegsmonate und ersten
Friedenswochen: was rund um den Lietzensee geschah, wie sie die
erbittert geführten letzten Straßenkämpfe erlebte, was inmitten der
Stellungskämpfe an „normalem Leben" möglich und schwierig war.
Auch die Ungewißheit nach dem Waffenstillstand wird auf eine für
Nachgeborene erschütternde Weise deutlich. Erst 1968 hat B. die
authentischen Aufzeichnungen *Tage des Überlebens* veröffentlicht, ergänzt mit später recherchierten Kommentaren zur politi-
schen Situation. So bekommt der Leser den Überblick, der den un-
mittelbar Betroffenen fehlte. Die Gegenüberstellung von „großer
Politik" und dem Kriegsschicksal der Zivilbevölkerung macht dieses Zeitzeugnis so unvergleichlich. B. wuchs in großbürgerlichen
Verhältnissen auf: Ihr Vater war Professor für Zoologie und Anato-
mie, ihre Mutter, eine Amerikanerin, eine der ersten Biologinnen in
Deutschland, der Onkel gründete das Schweizer Unternehmen
Brown, Boveri & Cie. Als Kind hatte sie familiären Umgang mit
Wilhelm Conrad Röntgen. Von Haus aus zweisprachig und vielsei-
tig gebildet, stand für sie ein Studium außer Frage: zunächst Zoologie, dann Germanistik, Anglistik und Geschichte. Nach einem Leh-
rer-Referendariat und einem Zwischenspiel an der renommierten
Zoologischen Station Neapel promovierte B. 1932 in Berlin in politischer Geschichte. Hier arbeitete sie als außenpolitische Redakteu-
rin, während des Krieges als Auslandskorrespondentin in Stockholm, New York und Lissabon. 1944 kehrte sie mit der Absicht nach
Berlin zurück, das absehbare Kriegsende hautnah zu erleben und
zugleich mit dem distanzierten Blick der geschulten Journalistin zu
dokumentieren. Ab Mitte 1945 lebte B. als Journalistin und politische Autorin in Dahlem.   *(BE)*

Lit.: Boveri, Margret: *Tage des Überlebens*, München 1968; Hauptwerk: *Der*

Verrat im XX. Jahrhundert, 4 Bde., Hamburg 1956–1960; Johnson, Uwe (Hrsg.):
Margret Boveri. Verzweigungen. Eine Autobiographie, München 1977.

Bunsen, Marie von

Schriftstellerin, Malerin • 16. 1. 1860 London – 28. 6. 1941 Berlin •
Maienstraße 1: 1869–1902

Eine der „repräsentativsten Berlinerinnen des zweiten Kaiserrei-
ches und seiner geistigen Oberschicht" nannte Paul Fechter B. in
Die Berlinerin. In der Tat, die Tochter des Diplomaten und liberalen
Landtagsabgeordneten Georg von Bunsen und seiner Frau Emma,
geb. Birkbeck, war als Schriftstellerin, Malerin und Weltreisende
eine der beeindruckendsten Erscheinungen des alten Berlins. Die
junge Marie und ihre sieben Geschwister wuchsen zweisprachig
auf, denn ihre Mutter stammte aus einer englischen Quäkerfamilie.
Mit 16 absolvierte B. das Crainsche Lehrerinnenseminar in der Land-
grafenstraße, an dem sie auch von Helene Lange unterrichtet wurde.
Da sie es aufgrund ihrer Herkunft nicht nötig hatte, einen Beruf aus-
zuüben, amüsierte sie sich zunächst lieber auf Hofbällen. Die Familie stand in engen Beziehungen zu „Kronprinzens", und zu B.s
Freundinnen zählten Kaiserin Friedrich und die Fürstin-Mutter zu
Wied. Der Berliner Hof, der preußische Adel, die Welt der Diplo-
matie und Politik, des geistigen Lebens und der Kunst wurden von
B. scharfsinnig beschrieben. Daneben entwickelte sie sich zur be-
achtlichen Aquarellmalerin und nahm an Ausstellungen teil. Besonderes Aufsehen erregte sie jedoch durch ihre Reisen „allein" –
wenn auch nicht ohne Dienstboten – in alle Welt, was für eine Frau
um die Jahrhundertwende keineswegs üblich war. Sie fuhr nach Si-
zilien, Nordafrika und Asien, wanderte und ruderte durch Deutschland und veröffentlichte seit 1884 zahlreiche Reiseberichte. Viele
ihrer Bücher erschienen mit eigenen Illustrationen. Wenn sie nicht
gerade unterwegs war, widmete sie sich dem geselligen Leben, und
Künstlerinnen und Künstler, Diplomaten und Finanzgrößen besuchten ihren Salon in der Königin-Augusta-Straße (heute Reich-
pietschufer), wo sie nach dem Tod der Eltern wohnte. An der Gründung des Lyceum-Clubs 1905, einer „Vereinigung der geistig und

künstlerisch schaffenden Frauen", hatte B. entscheidenden Anteil
(Vorsitzende war u. a. Hedwig ↑Heyl). Während des Ersten Weltkrieges arbeitete sie als Hilfsschwester und im Vaterländischen Frauenverein. Die Revolution 1918 war für die Monarchistin zunächst
schwer zu verkraften; dann wurde sie Mitglied der Deutschen Demokratischen Partei. Neben ihren Reiseberichten und Erinnerungen
veröffentlichte sie auch historische Frauenbiographien sowie eine
Biographie über ihren Vater. „Ich hatte das große Glück, mich niemals
im Leben zu langweilen", bekannte B. kurz vor ihrem Tod.   *(CS)*

Lit.: Bunsen, Marie von: *Die Welt, in der ich lebte*, Leipzig 1929; *Zeitgenossen, die ich erlebte*, Leipzig 1932; Carstens, Cornelia/ Luikenga, Margret: *Immer den Frauen nach! Spaziergang am Landwehrkanal zur Berliner Frauenge-schichte*, Berlin 1993, S. 125–130.

Courths-Mahler, Hedwig (Ernestine), geb. Mahler,
Pseud.: Relham, Hedwig Brandt
Schriftstellerin • 18. 2. 1867 Nebra/Thüringen – 27. 11. 1950
Rottach-Egern • Knesebeckstraße 12: 1914–1932

„Machen wir uns doch nichts vor. Wenn ein Arbeiter heute ein Buch
in die Hand nimmt, so doch sicher keines von Wassermann oder
Thomas Mann, sondern eines von mir", äußerte C. 1925 selbstbewußt. Ihre 208 Trivialromane erreichen inzwischen eine Gesamt-
auflage von 40 Millionen; damit ist sie die auflagenstärkste deutsche Autorin in der ersten Hälfte des 20. Jahrhunderts. Viele ihrer
Bücher – mehr als 20 wurden verfilmt – verfaßte sie in der 190 Quadratmeter großen Beletage-Wohnung in der Knesebeckstraße, wo
Künstlerinnen und Künstler, darunter Asta ↑Nielsen, ein und aus
gingen. Der Lebensweg dieser Erfolgsautorin, deren Vorbild Eugenie Marlitt war und die sich ein Vermögen erschrieb, begann jedoch in ärmlichen Verhältnissen: als uneheliche Tochter der aus einer
Bauernfamilie stammenden Henriette Mahler; C.s Vater, ein Kor-
poral, starb vor ihrer Geburt. Nach dem Tod von Stiefvater und Mutter früh verwaist, mußte sie nach dem Besuch der Volksschule für
sich selbst sorgen. Sie arbeitete als Dienstmädchen, Verkäuferin und

auch als Vorleserin, was ihr Interesse an Literatur geweckt haben mag. 1889 heiratete sie den mittellosen Dekorationsmaler Fritz Courths. Zwei Töchter kamen 1889 und 1891 zur Welt, die später ebenfalls Unterhaltungsschriftstellerinnen wurden (Margarete Elzer und Friede Birkner). Der Wunsch, ihren Kindern eine gesicherte Zukunft zu bieten, brachte C. dazu, Schriftstellerin zu werden – zunächst gegen den Willen ihres Mannes. 1905 zog die Familie von Chemnitz nach Berlin-Karlshorst, wo mit der Produktion mehrerer Bücher jährlich der eigentliche Erfolg einsetzte. C.s Romane schildern immer wieder die Überwindung von Standesunterschieden durch Liebesheiraten und den Aufstieg von Menschen aus der Unterschicht. Vor allem ihr aus proletarischem und kleinbürgerlichem Milieu entstammendes Lesepublikum entführte sie damit in Traumwelten ohne Alltagssorgen. Obwohl C. sich der Vereinnahmung durch die Nationalsozialisten widersetzte, durften ihre Bücher bis 1939 publiziert werden. 1935 gab sie das Schreiben auf und zog sich auf ihren Landsitz am Tegernsee zurück.   *(CS)*

Lit.: Sichelschmidt, Gustav: *Hedwig Courths-Mahler. Deutschlands erfolgreichste Autorin. Eine literatursoziologische Studie*, Berlin 1985. • Nachlaß: Amerika-Gedenk-Bibliothek, Berlin

Kaléko, Mascha (Golda Malka), geb. Aufen, verh. Vinaver

Schriftstellerin • 7. 6. 1907 Schidlow (heute Chrzanow / Polen) – 21. 1. 1975 Zürich • Bleibtreustraße 10 / 11: 1936–1938 (Gedenktafel); Mommsenstraße 44: 1938

„Ich bin, vor jenen ‚tausend Jahren',/ Viel in der Welt herumgefahren./ Schön war die Fremde; doch Ersatz./ Mein Heimweh hieß Savignyplatz."

In diesen Zeilen aus dem Gedicht *Minetta Street* von K. klingt ein Grundmotiv ihrer späteren Lyrik an: die Sehnsucht nach der verlorenen Heimat, die einst Berlin hieß, und die Exilerfahrung. In einer russisch-jüdischen Familie in Galizien aufgewachsen, war K. Emigrantin von klein auf. 1914 zog sie mit ihren Eltern nach Deutschland, 1918 nach Berlin-Mitte. Nach der Mittleren Reife arbeitete K.

ab 1925 als Sekretärin für die jüdische Gemeinde, abends schrieb
sie erste Gedichte und fand Anschluß an die Boheme im Romanischen Café. Seit 1929 veröffentlichten verschiedene Zeitungen wie
die *Vossische* oder das *Berliner Tageblatt* ihre Großstadtlyrik, die
eine unnachahmliche Mischung aus Ironie und Melancholie prägt.
1933 erschien ihr erster Band mit Gedichten, die den Nerv der Zeit
trafen und vom Alltag der kleinen Leute handeln. *Das lyrische Ste-
nogrammheft* war sofort ein großer Erfolg. Ein zweiter Gedichtband, *Das kleine Lesebuch für Große*, wurde nach seinem Erscheinen 1935 wegen K.s jüdischer Herkunft von den Nationalsozialisten
verboten. Eine hoffnungsvoll begonnene Karriere wurde damit zerstört. Mit ihrem zweiten Ehemann, dem Musikwissenschaftler
Chemjo Vinaver, und dem zweijährigen Sohn emigrierte K. 1938
nach gewalttätigen Übergriffen durch die SS nach New York, wo
sie – neben gelegentlichen Veröffentlichungen in deutschsprachigen Zeitschriften – hauptsächlich ihren Mann bei seiner Arbeit unterstützte. Seinetwegen übersiedelte K. 1960 nach Jerusalem, wo
sie jedoch nie ganz heimisch wurde. Pläne einer Rückkehr nach Berlin nach dem Tode Vinavers 1973 konnte sie nicht mehr verwirklichen. Erst in den 80er Jahren wurde ihr Werk von einer größeren
Öffentlichkeit neu entdeckt.   *(CS)*

Lit.: Zoch-Westphal, Gisela: *Aus den sechs Leben der Mascha Kaléko*, Berlin
1987. • Nachlaß: Deutsches Literaturarchiv Marbach

Kolmar, Gertrud, d. i. Chodziesner
Schriftstellerin • 10. 12. 1894 Berlin – März 1943 KZ Auschwitz •
Ahornallee 37: 1899–1920 (Gedenktafel); Kurfürstendamm 43:
1921–1923

„Es gab eine Zeit, da mich fremdes Lob erfreuen und fördern
konnte … Heut weiß ich auch ohne Kritiker, was ich als Dichterin
wert bin …", schrieb K., die zu den herausragenden deutschsprachigen Dichterinnen dieses Jahrhunderts zählt, im Oktober 1938.
Von ihrem umfangreichen Werk erschien jedoch zu ihren Lebzeiten
nur ein Bruchteil.

Aufgewachsen war sie als älteste Tochter in einer großbürgerlichen jüdischen Familie. Der Vater Ludwig Chodziesner war ein bekannter Strafverteidiger, die Mutter Elise, geb. Schoenflies, entstammte einer wohlhabenden Gelehrten- und Kaufmannsfamilie. Bald nach K.s Geburt zogen die Eltern in den Villenvorort Westend. Nach dem Besuch der Weyrowitzschen Höheren Mädchenschule in Charlottenburg und einer Hauswirtschaftsschule bei Leipzig machte sie eine Ausbildung als Sprachlehrerin und arbeitete ab 1919 als Erzieherin in verschiedenen Privathäusern. 1928 gab sie die berufliche Tätigkeit weitgehend auf und zog ins Elternhaus in Finkenkrug/ Falkensee. Nach dem Tod der kranken Mutter 1930 führte sie ihrem Vater den Haushalt und unterstützte ihn in seiner Anwaltskanzlei. Bereits 1917 war ihr erster Gedichtband erschienen – unter dem Pseudonym Kolmar, dem deutschen Namen des Posener Ortes Chodziesen, aus dem die väterlichen Vorfahren stammten. Vermittelt durch ihren Cousin Walter Benjamin trat K., deren eigentlicher Lebensinhalt die Lyrik war, ab 1928 mit ihren Gedichten verstärkt an die literarische Öffentlichkeit. In den folgenden Jahren entstanden mehrere Gedichtzyklen – darunter *Das Wort der Stummen* (1933), in dem sie scharfe Kritik am NS-Regime übt –, aber auch Erzählungen, in denen sie u. a. das Scheitern deutsch-jüdischer Assimilation thematisiert. Der letzte zu ihren Lebzeiten erschienene Zyklus, *Die Frau und die Tiere*, in dem sie in eindringlichen Sprachbildern ihr Fremd- und Anderssein als Frau und als Jüdin beschreibt, wurde nach seinem Erscheinen 1938 eingestampft. Da ihr Vater sich nicht zur Emigration entschließen konnte, blieb K. bei ihm – ohne ihn jedoch retten zu können: 1942 wurde er nach Theresienstadt deportiert. Zum Verkauf ihres Hauses gezwungen und in eine sog. Judenwohnung in Schöneberg eingewiesen, mußte K. ab 1941 Zwangsarbeit leisten, zunächst in Lichtenberg, dann in einer Rüstungsfabrik in der Wilmersdorfer Straße. Dort wurde sie am 27. Februar 1943 zusammen mit den anderen jüdischen Zwangsarbeitern verhaftet und am 2. März nach Auschwitz deportiert. Ihr Todesdatum ist unbekannt.   *(CS)*

Lit.: Woltmann, Johanna (Bearb.): *Gertrud Kolmar. 1894–1943*, Marbach 1993; Brandt, Marion (Hrsg.): *Gertrud Kolmar. Orte*, Berlin 1994.

Landau, Lola, verh. Marck, verh. Wegner

Schriftstellerin • 3. 12. 1892 Berlin – 2. 2. 1989 Jerusalem •
Kurfürstendamm 26: 1892 – ca. 1913; Kaiserdamm 16:
1926–1933

Aus einer großbürgerlichen, jüdisch-assimilierten Familie stammend, wuchs L. am Kurfürstendamm auf. Der Vater war ein bekannter Frauenarzt; die künstlerisch gebildete Mutter mag L.s frühes Interesse an der Lyrik geweckt haben. Nach einer Ausbildung
zur Englischlehrerin ging L., um der „liebevollen Bevormundung"
durch das Elternhaus zu entgehen, eine „reine Vernunftehe" mit
Siegfried Marck ein, einem Breslauer Privatdozenten für Philosophie. Aus der Ehe gingen zwei Söhne hervor. Während des Krieges
zur Pazifistin geworden, engagierte sich L. in der Frauenliga für
Frieden und Freiheit. Sie schrieb Artikel und Kurzgeschichten für
Zeitschriften und veröffentlichte die Gedichtbände *Schimmernde
Gelände* (1916) und, angeregt durch das Erlebnis ihrer ersten
Schwangerschaft, *Das Lied der Mutter* (1919). Um 1917 lernte sie
den Schriftsteller Armin T. Wegner kennen, den sie nach der Scheidung von Marck 1922 heiratete. Nach einem Aufenthalt in Neu-
globsow am Stechlinsee kehrte das Paar mit L.s beiden Söhnen und
der 1924 geborenen Tochter Sibylle nach Berlin zurück. Neben
journalistischen Arbeiten, die zur Sicherung des Lebensunterhalts
wichtig waren, schrieb L. das Drama *Die Wette mit dem Tod* und,
gemeinsam mit Wegner, das Puppenspiel *Wasif und Akif*, das erfolgreich im Theater am Kurfürstendamm aufgeführt wurde. Doch die
„Jahre des Ehrgeizes und des Erfolgs" waren gezählt. Wegner wurde
1933 aufgrund seines pazifistischen Engagements vorübergehend
im KZ Oranienburg inhaftiert. L. erkannte, daß sie und ihre Kinder
aufgrund des Antisemitismus keine Zukunft in Deutschland haben
würden. Da sie sich von ihrem Mann, der einer Emigration ablehnend gegenüberstand, zunehmend entfremdet fühlte, entschloß sie
sich 1934, Deutschland mit ihren Kindern zu verlassen. Sie emigrierte nach Palästina, wo sie gezwungen war, jede erdenkliche
Arbeit anzunehmen. Erst nach dem Krieg war sie wieder schriftstellerisch produktiv, und es entstanden Erzählungen, Gedichte, Ju-
gendgeschichten, zwei Theaterstücke und Hörspiele für den israeli-

schen Rundfunk. Für ihren Beitrag zur Verständigung zwischen Israel
und der BRD erhielt sie 1989 das Bundesverdienstkreuz.   *(CS)*

Lit.: Landau, Lola: *Vor dem Vergessen. Meine drei Leben*, Frankfurt a. M., Berlin 1987.

Langgässer, Elisabeth, verh. Hoffmann

Schriftstellerin • 23. 2. 1899 Alzey – 25. 7. 1950 Karlsruhe •
Eichkatzweg 33: 1935–1948

„Deutschland hatte plötzlich eine ebenso moderne wie urkatholi-
sche, eine hochintellektuelle und zugleich tiefmystische Dichterin,
mit niemandem weit und breit vergleichbar", schrieb Horst Krüger
über L., seine Nachbarin in der Grunewald-Siedlung Eichkamp, die
mit ihrem 1946 erschienenen Hauptwerk *Das unauslöschliche Sie-
gel* zu einer der bekanntesten Dichterinnen im Nachkriegsdeutsch-
land avancierte. Aufgewachsen waren L. und ihr zwei Jahre jünge-
rer Bruder im hessischen Alzey. Nach dem Tod des Vaters Eduard
Langgässer, einem jüdischen, vor der Heirat zum Katholizismus
konvertierten Architekten und Baurat, zog die Mutter Eugenie, geb.
Dienst, mit den Kindern nach Darmstadt. Nach dem Abitur und
einer einjährigen pädagogischen Ausbildung war L. ab 1922 als
Lehrerin an verschiedenen hessischen Volksschulen tätig. Als 1929
ihre nichteheliche Tochter Cordelia zur Welt kam, wurde sie aus
dem Schuldienst entlassen. Für den Vater, den verheirateten jüdischen Rechtswissenschaftler Hermann Heller, bedeutete die Verbindung mit L. nur eine flüchtige Affäre. Doch er anerkannte die
Vaterschaft – was sich für Cordelia wenige Jahre später als verhäng-
nisvoll erweisen sollte. Mit ihrem Kind zog L. nach Berlin, arbeitete zunächst als Dozentin an der Sozialen Frauenschule Anna von
↑Gierkes und lebte ab 1930 als freie Schriftstellerin. Nachdem sie
bereits 1924 ihren ersten Gedichtband *Der Wendekreis des Lammes*
veröffentlicht hatte, gehörte L. in Berlin zum Kreis der literarischen
Zeitschrift *Die Kolonne*, zu dem auch Oda Schäfer, Günter Eich,
Peter Huchel, Oskar Loerke u. a. zählten. Kurz bevor die Nürnberger Rassengesetze dies unmöglich gemacht hätten, heiratete L. im

Sommer 1935 den katholischen Philosophen Wilhelm Hoffmann, den sie bei ihrem Debüt als Hörspielautorin 1933 beim Berliner Rundfunk kennengelernt hatte. Zwar war L. durch diese Ehe, aus der drei Töchter hervorgingen, persönlich geschützt, doch erhielt sie 1936 als „Mischling ersten Grades" ein Berufs- und Publikationsverbot. Trotz ihrer Erkrankung an multipler Sklerose wurde sie 1944 zur Zwangsarbeit verpflichtet. L., die katholisch erzogen war und sich auch als Schriftstellerin stets der katholischen Tradition verbunden fühlte, veröffentlichte mehrere Gedichtbände und Romane. Charakteristisch für ihr postum mit dem Georg-Büchner-Preis ausgezeichnetes Werk sind die Bezüge zwischen magisch gesehener Natur, christlichem Kosmos und der Mythologie der Antike. Trotz ihrer Distanz zum Nationalsozialismus ist ihre literarische Auseinandersetzung mit dem Judentum nicht frei von stereotypen Denk- und Sprachmustern und offenbart die ambivalente Einstellung zur väterlichen Herkunft. Dies sollte sich auch auf die nach den Rassengesetzen als „Volljüdin" geltende Cordelia auswirken. 1941 mußte sie – zum Tragen des Judensterns gezwungen – ihre Familie verlassen. L. arrangierte eine Scheinadoption durch ein spanisch-belgisches Ehepaar, doch die Gestapo durchschaute diesen Rettungsversuch und zwang die 14jährige, sich mit ihrer Einweisung in ein KZ einverstanden zu erklären; andernfalls sei die Mutter bedroht. Cordelia akzeptierte notgedrungen und wurde 1944 nach Theresienstadt und später nach Auschwitz deportiert. Schwerkrank erlebte sie im Frühjahr 1945 die Befreiung durch das Internationale Rote Kreuz und verbrachte die folgenden Jahre, inzwischen mit dem Journalisten Ragnar Edvardson verheiratet, in Schweden. 1949 kam es zu der einzigen Wiederbegegnung mit L. Cordelia Edvardson, die seit 1974 als Journalistin und Schriftstellerin in Israel lebt, beschreibt in ihrer Autobiographie *Gebranntes Kind sucht das Feuer* (1986) ihre von zunehmender Ausgrenzung und Verfolgung geprägte Kindheit in Berlin und die Schreckensjahre in den KZ. Schreibend versuchte sie, sich von der geliebten und gehaßten Mutter zu lösen. Diese sei – so mutmaßt Edvardsons Tochter Elisabeth Hoffmann – möglicherweise imstande gewesen, Cordelia vor der Deportation zu retten, wenn sie sich „eindeutiger und offensiver zu ihrer jüdischen Herkunft" bekannt hätte.   *(CS)*

Lit.: Langgässer, Elisabeth: *Gesammelte Werke in Einzelausgaben*, Hamburg 1959–1964; Gelbin, Cathy/ Lezzi, Eva: *Literarische Verarbeitungen der Mutter-Tochter-Beziehung: Elisabeth Langgässer und Cordelia Edvardson. Anmerkungen zu einem nicht stattgefundenen Gespräch*. In: *Zeitschrift für deutsche Philologie*, Bd. 117, H. 4, Berlin 1998, S. 564–615. • Nachlaß: Deutsches Literaturarchiv Marbach

Lasker-Schüler, Else (Elisabeth), geb. Schüler, verh. Lasker, verh. Levin

Schriftstellerin • 11. 2. 1869 Elberfeld – 22. 1. 1945 Jerusalem • Schlüterstraße 62: 1900–1901; Wielandstraße 3: 1902; Nürnberger Straße 46 (Pension Benecke): 1914; Kleiststraße 22 (Pension Bayreuth): 1914; Nürnberger Straße 26 (bei Frau Kroll): 1915; Motzstraße 7 (früher 78) (Hotel Koschel, später Sachsenhof): 1920–1933

„Warum man überhaupt in Berlin wohnen bleibt? In dieser kalten, unerquicklichen Stadt", fragt L. in dem Briefroman *Mein Herz*, dessen Schauplatz die Cafés rund um den Kurfürstendamm sind. Dennoch war gerade diese Stadt, die sie als „kreisende Weltfabrik" beschrieb, und insbesondere der Neue Westen 40 Jahre lang Zentrum ihres Schaffens und Lebens. Heute zählt sie zu den bedeutendsten Dichterinnen Deutschlands. Als jüngstes der sechs Kinder des jüdischen Privatbankiers Aron Schüler und seiner Frau Jeanette, geb. Kissing, verlebte L. eine behütete Kindheit in Wuppertal-Elberfeld. 1894 heiratete sie den Arzt Berthold Lasker, mit dem sie nach Berlin zog und im Tiergartenviertel ein eigenes Atelier einrichtete. Sie nahm privaten Malunterricht bei Simon Goldberg. Die Begegnung mit dem Dichter Peter Hille um 1898 dürfte sie ermutigt haben, fortan konsequent ihren eigenen Weg als Künstlerin – und vor allem als Schriftstellerin – zu gehen. 1902 erschien ihr erster Gedichtband, *Styx*, mit dem ihr prompt der literarische Durchbruch gelang. Nach der Scheidung von Lasker 1903 heiratete sie Georg Levin, den sie Herwarth Walden nannte und der als Musiker und Förderer des Expressionismus berühmt wurde. In den folgenden Jahren erschienen neben weiteren Lyrikbänden, die dem Expressionismus zuzurechnen sind, auch Dramen und Prosawerke. In *Mein Herz*

(1912), in dem sie das Scheitern ihrer Ehe mit Walden zu verarbeiten suchte, stilisierte sie sich zum „Prinzen von Theben" – eine ihrer zahlreichen Selbstbezeichnungen. In ihrem Werk verwandelte sie die erlebte Realität in Mythen und Legenden, und sowohl ihre expressiven Zeichnungen, mit denen sie viele ihrer Bücher illustrierte, als auch ihre Dichtung sind geprägt von Motiven und Figuren, die aus einer orientalischen und alttestamentarischen Phantasiewelt stammen. 1919/20 erschien eine zehnbändige Gesamtausgabe ihrer Werke. 1932 erhielt sie den Kleist-Preis. Doch trotz ihres zunehmenden Ruhms war ihr Leben jenseits bürgerlicher Normen von Armut und Krisen geprägt; 1927 war der einzige Sohn Paul an Tbc gestorben. Nach der Scheidung von Walden hatte L. keine eigene Wohnung mehr; die Cafés am Kurfürstendamm, wo sie gleichgesinnnte Künstler und Künstlerinnen traf, waren ihr eigentliches Zuhause. Nachdem sie im April 1933 auf der Straße von Nazis überfallen worden war, verließ sie Berlin fluchtartig. Ihre Werke wurden verboten, ihre Zeichnungen 1937 als „entartet" verkauft. Sie emigrierte in die Schweiz und reiste nach Palästina. Nach Kriegsausbruch konnte sie von dort nicht mehr zurückkehren. 1945 starb sie arm und vergessen in Jerusalem.   *(CS)*

Lit.: Klüsener, Erika: *Else Lasker-Schüler in Selbstzeugnissen und Bilddokumenten*, Reinbek 1980; Bauschinger, Sigrid: *Else Lasker-Schüler. Biographie*, Frankfurt a. M. 1989. • Nachlaß: Jewish National and University Library Jerusalem; Stadtbibliothek Wuppertal; Landesbibliothek Dortmund; Staatsbibliothek Hamburg; Deutsches Literaturarchiv Marbach

Lourié, Vera

Lyrikerin • 21. 4. 1901 St. Petersburg – 11. 9. 1998 Berlin •
Steinplatz 4 (Pension Steinplatz): 1921–1922

„... Berlin zu vergessen, zurückzuschauen/Und über die Entfernung, die Jahre der Trennung hinweg/Dieses stille, abendliche, heimatliche Petrograd zu sehen."
    Wie diese Zeilen aus dem Gedicht *Petrograd* von 1923/24 zeigen mögen, ist L. im Geiste immer Petersburgerin geblieben, obwohl

sie nach ihrer Emigration aus Sowjetrußland 1921 drei Viertel ihres
Lebens in Berlin verbrachte. Ihr Vater – er hatte hugenottische Vorfahren – war Arzt und Leiter einer Privatklinik in St. Petersburg,
und ihre Mutter war die Tochter eines russisch-jüdischen Börsen-
maklers. L. besuchte das private Tangancev-Gymnasium, das sie in
der frühen Revolutionszeit abschloß. Lyrikerin wurde sie, als sie
1920 Seminare am „Haus der Künste" besuchte. Einer ihrer Lehrer
war der berühmte symbolistische Dichter Nikolaj Gumiljow. Gemeinsam mit anderen hoffnungsvollen Talenten gehörte L. dem
Dichterkreis „Tönende Muschel" um Gumiljow an. Die erste liberale Phase des Sowjetregimes, die auch eine Institution wie das
Haus der Künste möglich gemacht hatte, war schnell vorbei. Gumiljow, ein bekennender Monarchist, wurde 1921 erschossen. Die
Louriés entschlossen sich zur Emigration. Im Herbst 1921 trafen
sie in Berlin ein, das damals mit bis zu 300 000 hier lebenden Flücht-
lingen das Zentrum der russischen Diaspora war. Über das in Berlin
gegründete Haus der Künste knüpfte L. schnell wieder Kontakte
zum russischen literarischen Leben. Sie freundete sich u. a. eng mit
Andrej Bely, Ilja Ehrenburg und seiner Frau, der Malerin Ljubow
Kosinzewa, an. Im Haus der Künste (das 1922/23 im Café Leon am
Nollendorfplatz gastierte) trat sie auch auf. Sie veröffentlichte Gedichte und Kritiken in russischen Literaturzeitschriften der Stadt
und wurde Mitarbeiterin im Feuilleton der Tageszeitung *Dni* (Tage).
In der zweiten Hälfte der 20er Jahre gab L. die Literatur vorübergehend auf und arbeitete als private Sprachlehrerin. Sie lebte gemeinsam
mit ihren Eltern und zwei jüngeren Geschwistern in wechselnden
Wohnungen in Charlottenburg und Wilmersdorf zur Untermiete, bis
die Familie endlich in der Westfälischen Straße eine eigene mieten
konnte. Anfang 1933 traf sie ihre große Liebe, den russischen Rechtsanwalt Alexej Posnjakov. L. begann wieder Gedichte zu schreiben,
die oft ihm gewidmet waren. Doch das Glück währte nur kurz. Posnjakov, der russischen Juden, die aus dem Nazideutschland fliehen
wollten, gefälschte Visa besorgte, wurde im KZ Dachau inhaftiert
und kam dort 1941 um. Auch L. wurde für einige Wochen von der
Gestapo festgehalten. 1937 starb ihr Vater, ihre Geschwister emigrierten, und sie blieb mit ihrer Mutter allein zurück. Marija Lourié
wurde 1941 ins KZ Theresienstadt deportiert. Sie überlebte auch

dank der Lebensmittelpakete, die Vera ihr regelmäßig schickte, und
kehrte 1945 nach Berlin zurück. Seit Mitte der 50er Jahre druckten
Pariser Emigrantenzeitungen wieder Gedichte von L., die meist
den Verlust des geliebten Petersburg thematisierten. In den 80er
Jahren wurde sie von Literaturhistorikern als eine der letzten über-
lebenden Zeitzeuginnen der russischen Diaspora entdeckt. Ihre bislang unveröffentlichten Erinnerungen schrieb sie in Form von Briefen an eine Freundin.   *(AB)*

Lit.: Beyer, Thomas R. (Hrsg.): *Lourié, Vera. Stichotvorenija* (Gedichte, russ./
dt.), Berlin 1987.

Susman, Margarete, verh. von Bendemann, Pseud.: Otto Reiner
Schriftstellerin, Philosophin • 14. 10. 1872 Hamburg–16. 1. 1966
Zürich • Nußbaumallee: ca. 1900–1906; Kastanienallee 18:
1907–1910; Hölderlinstraße 11: 1911–12

„Ich habe viele Leben gelebt", überschrieb S. ihre Autobiographie.
Daß dies zutrifft, zeigt schon die Vielfalt ihrer Begabungen und Tätigkeiten – sie war Malerin, Lyrikerin, Philosophin und Privatge-
lehrte. Als zweite Tochter des Kaufmanns Adolph Susman und seiner Frau Jenni, geb. Katzenstein, wuchs sie in einem wohlhabenden
jüdischen Elternhaus in Hamburg auf. Nach dem Umzug der Familie nach Zürich 1882 besuchte sie eine höhere Töchterschule. Obwohl am Liberalismus orientiert, verbot Adolph Susman seiner
Tochter zu studieren – wohl aus Angst vor den emanzipierten Züri-
cher Studentinnen. S. begann zu dichten und zu malen; ihr Studium
in Düsseldorf – zunächst der Künste – begann sie erst nach dem Tod
des Vaters 1892. Bald ging sie nach München; hier hörte sie philosophische Vorlesungen. Über Gertrud ↑ Kantorowicz lernte sie Karl
Wolfskehl und Stefan George kennen. In Berlin, wo sie ab 1900 lebte,
besuchte sie als Gasthörerin die soziologischen Vorlesungen Georg
Simmels, der ihre philosophische Entwicklung stark beeinflußte.
Bei den „Jours" in seinem Haus traf sie u. a. Georg Lukács, Ernst
Bloch und Martin Buber. 1901 erschien *Mein Land*, ihr erster von
mehreren Gedichtbänden. 1906 heiratete sie den Kunsthistoriker

Eduard von Bendemann, im selben Jahr wurde der Sohn Erwin geboren, und bald begann für sie eine jahrzehntelange Tätigkeit als
Essayistin bei verschiedenen Zeitungen. Der Erste Weltkrieg weckte
ihr politisches Bewußtsein, und sie wurde zu einer engagierten
Kriegsgegnerin. Die Jahre der Weimarer Republik, die die Familie
auf einem Bauernhof in Säckingen am Rhein verbrachte, wurden
durch finanzielle und private Krisen überschattet. Nach der Scheidung 1928 lebte S. in Frankfurt a. M., wo sie u. a. Bertha Pappenheim, die Vorsitzende des Jüdischen Frauenbundes, kennenlernte.
Ohne selbst in der Frauenbewegung aktiv zu sein, verfaßte sie mehrere Essays zur Situation der Frau; 1929 erschien ihr Buch *Frauen
in der Romantik.* 1933 kehrte sie als Emigrantin nach Zürich zurück, wo sie – wegen des Verdachts auf Linksradikalismus unter
Publikationsverbot gestellt – unter dem Pseudonym Otto Reiner
veröffentlichte. Ihr Hauptwerk in dieser Zeit war *Das Buch Hiob
und das Schicksal des jüdischen Volkes* (1946), in dem sie das Verhältnis zwischen jüdischer und christlicher Glaubenslehre zu klä-
ren und die Shoa zu verstehen suchte. Nach dem Krieg erhielt S.
mehrere Auszeichnungen, darunter 1959 die Ehrendoktorwürde
der Freien Universität Berlin.   *(CS)*

Lit.: Susman, Margarete: *Ich habe viele Leben gelebt,* Stuttgart 1964; Delf,
Hanna: „*In diesem Meer von Zeiten, meine Zeit!".* *Eine Skizze zu Leben und
Denken der Margarete Susman.* In: Dick, Jutta/ Hahn, Barbara (Hrsg.): *Von
einer Welt in die andere. Jüdinnen im 19. und 20. Jahrhundert,* Wien 1993,
S. 248–265.

Ury, Else

Schriftstellerin • 1. 11. 1877 Berlin–13. 1. 1943 KZ Auschwitz •
Kantstraße 30: 1905–1933; Kaiserdamm 24: 1933–1939

U. war das dritte von vier Kindern einer liberal-bürgerlichen Fabri-
kantenfamilie, die in Berlins Zentrum wohnte. U.s Interesse an
Literatur und Theater wurde besonders von der musisch begabten
und gebildeten Mutter Franziska, geb. Schlesinger, gefördert. Vater
Emil Ury, hauptberuflich Tabakfabrikant, machte sich auch als wort-

gewandter Festredner im alten Berlin einen Namen. Die vier Ury-
Kinder erhielten die bestmögliche Schulbildung des ausgehenden
19. Jahrhunderts. Die Ury-Brüder repräsentierten als Justizrat bzw.
Arzt das Bildungsbürgertum. U. besuchte zehn Jahre eine angesehene städtische Mädchenschule. Zeitlich fielen die schriftstelleri-
schen Erfolge U.s mit dem Umzug der Familie in die Kantstraße
zusammen (1905). Hier entstanden ihre Erfolgsserien über *Nesthäkchen* (Auflage ca. 5 Mio.) und *Professors Zwillinge* (Auflage ca.
7 Mio.), die U. zur Lieblingsautorin mehrerer Mädchengeneratio-
nen machte. Insgesamt verfaßte U. 38 Buchtitel, zahlreiche Erzählungen, die in Kinder- und Jugendkalendern gedruckt wurden, sowie Artikel in der Feuilleton-Beilage der *Vossischen Zeitung*. Bislang
sind Übersetzungen ins Holländische und Norwegische bekannt. Die
Karriere „der Ury" fand infolge der NS-Machtübernahme ein recht
abruptes Ende. Darstellungen in ihrem letzten Buch – *Jugend voraus* – von 1933 veranlaßten einige Publizisten, U. als Wegbereiterin
oder zumindest als Mitläuferin der Nazis zu charakterisieren. Die
Zielsetzung und Darstellung des Gesamtwerkes lassen eine der-
artige Einschätzung jedoch unhaltbar erscheinen. U. wurde wie ein
großer Teil ihrer Familie und die meisten ihrer jüdischen Glaubens-
genossen Opfer der nationalsozialistischen Ausgrenzungs-, Verfol-
gungs- und Mordpraxis. 1935 wurde U. aus der Reichsschriftums-
kammer ausgeschlossen. Die 65jährige wurde am 12. Januar 1943
aus Berlin-Grunewald deportiert, am 13. Januar im Konzentrationslager Auschwitz als arbeitsunfähig eingestuft und am selben Tag
ins Gas geschickt. An das Schicksal der beliebten Mädchenbuch-
autorin erinnert seit 1995 eine Gedenktafel an dem Haus in der
Kantstraße 30, in dem die meisten der Bestseller geschrieben wurden.   *(HK)*

Lit.: Brentzel, Marianne: *Nesthäkchen kommt ins KZ*, 3. Aufl. Zürich/Dort-
mund 1993; dies.: *Else Ury*. In: Hülsbergen, Henrike (Hrsg.): *Stadtbild und
Frauenleben*, Berlin 1997.

Kunst, Architektur und Musik

Seit Lützow von Königin Sophie Charlotte zum Sitz ihrer Sommer-
residenz auserkoren worden war, entwickelte sich hier ein reges
kulturelles Leben, zunächst am Hof, später aber, als aus dem Dorf
eine stolze, wohlhabende Stadt geworden war, in ganz Charlottenburg. Zentrum war die 1882 angelegte Prachtstraße Kurfürstendamm, in der sich nicht nur die Reichen und die Prominenz niederließen, sondern auch viele Künstler, Galeristen und Schriftsteller.
Geschäft, Kunst, Kommerz und Boheme kamen hier zusammen
und bildeten eine hochexplosive, brodelnde Atmosphäre, die auf
die ganze Stadt ausstrahlte und dazu beitrug, daß Berlin seinen Ruf
als Weltmetropole erhielt und ihm alle Ehre machte.

Nicht von ungefähr siedelten sich entlang des Kurfürstendamms,
dem „Mekka der Nachtschwärmer", unzählige Fotoateliers an, deren wichtigste Auftraggeber die im Neuen Westen residierenden
Stars waren. Gerade die progressiven Fotografen – unter ihnen besonders viele Frauen (z. B. Hanna Riess, Yva, ↑Lotte Jacobi, Suse
Byk) – fanden hier das geeignete Ambiente und die nötige Publi-
kumswirksamkeit. Bummelte man den Prachtboulevard entlang,
konnte man die Auslagen der Studios bewundern – eine bessere
Werbung war kaum denkbar. Hinzu kamen die vielen Kinos, Revuen, Kabaretts, Theater und natürlich die Kaffeehäuser rund um
die Gedächtniskirche, in denen sich die Boheme und die Intellektuellen trafen, um zu diskutieren und neue Ideen auf den Weg zu
bringen. Die Progressivität und das rege Geschäftsleben des Neuen
Westens zog die Avantgarde magisch an. Hierher siedelte um, wer
die wilhelminisch-preußische Tradition und alles, was sich damit
verband, hinter sich lassen wollte. Künstler suchten sich hier ihre
Ateliers, um den Puls der Zeit zu spüren und sich von ihm beflügeln
zu lassen. Charlottenburg wurde das Montparnasse Berlins. Kein
Wunder also, daß auch die Berliner Sezession hier ihr Vereinsdomi-

zil hatte. Entstanden aus dem waghalsigen Unterfangen, der starr
und leblos gewordenen konventionellen Akademie- und Salonma-
lerei die Stirn zu bieten, wurde diese Künstlervereinigung 1898 ins
Leben gerufen. Sie war aus der „Gruppe der Elf" um Walter Leistikow und Max Liebermann hervorgegangen. Zu den Gründungsmitgliedern zählten – was oft unterschlagen wird – auch etliche Frauen;
unter ihnen sind die Charlottenburgerinnen Sabine ↑Lepsius und
Dora ↑Hitz (letztere gehörte bereits zur „Elf") hervorzuheben, die
zu Lebzeiten hochgeschätzte Künstlerinnen bzw. Salonnieren waren. Der konservative Leiter der Preußischen Akademie der Künste, Anton von Werner, lehnte die aufmüpfige junge Vereinigung,
die die besten Kräfte um sich scharte, heftig ab, während die innovativen Köpfe sie förderten – Intellektuelle wie Walter Rathenau,
Julius Stern, Hugo von Tschudi sowie Bruno und Paul Cassirer, die
erfolgreich einen Verlag und eine Galerie führten und Sekretäre der
Sezession wurden. Das Ausstellungsgebäude lag zunächst an der
Kantstraße 12 (heute: Delphi-Palast), doch bereits 1905 zog man an
den Kurfürstendamm 208/9 (heute: Ku'damm-Karree). 1915 erfolgte ein weiterer Umzug – die Straße hinauf in die Nr. 232. Die
Sezession residierte hier bis zum März 1927. Ihre Bedeutung für
die Förderung und Durchsetzung moderner Kunst, vor allem des
Expressionismus, ist ohne Beispiel. Berlin wurde zu einem Fixstern
der Avantgarde, der von Charlottenburg ausstrahlte. Künstlerische
Meinungsverschiedenheiten und Streitigkeiten führten jedoch 1910
zum internen Bruch. Die Neue Sezession spaltete sich ab. Sie stellte
von nun an im Kunstsalon Maximilian Macht (Rankestraße 1) aus,
löste sich aber bereits 1912 wieder auf. 1914 traten Max Slevogt,
Liebermann und Cassirer aus und gründeten die Freie Sezession,
die mit abnehmendem Erfolg bis 1923 bestehen blieb. Die alte Sezession hielt sich bis 1932. Mit dem Erstarken der Nationalsozia-
sten wurde der fulminante Aufbruch der Moderne gestoppt; zahllose
Künstler, Intellektuelle, Musiker, Schriftsteller mußten emigrieren
oder wurden gnadenlos verfolgt, verfemt, interniert, ermordet.
    Aber nicht nur die lebendige „Szene" am Kurfürstendamm, son-
dern auch das reichhaltige Angebot an Ausbildungsstätten trug
dazu bei, daß sich viele Künstler (und Musiker) in Charlottenburg
niederließen. Eine herausragende Stellung hatte die Hochschule

der Künste (HdK). Sie geht zurück auf die 1696 von Kurfürst Friedrich III. in Berlin gegründete Preußische Akademie der Künste, die 1809 um eine Musikabteilung erweitert wurde. 1875 trennte man die repräsentativen Aufgaben von denjenigen der Lehre (Malerei, Bildhauerei, Architektur), und die Unterrichtsstätte erhielt den Namen Akademische Hochschule für die bildenden Künste. 1898 wurde in Charlottenburg an der Hardenbergstraße 33 mit einem Neubau für die Kunst- und Musikhochschule begonnen, der 1902 eingeweiht wurde. In der konservativen preußisch-wilhelminischen Akademie hatten die „Malweiber", wie sie spöttisch genannt wurden, jedoch einen schweren Stand: Der Zutritt wurde ihnen mit dem Hinweis verwehrt, das Studium sei unschicklich für Damen – namentlich das für die Ausbildung wichtige Aktstudium könne ihre „zarten Seelen" nur verderben. 1904 richteten 90 Künstlerinnen, unter ihnen Käthe ↑ Kollwitz, Dora ↑ Hitz und Sabine ↑ Lepsius, mittels einer Unterschriftenaktion an den Präsidenten die Bitte um Zulassung, jedoch vergeblich. Erst nach den Unruhen der Novemberrevolution öffnete sich die Hochschule 1919 endlich den Frauen.

Eine führende Rolle kam der Hochschule nach der Hochschulreform im Herbst 1924 zu, die im Zuge der Vereinigung mit der Unterrichtsanstalt des Kunstgewerbemuseums, der Eingliederung der Meisterateliers der Akademie und des Umzugs in die Hardenbergstraße stattfand. Die neue Institution erhielt den Namen Vereinigte Staatsschulen für freie und angewandte Kunst; erstrebt wurde die Integration von Kunst und Handwerk. Mit ihrem Anspruch, sich der modernen Kunst zu öffnen und sich der gesellschaftlichen Realität zuzuwenden, avancierte sie bald zu einem führenden Zentrum der modernen Strömungen. Im „Dritten Reich" erfolgte dann jedoch die Ausdünnung des künstlerischen Potentials durch Entlassung der jüdischen Lehrer und Studenten. Die NS-Kulturpolitik drängte die Avantgarde zurück, die Aufbruchstimmung dieser Institution wurde brutal unterbunden und erlosch mit dem System der „Gleichschaltung". Nach der Zerstörung im Krieg und dem Wiederaufbau wurden die Hochschule für bildende Künste und die Hochschule für Musik 1975 zur Hochschule der Künste zusammengeführt.

Wichtige Impulse gaben auch die Meisterschule für das Kunsthandwerk (1861 als Kunstgewerbe- und Handwerkerschule in Char-

lottenburg gegründet und zunächst in der Eosanderstraße 1/2, dann
an der Straße des 17. Juni 116/118 ansässig) und die 1763 von
Friedrich II. ins Leben gerufene Königliche Porzellan-Manufaktur
Berlin (KPM). Nachdem seit 1816/18 bereits ein Zweigwerk in
Charlottenburg existierte, wurde 1868 das Hauptwerk hierher ver-
legt (Wegelystraße 1). Bedeutende Künstler arbeiteten für die KPM,
darunter Georg Kolbe, Renée Sintenis, Ludwig Gies und Trude Petri, deren schlichtes Tafelservice „Urbino" ein Klassiker wurde.

Auch im Bereich der Musik kann Charlottenburg mit dem Engagement Sophie Charlottes auf eine lange und reiche Tradition
zurückblicken: Die Königin holte die italienische Oper an ihren
Hof, der mit seinen Bällen, rauschenden Festen und Theateraufführungen zu einem Kulminationspunkt für Geist und Kultur wurde.
Anfang des 20. Jahrhunderts besann sich auch das erstarkte und
selbstbewußte Bürgertum in der wohlhabenden, aufstrebenden Stadt
auf diese Tradition: Als Gegenpol zur höfischen Lindenoper entschloß man sich eine eigene Oper zu bauen. 1912 als Deutsches
Opernhaus (später: Städtische Oper, heute: Deutsche Oper Berlin)
gegründet, besaß der klassizistische Bau an der Bismarckstraße
34–37 damals die größte Bühne der Welt und die modernste Technik. Durch seine günstige Lage an der Ost-West-Achse wurde das
neue Haus bald auch vom Berliner Publikum angenommen. Von
Anfang an war die Spielstätte auf den bürgerlichen Geschmack ausgerichtet, vor allem Abonnenten füllten sie. Ab Mitte der 20er Jahre
erlebte das Haus unter der Führung von Bruno Walter, Heinz Tietjen und Carl Ebert (1931–1933) eine erste künstlerische Glanzzeit.
Vor allem Ebert war ein Erneuerer, der sich an moderne Inszenierungen und zeitgenössische Stoffe wagte. Bekannte Regisseure arbeiteten hier, und als Sängerinnen wirkten Berühmtheiten wie Sigrid Onégin, Maria ↑Ivogün und Margarete ↑Klose. Im „Dritten
Reich" wurde die Institution dem Reichsminister für Volksaufklä-
rung und Propaganda untergeordnet und verlor ihre herausragende
Stellung. Viele prägende Künstler mußten emigrieren. Erst nach
dem Krieg konnte die Oper an ihre großen Erfolge anknüpfen. In-
ternationales Renommee erlangte ihr Ballettensemble: Unter der
Leitung Tatjana ↑Gsovskys begründete es lange Zeit Berlins Spit-
zenrang im Bereich des Tanztheaters.

Neben dem strahlenden Stern der Oper und dem ebenfalls für Opernaufführungen genutzten, seit 1898 existierenden Theater des Westens (Kantstraße 8–12) lieferten aber auch die vielen Lehrstätten wichtige Impulse für das in Charlottenburg so reiche Musikleben. Nachdem im 19. Jahrhundert die Ausbildung der Musiker institutionalisiert worden war, mehrten sich auch die staatlichen und privaten Ausbildungseinrichtungen. So entstand 1898 der Neubau der Hochschule für Musik (gegründet 1869 in Berlin unter der Leitung Joseph Joachims) in der Fasanenstraße 1; 1902 wurde er eingeweiht. Das Haus besaß einen sehr guten Ruf, wurde allerdings stark vom Staat kontrolliert. Die „Gleichschaltung" im „Dritten Reich" machte auch vor der Musikhochschule nicht halt; trotzdem blieb sie eine der wichtigsten Institutionen, weit über Berlin hinaus. 1975 wurde sie in die neu gegründete Hochschule der Künste eingefügt. An privaten Instituten gab es das 1889 gegründete Konservatorium des Westens (Grolmanstraße 27), die Musik-Bildungsanstalt (Leibnizstraße 85), und das 1850 gegründete renommierte Sternsche Konservatorium führte eine Zweigstelle in Charlottenburg (Kantstraße 8/9).

Für Frauen bot der Beruf der Malerin oder Musikerin eine der wenigen Möglichkeiten, dem klassischen Frauendasein als Hausfrau, Mutter und rechte Hand des Gatten zu entkommen. Den Künstlerinnen war zwar bis zur Reform des Hochschulwesens 1908 und oft noch darüber hinaus der Weg zu einem akademischen Studium verschlossen; sie konnten aber privaten Unterricht nehmen und so ihre Ausbildung vorantreiben. Eine wichtige Rolle spielte dabei die Malschule (seit 1868) des Vereins der Berliner Künstlerinnen und Kunstfreundinnen (gegründet 1867) in Schöneberg. Dieser bot den Frauen nicht nur eine professionelle Ausbildung, sondern auch die Möglichkeit, sich zu organisieren und so mehr Gehör zu verschaffen. Unzählige Künstlerinnen haben sich auf diesem Weg ihre berufliche Unabhängigkeit erkämpft. Eine weitere Möglichkeit, die ebenfalls viele Frauen wahrnahmen, war das Studium im Ausland. Doch selbst wenn sie das Glück hatten, von aufgeschlossenen Eltern unterstützt zu werden, mußten sie noch gegen vielfältige gesellschaftliche Vorurteile, Hindernisse und Diskriminierungen ankämpfen. Hatten es im Bereich der Musik Komponistinnen und

Instrumentalistinnen naturgemäß schwerer sich durchzusetzen, konnte eine Frau mit stimmlicher Begabung durchaus Karriere machen. Die vielen berühmten Sängerinnen an der Charlottenburger Oper sind nur ein Beispiel. Auch öffnete sich die Musikhochschule viel früher den Frauen als ihre Schwestereinrichtung, die Hochschule der Künste. Trotz allem waren die Vorbehalte gegen künstlerisch und musisch tätige Frauen generell sehr groß. Sie mußten sich den Vorwurf des Dilettantismus gefallen lassen und viele, zu Lebzeiten durchaus sehr erfolgreiche Frauen gerieten nach ihrem Tode schnell in Vergessenheit.

Während in diesen Bereichen immerhin bereits recht früh Frauen vertreten waren, blieb die Architektur dem weiblichen Geschlecht lange Zeit vollends verschlossen. Entsprechend wenige Frauen lassen sich ausfindig machen. Pionierinnen waren Emilie ↑ Winckelmann, die noch mit einer Ausnahmegenehmigung studieren mußte und 1908 als erste Frau in Berlin ein selbständiges Architekturbüro eröffnete, und Elisabeth von ↑ Knobelsdorff, die erste an der Technischen Hochschule in Charlottenburg eingeschriebene Architekturstudentin (bis zum Ersten Weltkrieg waren es nicht mehr als zwölf!). Nicht selten blieb die Begabung auch gekoppelt an den (Ehe-)Mann: Die Frau lernte und arbeitete in dessen Büro und blieb stille Zuarbeiterin und Förderin ihres Gatten, wie Luise Mendelsohn und Marlene Poelzig-Moeschke – beide mit berühmten, in Charlottenburg ansässigen Architekten verheiratet. Nur allmählich lockerten sich die Vorbehalte, denen Frauen gerade in diesem technisch ausgerichteten Berufszweig ausgesetzt waren. Erst seit den 50er Jahren ist ein Zuwachs von weiblichen Architekturstudenten zu verzeichnen.

Albers, Anni (Anneliese), geb. Fleischmann
Künstlerin • 12. 6. 1899 Berlin-Charlottenburg – 9. 5. 1994
Orange/Connecticut (USA) • Sensburger Allee: vor 1934

A. erblickte in Charlottenburg das Licht der Welt, als einzige Tochter Siegfried Fleischmanns und seiner Frau Antonie, geb. Ullstein.
Sie entstammte einem großbürgerlichen jüdischen Elternhaus; ihre
Mutter war das jüngste Kind Leopold Ullsteins, der 1877 in Berlin
den gleichnamigen Verlag gegründet hatte. Schon als Schülerin erhielt A. Malunterricht. Von 1916 bis 1919 ließ sie sich an dem privaten „Studienatelier für Malerei und Plastik" Martin Brandenburgs in
Berlin und anschließend bis 1920 an der Kunstgewerbeschule Hamburg ausbilden. Obwohl sie ursprünglich Malerei studieren wollte,
fand sie schließlich am Bauhaus, das sich die Überwindung der
Grenzen von freier und angewandter Kunst zum Ziel gesetzt hatte,
ihre eigentliche Berufung: die Textilkunst. Ihr Studium in Weimar
nahm sie 1922 auf, ein Jahr später trat sie als Lehrling in die Werkstatt für Weberei ein. Am Bauhaus lernte sie auch den Künstler Josef Albers kennen, den sie 1925 heiratete. Ihr Diplom erhielt sie
1930. Für einige Zeit war sie Mitarbeiterin bzw. nebenamtliche
Lehrkraft der Weberei in Dessau und hatte 1931 vorübergehend die
kommissarische Leitung der Web-Klasse inne. Nach der Schließung
der Epoche machenden Institution durch die Nationalsozialisten
emigrierte das Ehepaar 1933 in die USA. Am Black Mountain Col-
lege/N. C. erhielt die Künstlerin, die 1937 die amerikanische Staatsbürgerschaft annahm, einen Lehrauftrag (1933–1949). Seit 1950 in
New Haven und später in Orange lebend, war sie hauptsächlich
freischaffend tätig. Sie war die erste Web-Künstlerin, der im Museum of Modern Art in New York eine Ausstellung gewidmet wurde.
A. schuf Wandbehänge, Teppiche, entwarf Stoffe und experimentierte mit unterschiedlichen Materialien. Die Gegensätze Bewegung und Stabilität, dicht und locker, Wiederholung und Variation
in den geometrischen Mustern bildeten wichtige Elemente ihrer
klar und dabei spannungsreich strukturierten Bildwebereien, mit
denen sie, bewußt über die reine Dekoration hinausgehend, eine
eigene Kunstform schuf. Daneben setzte sie sich aber auch intensiv
mit der industriellen Verwertung von Stoffen auseinander. Seit den

70er Jahren widmete sie sich zunehmend der Graphik. Die Künstlerin, die sich um die Aufwertung der oftmals wenig beachteten Webkunst verdient gemacht hat, erhielt viele Auszeichnungen (u. a. 1980 die Goldmedaille des Am. Craft Council) und mehrere Ehrendoktorwürden. *(BW)*

Lit.: Schell, Maximilian (Hrsg.): *Anni und Josef Albers. Eine Retrospektive*, München 1989; Droste, Magdalena/ Ludewig, Manfred (Hrsg.): *Das Bauhaus webt. Die Textilwerkstatt am Bauhaus*, Berlin 1998. • Nachlaß: Josef und Anni Albers Foundation, Orange/Connecticut

Astfalck-Vietz, Marta, geb. Vietz

Fotografin, Malerin, Sozialpädagogin • 21. 7. 1901 Neudamm/ Neumark (heute: Polen)–14. 2. 1994 Nienhagen (Kr. Celle) • Rankestraße 5: 1929–1930; Meinekestraße 22: 1. 11. 1930–1932

„Mein Wesen ist Spontaneität. Das Tun, das Handeln. In's Wasser springen, Zack! Auch jetzt noch."

Das Interesse für Kunst und Fotografie wurde A., die in Berlin, München und Siegburg am Rhein aufwuchs, von Kindesbeinen an vermittelt: Ihr Vater Reinhold Vietz besaß einen auf Kunstdrucke spezialisierten Verlag. Ihre Ausbildung erhielt sie in Berlin an der „Höheren Fachschule für Textil- und Bekleidungsindustrie" (1918 bis 1920) und an der Kunstgewerbeschule (1920–24). Nebenbei verdiente sie sich mit dem Bemalen von Stoffen Geld bei der Seidenfirma Michels. Da hierbei mitunter die Frackhemden ihres Vaters in Mitleidenschaft gezogen wurden, schenkte dieser ihr ein eigenes Atelier. 1925 ging sie bei dem Fotografen Lutz Kloss in die Lehre, und 1926 machte sie sich als Fotografin, Werbe- und Gebrauchsgrafikerin selbständig. Sie begann mit Sujets zu experimentieren, die meist eine erotisch gefärbte Selbstdarstellung zum Thema hatten: A. stellte sich in den verschiedensten Rollen, Klischees, Ver- und Enthüllungen dar. Für diese „Inszenierungen" ließ sie sich vom modernen Ausdruckstanz, von Magazinen und vor allem durch Filme inspirieren, deren Fotos in den Schaufenstern entlang des Kurfürstendamms in großer Zahl auslagen. Die Künstlerin arran-

gierte ihre Fotos wie ein Regisseur den Film: „Ich entwarf die
Szene, stellte die Kamera, führte Licht- und Bewegungsregie", be-
richtete sie. In dieser Zeit arbeitete sie eng mit Heinz Hajek-Halke
zusammen: Es entstanden Fotos mit den ungewöhnlichsten Techni-
ken, die sog. „Combi-Phot"-Arbeiten. Nach ihrer Heirat 1929 arbeitete sie an Bildserien, die von ihrem Mann in einer Bildagentur
vertrieben wurden. Im „Dritten Reich" engte das politische Klima
ihr experimentierfreudiges Schaffen zunehmend ein; das Ehepaar
verlegte sich nun gemeinsam auf das Metier der Innenarchitektur.
Daneben schuf A. Pflanzenaquarelle im Stil Maria Sibylla Merians
und bemalte Porzellan. A. war im Widerstand aktiv, versteckte Verfolgte, stellte ihre Dunkelkammer zur Verfügung und unterrichtete
jüdische Kinder, die vom staatlichen Schulunterricht ausgeschlossen
waren. Nach dem Krieg, in dem große Teile ihres Œuvres zerstört
wurden, engagierte sie sich verstärkt im sozialpädagogisch-thera-
peutischen Bereich. Sie arbeitete mit Jugendlichen und Behinder-
ten, unterrichtete an Volkshochschulen und nach ihrem Umzug
1970 nach Nienhagen sogar in einer Strafvollzugsanstalt. Für dieses Engagement erhielt sie 1982 das Bundesverdienstkreuz. Die
universelle Künstlerin, die sich immer wieder selbst fortbildete,
wurde 1991 in Berlin mit einer Ausstellung gewürdigt.   *(BW)*

Lit.: Berlinische Galerie (Hrsg.): *Martha Astfalck-Vietz. Photographien 1922–1935*,
Berlin 1991.

Berend-Corinth, Charlotte, geb. Berend
Malerin, Graphikerin • 25. 5. 1880 Berlin–10. 1. 1967 New York •
Kurfürstendamm 232 (Berliner Sezession): 1924–1927

„Ich behaupte … daß große Leistungen von einem Mann nur ausge-
führt werden, wenn eine Frau neben ihm steht, ohne sich vordrän-
gen zu wollen … Ich behaupte ferner, daß auch eine Frau mehr Leistungen von Wert hervorbringen würde, wenn ein Mann so neben
ihr stünde, aber – er möge mir verzeihen – dafür ist der Mann noch
nicht reif! Tatsächlich, es gibt keine Frauenemanzipation – es gibt
nur eine Entwicklung beim Manne, auf die zu hoffen wäre."

Mit ihrer älteren Schwester Alice wuchs B. als Tochter des wohlhabenden jüdischen Baumwollimporteurs Ernst Berend und seiner
Frau Hedwig, geb. Gumpertz, in Berlin auf. Sie besuchte 1898 zunächst die Staatliche Kunstschule (Klosterstraße) – deren Aufnahmeprüfung nur zwei Mädchen unter 85 Prüflingen bestanden –, um
dann zur Unterrichtsanstalt des Kunstgewerbemuseums zu wech-
seln. 1901 stellte sie sich in der privaten Malschule Lovis Corinths
vor. Diese Begegnung wurde für die temperamentvolle B. schick-
salhaft; sie avancierte nicht nur zu seiner besten Schülerin, sondern
eroberte auch das Herz des 22 Jahre älteren Malers. Nach ihrer Heirat 1903 und der Geburt zweier Kinder widmete sie ihr Leben völlig
dem Gatten, war Muse, Stütze, stand Modell und erledigte alles
Praktische, vom Schriftverkehr bis hin zu den Finanzen. Dennoch
gab sie das Malen nie auf: Es entstanden Stilleben, Porträts, Landschaften, Buchillustrationen und graphische Mappenwerke aus der
Opern- und Theaterwelt. 1924 wurde sie in den Vorstand der Berliner Sezession, der sie seit 1906 angehörte, gewählt. Bereits 1908
hatte sie dort mit dem ungewöhnlichen Bildsujet einer Gebärenden
Aufsehen erregt *(Die schwere Stunde)*. Der Tod ihres Mannes 1925
stürzte B. in eine schwere Krise, die sie schließlich durch die Auf-
arbeitung seines Nachlasses überwand; ab den 30er Jahren fand sie
auch zu einem eigenen, von Corinth gelösten Malstil. 1927 gründete
sie eine eigene Malschule. Bald konnte sie selbstbewußt feststellen:
„In der Welt gelte ich für eine Frau, die sich durchgesetzt hat." 1931
fand ihre erste größere Ausstellung in der Galerie Nierendorf (Berlin)
statt. Da sie als Jüdin bedroht war, verlegte sie 1932 ihren Wohnsitz
nach Italien, wo sie glückliche, kreative Jahre verbrachte. 1939 emigrierte B. in die USA und eröffnete dort 1943 erneut eine Malschule.
Von einigen Jahren in Kalifornien abgesehen, lebte sie bis zu ihrem
Tod in New York. Sie blieb agil und produktiv bis ins hohe Alter: Sie
ging auf Reisen, malte und schrieb mehrere Bücher, darunter *Mein
Leben mit Lovis* (1948) und *Als ich ein Kind war* (1950), das Erinnerungen an ihre Berliner Jugend beinhaltet. Zum 100. Geburtstag
B.s 1980 fand in Erlangen eine Gedenkausstellung statt.   *(BW)*

Lit.: Kunstverein Erlangen e. V. (Hrsg.): *Charlotte Berend-Corinth. Eine Ausstellung zum 100. Geburtstag der Künstlerin*. Malerei und Graphik, Erlangen 1980.

Bontjes van Beek, Cato

Künstlerin, Widerstandskämpferin • 14. 11. 1920 Bremen –
hingerichtet 5. 8. 1943 Berlin-Plötzensee • Kaiserdamm 22:
1940 – Sept. 1942

„Ich liebe das Leben und die Menschen unendlich, und darum gehe
ich ohne einen Groll aus dem Leben oder gar Haß ... Ich weiß nicht,
warum ich sterben muß, aber sicher hat alles einen Sinn."
     Lediglich fünf Wochen arbeitete B. für die Widerstandsorganisa-
tion Rote Kapelle. Dennoch mußte sie, erst 22 Jahre alt, dafür mit
dem Leben bezahlen, wegen „Beihilfe zur Vorbereitung des Hoch-
verrats und zur Feindbegünstigung". Das erste von drei Kindern
des Keramikers Jan Bontjes van Beek und seiner Frau Olga, geb.
Breling, Tänzerin und später Malerin von Beruf, verbrachte eine
glückliche Kindheit in Fischerhude bei Bremen. In ihrem Elternhaus, das politisch links ausgerichtet war, herrschte ein weltoffenes,
intellektuelles Klima. Das herzliche Verhältnis blieb auch nach der
Scheidung der Eltern 1933 bestehen. Von 1929 bis 1933 besuchte
B. die Deutsche Schule in Amsterdam. 1933 ließ sie sich auf eigenen Wunsch evangelisch taufen. In Fischerhude erhielt sie Privatunterricht in Religion und Literatur bei dem Pastor Günter Tidow,
der sie nachhaltig beeindruckte. Mit 16 trat sie in einen Lesering
ein, verschlang die Klassiker und begeisterte sich vor allem für die
russische Literatur. Als sie 1937 für acht Monate als Au-pair-Mäd-
chen nach Winchcombe/England ging, besaß sie bereits breite literarische Kenntnisse. Die passionierte Segelfliegerin, lebenslustig,
sportlich und praktisch veranlagt, war zudem eine ausgesprochene
„Führernatur", die es verstand, Menschen zu begeistern. Da in der
Keramikwerkstatt ihrer Tante in Fischerhude eine bürokaufmänni-
sche Kraft fehlte, absolvierte sie 1937/38 eine entsprechende Ausbildung an der Lette-Schule (Berlin). 1938/39 arbeitete sie im Büro
Heise & Eschenburg in Essen. Im Anschluß daran ging sie bei
ihrem Vater, der in Charlottenburg (Tegeler Weg 28–33) eine Kera-
mikwerkstatt führte, in die Lehre. Schon bald engagierte sich B. für
Bedürftige und Verfolgte: u. a. verteilte sie heimlich in der S-Bahn
Essen und Lebensmittelkarten an französische Kriegsgefangene.
Über Libertas ↑Schulze-Boysen kam sie in Kontakt zur Roten Ka-

pelle, für die auch ihr Freund Heinz Strelow arbeitete. Sie trennten sich jedoch bald wieder von der Gruppe. Am 20. September 1942 wurden B. und ihr Vater verhaftet, bald darauf auch Strelow. Während Jan Bontjes van Beek wieder freikam, wurden B. und Strelow zum Tode verurteilt. Die gläubige Christin fügte sich gefaßt und furchtlos in ihr Schicksal. Kurz vor ihrer Hinrichtung bekannte sie: „Ich möchte nicht zurück. Ich will vorwärts. Dies ist kein Ende." Jahre zuvor, 1939, hatte sie ihre Hinrichtung bereits in einem Traum auf seltsame Weise vorweggenommen.   *(BW)*

Lit.: Kluge, Heidelore: *Cato Bontjes van Beek. „Ich will nur eins sein, und das ist ein Mensch". Das kurze Leben einer Widerstandskämpferin. 1920–1943*, Stuttgart 1994; Flügge, Manfred: *„Meine Sehnsucht ist das Leben"*, Berlin 1998.

Duncan, Isadora Angela, verh. Jessenin
Tänzerin • 26. 5. 1877 San Franzisko–14. 9. 1927 Nizza •
Hardenbergstraße 11: um 1900   ?

D. wuchs in San Franzisko in großer Armut auf. Nach der Scheidung der Eltern zog die Mutter Mary Dora Duncan, geb. Gray, ihre vier Kinder allein groß – in einer freidenkerischen und antibürgerlichen Haltung. Die unorthodoxe Erziehung prägte die rebellische, bildungshungrige D., die um 1900 die Tanzwelt revolutionierte: Mit ihrem expressiven Ausdruckstanz läutete sie von Deutschland aus eine neue Ära, die des Modern Dance, ein. Vehement wandte sie sich gegen die herkömmliche klassische Ballettausbildung (ihre eigene hatte sie bereits nach wenigen Unterrichtsstunden empört abgebrochen); deren streng vorgegebene, unnatürliche Bewegungen empfand sie als einengendes Korsett und kämpfte statt dessen für individuellen Ausdruck und freie Tanzbewegungen, die aus der Persönlichkeit und den Emotionen der Tanzenden erwachsen sollten. Ebenso stark plädierte sie für die freie Liebe ohne Ehezwang (wenngleich sie selbst mit 45 Jahren doch noch heiratete) und schockierte damit die „gute" Gesellschaft. Ihre Ausführungen darüber lösten im aufgebrachten Publikum nicht selten Saalschlachten aus. Bereits 1890 gab sie, selbst noch ein Kind, Tanzunterricht. Ihre

ersten Soloauftritte Ende der 90er Jahre in New York und Chicago
blieben ohne nennenswerte Wirkung. Erst nach ihrer Übersiede-
lung nach Europa (1899), wo sie vornehmlich in Paris und Berlin
lebte, mehrte sich ihr Erfolg, und bald lag ihr die Welt zu Füßen.
Anstelle von Ballettschuhen trat sie barfuß auf, in eine Tunika
gehüllt. Ihre Tänze in Anlehnung an die griechische Antike waren
für die damalige Zeit etwas völlig Neues: Sie folgte stets in genialer
Weise ihrer Intuition. Das hingerissene Publikum feierte sie wie
eine Göttin, und sie tourte durch ganz Europa. In Berlin-Grunewald
gründete D. 1903 mit ihrer Schwester eine Tanzschule und eröffnete nach mehreren Rußlandaufenthalten 1921 auch in Moskau eine.
Ihre dort geschlossene Ehe mit dem jungen trunksüchtigen Dichter
Sergej Jessenin ging ebenso in die Klatschspalten der Boulevard-
presse ein wie ihre zahllosen Liebesaffären mit berühmten Männern in den Jahren zuvor. Aus diesen gingen zwei Kinder hervor,
die beide bei einem tragischen Unfall ums Leben kamen. So wild,
rastlos und unangepaßt D.s Leben war, so tragisch endete es: Bei
einer Autofahrt in einem Rennwagen verwickelte sich der Schal der
Tänzerin in den Radspeichen und erdrosselte sie. 1927 erschien
ihre Autobiographie *My Life*, in der sie ihr revolutionäres, skandal-
trächtiges Leben bis 1921 schildert.   *(BW)*

Lit.: Niehaus, Max: *Isadora Duncan. Leben, Werk, Wirkung*, Wilhelmsha-
ven 1981; Duncan, Dorée/ Pratl, Carol/ Splatt, Cynthia: *Life into Art. Isadora
Duncan and Her World*, London (u. a.) 1993; Stern, Carola: *Isadora Duncan
und Sergej Jessenin. Der Dichter und die Tänzerin*, Reinbek b. Hamburg
1998.

Fehling, Ilse, verh. Witting, auch: Fehling-Witting
Bildhauerin, Bühnen- und Kostümbildnerin • 25. 4. 1896
Danzig-Langfuhr – 25. 2. 1982 München • Westendallee 98d:
mind. 1940 – 1941

Bereits mit 26 Jahren erhielt F. für ihre am Bauhaus konzipierte
drehbare Marionettenbühne ein Reichspatent. Das Interesse am
Metier Bühne und Film, dem die Künstlerin zeit ihres Lebens ver-

bunden blieb, lag in der Familie: Ihr Onkel war der Theaterregis-
seur Jürgen Fehling. Aufgewachsen in Verden an der Aller und in
Lübeck als Tochter des Berufsoffiziers Hermann Fehling und seiner Frau Margot, geb. Bruck, besuchte F. in Lübeck die Höhere Töchterschule Roquette, die sie 1913 abschloß. Nach dem Krieg zog F.
zu ihrer geschiedenen Mutter nach Berlin. Sie besuchte die Mode-
schule Reimann in den Fächern Kostüm, Bühnenbild, Bildhauerei,
Graphik und Schneiderei und belegte an der Kunstgewerbeschule
Berlin bei Prof. Schmarje Bildhauerei (1919–1920). Von 1920 bis
1923 studierte sie am Bauhaus in Weimar bei Oskar Schlemmer,
Lothar Schreyer, Paul Klee und Georg Muche. Nach dem Abschluß
und ihrer Heirat 1923 (Scheidung 1929) arbeitete F. als Bildhauerin
und als Bühnen- und Filmausstatterin. 1927 hatte sie ihre erste Ein-
zelausstellung bei der Galerie Fritz Gurlitt, Berlin. Von entschei-
dender Bedeutung für ihre künstlerische Entwicklung wurde ein
von der Preußischen Akademie der Künste gestifteter Stipendien-
aufenthalt (1931/32) in der Villa Massimo in Rom. Nach ihrer Rückkehr zwangen sie die politischen Verhältnisse zunehmend, ihre Bild-
hauertätigkeit, die als „entartet" etikettiert wurde, zurückzustellen.
F. wandte sich verstärkt dem Bereich Theater und Film zu. 1936
wurde sie Chefausstatterin der „Tobis-Europa". Ab 1940 lebte sie
abwechselnd in Rottach-Egern am Tegernsee und Berlin. Sie entwarf Bühnenbilder und Kostüme für die Münchner Kammerspiele
und reorganisierte deren Fundus. Im Zweiten Weltkrieg mußte sie
mehrere Schicksalsschläge verkraften: 1943 wurde ihre Wohnung
beschlagnahmt, während in Berlin ein Großteil ihrer Werke zer-
bombt wurde, und mit der Schließung der Theater 1945 wurde
es für die Künstlerin zunehmend schwerer, Arbeit zu finden. Nach
einem seelischen Zusammenbruch fand F. schließlich in der Schweiz,
wo sie von 1946–48 lebte, neue Aufgaben als Pressezeichnerin und
Korrespondentin (Zürich und Genf). Dennoch blieb ihre finanzielle
und persönliche Lage angespannt, als sie nach Bayern zurückkehrte.
Ab 1952 lebte F. in München und arbeitete als Pressezeichnerin und
Dozentin für Bühnenbild an der Volkshochschule. Einen größeren
Auftrag erhielt sie noch als 69jährige: Für ein Kino in Köln entwarf
sie die Innenausstattung. 1990 würdigte die Münchener Galerie
Bernd Dürr die vielseitige Bauhäuslerin, die für so bekannte Regis-

seure wie Curt Goetz, Victor de Kowa und Paul Verhoeven gearbeitet hatte, mit einer Ausstellung.   *(BW)*

Lit.: Galerie Bernd Dürr (Hrsg.): *Ilse Fehling. bauhaus. bühne. akt. skulptur. 1922–1967,* München 1990. • Nachlaß: München (Gabriele Fehling)

Feininger, Lore (Eleonora Helene)
Komponistin, Fotografin, Malerin, Schriftstellerin •
14. 12. 1901 Berlin-Wilmersdorf – 8. 11. 1991 Berlin •
Kurfürstendamm: 50er Jahre; Kaiserdamm: 1930–1933;
Kantstraße 150a: um 1936; Waitzstraße 9: um 1956;
Niebuhrstraße 34: um 1985–1991

F. entstammte der ersten Ehe des amerikanischen Malers und Bauhaus-Künstlers Lyonel Feininger mit der Berlinerin Cläre Fürst, einer Pianistin. Obwohl von der Mutter als unerwünschstes Kind angesehen, lebte F. nach der Trennung der Eltern 1905 zusammen mit ihrer jüngeren Schwester Marianne bei ihr. Das Studium an der Kunstakademie, für das sie bereits die Aufnahmeprüfung in der Tasche hatte, durfte sie nicht antreten. So machte sie statt dessen eine dreijährige Ausbildung bei einer Fotografin am Kurfürstendamm, die sie als Beste bestand. Dann arbeitete sie, spezialisiert auf Mode und Porträts, in verschiedenen Ateliers, im Ullstein-Haus und an der Akademie der Künste. 1930 eröffnete sie ein eigenes Fotoatelier im Junggesellenhaus am Kaiserdamm. Während ihr Vater 1937 in seine Heimat zurückkehrte, mußte sich F., die die deutsche Staatsbürgerschaft besaß, in der Zeit der NS-Diktatur mit Gelegenheitsjobs durchschlagen. Notgedrungen veräußerte sie auch Bilder Feiningers, die dieser ihr zum Überleben aus den USA schickte. Als ihre Mutter, die zum Judentum übergetreten war und mit der sie nach wie vor zusammenlebte, deportiert (und schließlich auf der Flucht erschossen) wurde, floh F. nach Marienbad. Sie verdiente sich ihren Lebensunterhalt weiterhin als Fotografin und führte nach dem Krieg erneut ein Fotostudio in Charlottenburg, das den Namen „Foto bohème" trug. 1960 arbeitete sie an der Charlottenburger Technischen Universität im Atelier Lichttechnik. Mitte der 50er

Jahre entdeckte sie auch ihre Liebe zur Musik und begann mit dem Komponieren von Kaffeehausmelodien. Auch malerisch und schriftstellerisch betätigte sie sich. Obwohl sie mit so vielseitiger Begabung ausgestattet war, blieben ihr größerer Erfolg und Anerkennung versagt. „Ich habe … immer auf der Schattenseite gelebt", zog F. ohne Resignation über ihr Leben Bilanz. Im Alter lebte sie zurückgezogen in Charlottenburg, wo sie sich allerdings über viele Jahre hinweg im Charlottenburger Seniorenkabarett engagierte.   *(BW)*

Lit.: Brand, Bettina/ Helmig, Martina u. a. (Hrsg.): *Komponistinnen in Berlin*, Berlin 1987; *Volksblatt Berlin* vom 30. 8. 1987.

Gsovsky, Tatjana, geb. Issatschenko
Tänzerin, Choreographin, Tanzpädagogin • 18. 3. 1901
Moskau – 29. 9. 1993 Berlin • Kurfürstendamm 50a: um 1967;
Fasanenstraße 68 (Ballettschule): 1932 – mind. 1976

„Nicht partout neu, sondern partout gut sollte sein, was man macht!"
 Dieser Leitsatz G.s, die man als „Hexenmeisterin des Deutschen Tanztheaters" feierte, wurde für Generationen ihrer Schüler zum geflügelten Wort. Die Tochter der Tänzerin Claudia Issatschenko und des Generals V. Abramoff wuchs in Moskau auf und studierte u. a. in St. Petersburg im Isadora-↑Duncan-Studio, bei Laurent Nowikow, Olga Preobrajenska und in Hellerau. Nach der Oktoberrevolution wurde sie in Krasnodar Ballett-Meisterin. Sie heiratete den Tanzpädagogen Victor Gsovsky und ging mit ihm 1925 nach Berlin. Aus der Ehe ging eine Tochter hervor. Nach einem schweren Unfall mußte G. ihre Laufbahn als Tänzerin aufgeben. Von da ab widmete sie sich ganz der Ausbildung des Nachwuchses und der Choreographie. Zu ihren Schülern zählten Tanzgrößen wie Gisela Deege und Gerd Reinholm. Nach dem Krieg baute sie zunächst das Ballettensemble an der Staatsoper auf und arbeitete von 1952 bis 1953 am Teatro Colón in Buenos Aires. Von 1954 bis 1966 war sie als Chefchoreographin an der Charlottenburger Oper tätig und zusätzlich in Frankfurt a. M. (1959–66). G. gründete 1955 das Berli-

ner Ballett, ein avantgardistisches Tanztheater auf klassischer Grundlage, das durch eine überaus vitale, ausdrucksstarke Choreographie – den typischen „Gsovsky-Stil" – weltweit für Furore sorgte. Mit ihren Ballettinszenierungen erzielte sie triumphale Erfolge rund um den Globus, hatte Verträge mit den großen Opernhäusern der Welt. Nicht zuletzt ihrem genialen Wirken verdankte Berlin lange Zeit den Ruf als rangführende Metropole des Tanzes. „Ich inszenierte in Paris, in der Scala, in Südamerika und machte auch dort, was bisher noch nicht gemacht worden war, und immer galt Berlin, galt seine Oper als Geburtsort für alle diese Dinge", bekannte sie 1964 in einem Interview mit K. ↑Höcker. G., seit 1955 Mitglied der Akademie der Künste, erhielt 1954 den Kunstpreis der Stadt Berlin, 1969 das Bundesverdienstkreuz und 1992 den Verdienstorden des Landes Berlin. Seit 1928 betrieb sie in Berlin eine Ballettschule, die sie noch bis ins hohe Alter führte.   *(BW)*

Lit.: Höcker, Karla: *Gespräch mit Tatjana Gsovsky*. In: *Berlin*, Nr. 8 August 1964, S. 28–29; Heinicke, Hans Peter: *Berlins heimliche Sehenswürdigkeiten*, Berlin 1986.

Hitz, Dora (Doris)
Malerin • 31. 3. 1856 Altdorf bei Nürnberg – 20. 11. 1924 Berlin • Hardenbergstraße 24: 1892 – 1894

Die heute kaum mehr bekannte H. war eine Ausnahmeerscheinung: Schon seit frühester Jugend bestritt sie ihren Lebensunterhalt selbst und wahrte sich diese Unabhängigkeit bis ins Alter. Aufgewachsen in Ansbach zeigte sich bei der Tochter eines Farbenfabrikanten und Zeichenlehrers sehr früh die Neigung zur Malerei. Bereits mit 13 Jahren begann sie in München eine Malausbildung, die sechs Jahre dauerte. Den Unterhalt finanzierte sie sich durch Zeichnen und Koloriertätigkeiten. Sie arbeitete stets zielstrebig und diszipliniert und hatte bald ein eigenes Atelier. Der rumänische Hof wurde auf H. aufmerksam und holte sie 1876 nach Bukarest. Gefördert von der Fürstin Elisabeth, erhielt die Künstlerin als Hofmalerin lukrative Aufträge. Um sich künstlerisch weiterzuentwickeln, beschloß sie

1880 nach Paris zu ziehen; in den Sommermonaten arbeitete sie jedoch weiterhin für den Hof (Ausgestaltung von Schloß Pélesch in
Sinaia/Rumänien), so daß sie materiell abgesichert war. In Paris
fand H. Anschluß an die dortige Künstlerszene und wurde in wichtige Künstlervereinigungen wie der Société Nationale des Beaux-
Arts aufgenommen. 1890 ging sie zunächst nach Dresden, 1892
dann nach Berlin. Dort etablierte sie sich in der gehobenen Gesellschaft und erhielt Porträtaufträge wohlhabender Frauen. Zusätzlich
eröffnete sie 1894 eine Damenmalschule. An der hiesigen Kunstszene nahm sie regen Anteil, ließ sich von den aktuellen Zeitströ-
mungen wie Impressionismus, Expressionismus und Jugendstil anregen und entwickelte ihre Kunst dadurch beständig weiter. Ihre
Mitgliedschaft in zahlreichen modernen Künstlervereinigungen legt
davon Zeugnis ab: Sie gehörte der Vereinigung der XI an und zählte
zu den Gründungsmitgliedern der Novembervereinigung und der
daraus hervorgegangenen Berliner Sezession. Anerkennung und
Erfolg mehrten sich schnell; der Kunstkritiker und Zeitgenosse
Karl Scheffler zählte sie zu den drei begabtesten Malerinnen jener
Zeit – neben Maria ↑ Slavona und Käthe ↑ Kollwitz –, und bereits um
die Jahrhundertwende hingen Bilder von ihr in der Berliner Natio-
nalgalerie. Der Villa-Romana-Preis, den sie 1906 zusammen mit
Max Beckmann und Hermann Schlittgen erhielt, verschaffte ihr ein
Stipendium in Rom. Der Krieg und eine schleichende Krankheit
beendeten schließlich ihre glänzende Karriere und brachten finanzielle Not und Isolation. Aus der selbstbewußten, gefeierten Malerin von einst wurde eine deprimierte, desillusionierte Frau, die, nach
einer kurzzeitigen Umsiedelung nach Würzburg, 1924 verarmt und
einsam in Berlin starb.   *(BW)*

Lit.: Bröhan, Margrit: *Dora Hitz (1856–1924). Malerin.* In: Berlinische Galerie
(Hrsg.): *Profession ohne Tradition*, Berlin 1992.

Höcker, Karla Alexandra, Pseud.: Christiane Rautter

Musikerin, Schriftstellerin, Journalistin • 1. 9. 1901 Berlin –
15. 1. 1992 Berlin • Kastanienallee 4: 1901 – ?; Schillerstraße 15/16:
? –1909; Nußbaumallee 8: um 1936 –1940; Kastanienallee 33:
1948; Lindenallee 6: 1957

Als jüngste Tochter des Schriftstellers Paul Oskar Höcker und seiner Frau Grete, geb. Linke, wuchs H. in gutbürgerlichen Verhältnissen auf. Durch den Beruf des Vaters war sie von Kindesbeinen an
mit Literatur vertraut; bereits im Alter von 17 Jahren veröffentlichte
sie erste Gedichte und Erzählungen. Ebenso war H.s Leben jedoch
mit der Musik verknüpft – im Elternhaus wurde oft und gern musiziert. In dem autobiographischen Buch *Ein Kind von damals*, in dem
sie über ihre Kindheit in Charlottenburg berichtet, erinnert sie sich:
„Der Lieblingsplatz des Kindes war unter dem Flügel. Es empfand
das Dröhnen des Instruments bei Forte-Stellen, die leise klingen-
den Partien in den hohen Lagen als unendlich beglückend … Es befand sich in einem Gebäude aus Klang, das stark und zugleich
hauchzart war." So wählte H. als Ausbildung ein Studium an der
Berliner Hochschule für Musik (1923–27), und die Musik begleitete sie zeit ihres Lebens. Von 1927 an spielte sie zunächst für zehn
Jahre als Bratschistin in dem renommierten Bruinier-Quartett, mit
dem sie oft auf Reisen ging. Ab 1938 engagierte sie sich im musik-
pädagogischen Bereich, als Journalistin und zunehmend auch auf
dem Gebiet der Literatur. Ein Anliegen H.s war es, dem interessierten Laien die Lebenswelt berühmter Musiker nahezubringen. So
entstanden einfühlsame Porträts über Künstler wie Clara Schumann,
Franz Schubert, Wolfgang Amadeus Mozart u. v. a. Ein entschei-
dendes Erlebnis wurde ihre Begegnung mit Wilhelm Furtwängler
1942, den sie als Berichterstatterin über eine Tournee mit dem Phil-
harmonischen Orchester kennenlernte. Es entstanden verschiedene
Dokumentationen über den berühmten Dirigenten, die ihr große
Anerkennung verschafften. Daneben schrieb sie aber auch Romane
zu den Themen Musik und Berliner Leben, Kinderbücher, Essays
und Erzählungen. Für Zeitschriften, Rundfunk- und Fernsehsen-
dungen war sie mit unzähligen Beiträgen journalistisch tätig. Nach
dem Krieg lebte sie als freie Schriftstellerin in Berlin, arbeitete aber

zeitweise auch als Lektorin. Für ihren Roman *Die Mauern standen noch*, der von einer Westender Künstlerfamilie erzählt, erhielt sie 1954 den Romanpreis des Kulturbuchverlags, Berlin. 1977 wurde ihr der Titel einer Professorin ehrenhalber verliehen, 1982 erhielt sie das Bundesverdienstkreuz 1. Klasse.   *(BW)*

Lit.: Höcker, Karla: *Ein Kind von damals*, Berlin 1977.

Ivogün, Maria, d. i. Maria Kempner, verh. Erb, verh. Raucheisen
Sängerin • 18. 11. 1891 Budapest – 3. 10. 1987 Beatenberg
(Schweiz) • Theodor-Heuss-Platz 6: um 1935; Reichstraße 108:
mind. 1941–1943

I. war die Tochter des österreichisch-ungarischen Oberst Pál Kempner und der österreichischen Operettensängerin Ida von Günther. Bedingt durch die zweite Ehe der Mutter mit einem Schweizer, verbrachte sie den Großteil ihrer Kindheit und Jugend in Zürich. Von 1909 (anderen Quellen zufolge bereits seit 1907) bis 1913 besuchte sie die Musikakademie in Wien, wo sie bei Irene Schlemmer-Amboss Gesang studierte. Als sie 1913 an der Wiener Hofoper vorsang, wurde sie abgelehnt; der dortige Hofkapellmeister Bruno Walter erkannte jedoch ihr außergewöhnliches Talent und engagierte die Sopranistin an seine neue Wirkungsstätte in München. An der Königlichen Hofoper debütierte sie im selben Jahr als Mimi in *La Bohème*. 1916 sang sie bei der Neubearbeitung der *Ariadne auf Naxos* von Richard Strauss in Wien auf Wunsch des Komponisten die Zerbinetta. 1917 wurde sie Königlich Bayerische Kammersängerin. An der Hofoper, deren Mitglied sie von 1913 bis 1925 war, lernte sie den Tenor Karl Erb kennen. 1921 heiratete das Sängerpaar, dessen Kunst Presse und Publikum zu Begeisterungsstürmen hinriß. Zur Spielzeit 1925/26 folgte I. Bruno Walter an die Städtische Oper Berlin, wo sie bis 1932 festes Ensemblemitglied blieb. Als Gast sang sie auch an der Deutschen Staatsoper. Berühmtheit erlangte die Koloratursängerin, deren Künstlername sich von den Anfangsbuchstaben des Mädchennamens ihrer Mutter ableitet, vor allem als gefeierte Interpretin der Werke Mozarts; ihre Arie der Kö-

nigin der Nacht wurde richtungsweisend. Zahlreiche Operngast-
spiele und Konzertreisen führten die umjubelte Künstlerin ins In-
und Ausland: Sie trat u. a. an der Wiener Staatsoper, der Mailänder
Scala, der Londoner Covent Garden Opera, der Chicagoer Oper und
an der New Yorker Metropolitan Opera auf. Aufgrund eines Au-
genleidens beendete sie jedoch 1932 ihre Opernlaufbahn und 1934
ihre Karriere als Liedsängerin. Nach dem Scheitern ihrer ersten Ehe
1931 heiratete sie zwei Jahre später den Konzertpianisten Michael
Raucheisen. Ein neues Wirkungsfeld fand sie als Gesangslehrerin.
Von 1948 bis 1950 lehrte sie an der Wiener Musikakademie, und
von 1950 bis 1958 leitete sie an der Berliner Musikhochschule die
Meisterklasse. Zu ihren Schülerinnen zählen u. a. Elisabeth Schwarzkopf, Rita Streich und Renate Holm. 1956 wurde die Professorin
Mitglied der Berliner Akademie der Künste. Ihren Lebensabend
verbrachte sie in der Schweiz.   *(BW)*

Lit.: Müller-Gögler, Maria: *Karl Erb. Das Leben eines Sängers*, Offenburg 1948
(Neuauflage: Sigmaringen 1980); Kutsch, K. J./ Riemens, Leo: *Großes Sänger-
lexikon*, 1. Bd., Bern/Stuttgart 1987.

Jacobi, Lotte (Johanna Alexandra), verh. Honig, verh. Reiss
Fotografin • 17. 8. 1896 Thorn/Westpreußen – 6. 5. 1990
Concord/New Hampshire (USA) • Augsburger Straße 23:
1920 – ca. 1925; Joachimsthaler Straße 5: 1927–1932;
Kurfürstendamm 216: 1932–1934, Nr. 35: 1934–1935

J., Sproß einer jüdisch-liberalen Familie, besaß bereits mit zwölf
Jahren eine Fotokamera, die ihr der Vater geschenkt hatte. Er führte
– wie schon seine Eltern und Großeltern – ein Fotoatelier in Posen
und weihte J. in die Geheimnisse der Fotokunst ein. Von 1914 bis
1916 besuchte J. Kurse in Kunstgeschichte und Literatur an der Posener Akademie. 1916 heiratete sie. Die Ehe, aus der ein Sohn her-
vorging, scheiterte jedoch bald. Sie lernte weiterhin beim Vater, der
1921 in Charlottenburg ein Atelier eröffnet hatte. Von 1925 bis
1927 ließ sie sich an der Staatlichen Höheren Fachhochschule für
Fototechnik in München ausbilden. Bald darauf übernahm sie das

väterliche Atelier, das unter ihrer Hand zu einem der bekanntesten Porträtstudios der Stadt avancierte. Ein Faible J.s war die Welt des Tanzes und des Theaters. Unzählige namhafte Persönlichkeiten, darunter Kurt Tucholsky, Albert Einstein und Lotte ↑Lenya, ließen sich von ihr fotografieren. J. beherrschte instinktsicher die Gratwanderung zwischen dem behutsamen Ausloten der Persönlichkeit und der Wahrung der Privatsphäre des Porträtierten. „Mein Stil ist der Stil der Menschen, die ich photographiere", erklärte sie. Ihre Mitarbeiterin Elisabeth Röttgers beschrieb die kreative, unkonventionelle Atmosphäre des Ateliers, das J. mit viel Gespür für neue Strömungen und Zeitgeist führte, als „himmlische Bohème". Daneben war J. auch fotojournalistisch tätig. Sie engagierte sich 1932 mit einer Porträtserie für die Wahl Ernst Thälmanns; anschließend bereiste sie die Sowjetunion und Zentralasien und dokumentierte das Gesehene mit dem Fotoapparat. J. arbeitete freischaffend, ihre Auftraggeber waren renommierte regionale wie überregionale Magazine und Zeitungen. Der Druck der Nationalsozialisten bedrohte jedoch auch ihre Existenz: Obwohl sie 1931 ihren jüdischen Glauben ablegte, war das Atelier nicht mehr zu halten. Zunächst arbeitete sie noch unter verschiedenen Decknamen, bis sie 1935 schließlich in die USA emigrierte. In New York baute sie sich erneut ein Atelier auf, konnte jedoch nicht mehr an den Erfolg ihrer Berliner Zeit anknüpfen. Sie engagierte sich in Hilfskomitees für Flüchtlinge, experimentierte in den 40er Jahren mit neuen Formen einer kameralosen Fotografie („Photogenics") und organisierte in ihrem Atelier Kunstausstellungen. Bis ins hohe Alter suchte J. neue Herausforderungen. Nach ihrem Umzug 1955 nach Deering/N. H. beschäftigte sie sich mit der Natur in der Fotokunst. Sie eröffnete erneut ein Fotostudio und 1963 eine Galerie, bildete sich an der Universität beständig weiter, war Ehrenkuratorin im Museum in Manchester/N. H. und engagierte sich politisch für die Demokraten. J. erhielt zahlreiche Auszeichnungen, darunter 1983 den Erich-Salomon-Preis der Deutschen Gesellschaft für Photographie und mehrere Ehrendoktorwürden. Ihr Werk wurde weltweit in vielen Ausstellungen gewürdigt, zuletzt 1997 in einer umfassenden Werkschau im Verborgenen Museum in Charlottenburg.   *(BW)*

Lit.: Beckers, Marion/ Moortgat, Elisabeth: *Atelier Lotte Jacobi. Berlin – New York*, Berlin 1997. • Nachlaß: University of New Hampshire, USA

Klose, Margarete Frida, verh. Bültemann

Sängerin • 6. 8. 1902 Berlin–14. 12. 1968 Berlin • Reichsstraße 32: um 1936; Wundtstraße 58/60: um 1941; Machandelweg 2: um 1948; Württembergallee 8: um 1963

Die gebürtige Berlinerin absolvierte ihre Schulzeit am Charlottenburger Sophie-Charlotte-Lyceum. Nachdem sie zunächst einen praktischen Beruf erlernt hatte, erhielt sie ihre Ausbildung am Berliner Klindworth-Scharwenka-Konservatorium bei Franz Marschalk. Sie war Schülerin von Walter Bültemann, den sie später heiratete. 1923 debütierte die Altistin in Berlin als Konzertsängerin und im Jahr darauf in Ulm als Opernsängerin. Ab 1928 war sie am Mannheimer Nationaltheater engagiert. 1931 kehrte sie wieder in ihre Heimatstadt zurück, um an der Deutschen Staatsoper zu arbeiten. Sie blieb dort bis 1961 – von einem Intermezzo an der Städtischen Oper abgesehen: Am Charlottenburger Haus war sie von 1949 bis 1955 tätig. Berühmt war sie für die überzeugende schauspielerische Darbietung ihrer Rollen, wobei ihr eine dämonenhafte Ausdruckskraft bescheinigt wurde. Die gefragte Kammersängerin, die sämtliche Mezzosopran- und Altpartien der Oper, aber auch Lieder und Oratorien sang, feierte nicht nur in Berlin glanzvolle Erfolge; Gastspiele führten sie an die großen Opernhäuser der Welt: So trat sie von 1936 bis 1942 bei den Bayreuther Festspielen als Wagner-Interpretin auf, sie sang an der Mailänder Scala, in der Covent Garden Opera in London und an den Opern in Los Angeles und San Francisco. Bei den Salzburger Festspielen 1955 wirkte sie in der Uraufführung der *Irischen Legende* von Werner Egk mit. Nach der Beendigung ihrer aktiven Sängerlaufbahn hatte sie ab 1964 eine Stelle als Professorin am Mozarteum in Salzburg inne. Die gebürtige Berlinerin liegt in Charlottenburg auf dem Friedhof Heerstraße begraben.   *(BW)*

Lit.: Killy, Walther/ Vierhaus, Rudolf: *Deutsche Biographische Enzyklopädie*, München 1997.

Knobelsdorff, Elisabeth von, verh. von Tippelskirch
Architektin • 7. 6. 1877 Potsdam – 29. 4. 1959 Bassum •
Bismarkstraße 111: um 1922

Zu den berühmten Vorfahren K.s zählt der Baumeister Georg Wenzeslaus von Knobelsdorff. Ihr Wunsch, Architektin zu werden, rief in der Familie trotzdem wenig Begeisterung hervor. Ihr – für ein Mädchen in der damaligen Zeit ziemlich ungewöhnlicher – Berufswunsch stand jedoch bereits fest, seit sie in ihrer Jugend die französische Gotik kennengelernt hatte. Die Eltern ließen sie nach dem Abitur (1906) zunächst ein Studium der Kunstgeschichte aufnehmen, das sie in München bei Heinrich Wölfflin antrat. Ihr Kommentar dazu: „Kunstgeschichte ist nischt, ich will selber bauen." So besuchte sie ab 1907 als Gasthörerin Architekturvorlesungen an der Königlich Technischen Hochschule Charlottenburg. Da ihr Vater (Generalmajor a. D.) ein einflußreicher Mann war, erreichte er 1908 schließlich für seine Tochter eine Sondergenehmigung, und K. durfte sich als erste Architekturstudentin in Preußen für das Fach Hochbau einschreiben. Ihr Diplom (1911) absolvierte sie mit „gut", und schon ein Jahr später beteiligte sie sich an der Ausstellung „Die Frau in Haus und Beruf". Als sie bei einem Wettbewerb des Architekten- und Ingenieur-Vereins 1913 den zweiten Preis erhielt, war dies eine solche Sensation, daß ihr Foto in der Zeitung erschien. Im Ersten Weltkrieg tat sie, mit regulärem Einberufungsschein eingezogen, Dienst als Bauleiterin. Sie baute Unterkünfte wie Lazarette, Badeanstalten und nicht zuletzt die sogenannte „Knobelsdorff-Baracke". Nach Kriegsende bewarb sie sich erfolgreich als Regierungsbaumeister in Potsdam – K. wurde die erste Frau im deutschen Staatsdienst. Durch ihre Heirat 1922 war sie jedoch gezwungen, diese Laufbahn aufzugeben. Noch einige Jahre arbeitete sie als freie Architektin weiter. Von 1927 bis 1938 lebte das Ehepaar in Boston. Ihren Lebensabend verbrachte K. in einem Damenstift in Bassum bei Bremen.   *(BW)*

Lit.: Union Internationale des Femmes Architectes Sektion Bundesrepublik Deutschland (Hrsg.): *Architektinnen-Historie. Zur Geschichte der Architektinnen und Designerinnen im 20. Jahrhundert – eine erste Zusammenstellung,* Berlin 1984 (1987).

Kollwitz, Käthe, geb. Schmidt
Malerin, Graphikerin, Bildhauerin • 8. 7. 1867 Königsberg –
22. 4. 1945 Moritzburg bei Dresden • Hardenbergstraße 33
(Akademie der Künste): 1928–33

Als fünftes Kind des Maurermeisters Karl Schmidt und seiner Frau
Katharina, geb. Rupp, wuchs K. in einem bürgerlichen, liberal-so-
zialistischen Ideen verpflichteten Elternhaus auf. Sie nahm Zei-
chenunterricht bei G. Naujok, Rudolf Mauer und Emil Neide. Gefördert von ihren Eltern, studierte sie an der Künstlerinnenschule in
Berlin (1885–1886, bei Karl Stauffer-Bern) und an der Künstlerinnenschule in München (1888–1889, bei Ludwig Herterich). 1891
heiratete sie den Kassenarzt Karl Kollwitz, der ihre künstlerische
Tätigkeit unterstützte. Nach Berlin umgezogen, widmete sich K.
nach der Geburt zweier Söhne vor allem der Graphik. Die skandal-
umwitterte Uraufführung von Gerhart Hauptmanns *Die Weber* 1893
regte sie zu der Bildfolge *Ein Weberaufstand* an, die ihr Anerkennung in den aufgeklärten Kreisen verschaffte. Ihre Kunst war stets
motiviert von der Anteilnahme am menschlichen Schicksal und der
leidenden Kreatur, meist verkörpert im geknechteten Proletariat.
Engagiert wandte sie sich gegen politische und soziale Mißstände
und bezog Stellung zu den drängenden Fragen ihrer Zeit. Von 1898
bis 1903 hatte K. ein Lehramt für Radieren und Zeichnen an der
Berliner Künstlerinnenschule inne. Studienaufenthalte führten sie
an die Académie Julien in Paris und 1907 nach Florenz (Villa-Romana-Preis). Eine tiefe Zäsur in ihrem Leben bildete der Tod ihres
jüngsten Sohnes im Ersten Weltkrieg. Als unmittelbare Reaktion
darauf entstand das Gefallenendenkmal *Die Eltern*, das 1932 auf
dem Soldatenfriedhof in Roggevelde/Flandern aufgestellt wurde.
Noch stärker wandte sie sich nun gegen Krieg und Völkermord
(„Saatfrüchte dürfen nicht vermahlen werden"). K., die dem Vorstand der Sezession angehörte, wurden zahlreiche Ehrungen (u. a.
Verleihung des Ordens Pour le Mérite) zuteil. 1919 als erste Frau in
die Preußische Akademie der Künste gewählt und zum Professor
ernannt, stand sie ab 1928 dem Meisteratelier für Graphik in Charlottenburg vor. Ihre sozialkritische Gesinnung und ihr politisches
Engagement führten 1933 jedoch zum erzwungenen Austritt aus

der Akademie. K. zog sich in die „innere Emigration" zurück. Ein
Jahr nach ihrer Evakuierung nach Nordhausen 1943 fand sie eine
letzte Bleibe in Moritzburg. Die Künstlerin hinterließ umfangrei-
che Tagebücher, die die Zeitereignisse und ihr eigenes Wirken er-
greifend dokumentieren. In Charlottenburg sind Leben und Werk
besonders gegenwärtig durch das 1986 gegründete Käthe-Kollwitz-
Museum.   *(BW)*

Lit.: Kleberger, Ilse: „*Eine Gabe ist eine Aufgabe*". *Käthe Kollwitz*, Berlin 1980;
Bohnke-Kollwitz, Jutta (Hrsg.): *Käthe Kollwitz. Die Tagebücher*, Berlin 1989. •
Nachlaß: Akademie der Künste, Berlin

Kuyper, Elisabeth Johanna Lamina

Komponistin, Dirigentin • 13. 9. 1877 Amsterdam – 26. 2. 1953
Muzzano bei Lugano (Schweiz) • Fasanenstraße 1 (Hochschule
für Musik): 1908–1920

„Wenn ich von meinen Erfahrungen mit dem Frauenorchester spre-
che, so will ich … nachdrücklich meine Überzeugung … zum Ausdruck bringen, daß ein solches … nur als Berufsorchester reussie-
ren kann. Warum soll nicht einmal ein Opernorchester aus Frauen
bestehen! Aber wo ist der Theaterdirektor, der fortschrittlich genug
ist, eine Frau als Operndirigentin anzustellen?" (*Allg. Musikzeitung*,
1919, S. 733)
    Aufgewachsen in Amsterdam, besuchte K. bereits mit zwölf Jah-
ren die Maatschappy tot Bevordering der Toonkunst in den Fächern
Klavier, Gesang, Kontrapunkt und Komposition. Ihr Examen bestand sie 1895 mit besonderer Auszeichnung. Von 1896 bis 1900
studierte sie Klavier an der Hochschule für Musik bei Heinrich Bart.
Als erste Frau besuchte sie ab 1901 Max Bruchs Meisterklasse der
Akademie der Künste im Fach Komposition. 1905 erhielt sie für ihre
Serenade für Orchester in 5 Sätzen, op.8, d-moll als erste Frau das
Mendelssohn-Staatsstipendium für Komposition der Akademie. Im
selben Jahr sowie auch 1906 wurde sie mit dem Staatsstipendium
für Komposition der niederländischen Regierung bedacht. 1908 erhielt sie, mittlerweile preußische Staatsbürgerin, eine Stelle als Hilfs-

lehrerin für Theorie und Komposition an der Hochschule für Musik. Stark engagiert in verschiedenen Frauenorganisationen, leitete sie u. a. den Chor des Deutschen Lyzeum-Clubs. Auf ihre Initiative hin wurde 1910 das anspruchsvolle Berliner Tonkünstlerinnen-Orchester gegründet, das weiblichen Musikern erstmals die Möglichkeit zur professionellen Ausübung ihres Berufs bot (als Orchestermusiker waren Frauen damals noch nicht zugelassen). K. stand ihm als Dirigentin vor und war in dieser Funktion, als Pionierin in einer klassischen Männerdomäne, ein wahres „Kuriosum". 1912 wurde K. schließlich außerordentliche Lehrerin an der Hochschule für Musik. Sie verlor die Stelle 1920 aufgrund von Intrigen. In Holland, England und den USA gründete sie weitere Frauenorchester, die alle – wie bereits das Berliner – gute Presse hatten, aber an mangelnder finanzieller Unterstützung scheiterten. 1939 siedelte sie in die Schweiz über, wo sie, verarmt und gesundheitlich angeschlagen, jahrzehntelang vergebens mit der Hochschule um einen Pensionsanspruch kämpfte. Lediglich ein Gnaden-Ruhegehalt wurde ihr gewährt. K. war eine der ersten selbständigen Frauen in der Musik, die sich mit großer Willenskraft, Unternehmergeist und sozialem Engagement für die Anerkennung ihrer Geschlechtsgenossinnen einsetzte. Jedoch mußte auch sie feststellen: „Pionier zu sein auf dem Gebiet, das mir durch meine Begabung angewiesen war ... heißt für eine Frau ... kämpfen, ringen um jeden Schritt, der vorwärts führt."   *(BW)*

Lit.: Brand, Bettina/ Helmig, Martina u. a. (Hrsg.): *Komponistinnen in Berlin*, Berlin 1987.

Lenya, Lotte, d. i. Karoline Wilhelmine Charlotte Blamauer, verh. Weill, verh. Davis, verh. Detwiler
Sängerin, Tänzerin, Schauspielerin • 18. 10. 1898 Wien –
27. 11. 1981 New York • Luisenplatz 3 (Pension Hassforth):
Mai 1925 – Sept. 1928; Bayernallee 14: Okt. 1928–1932

L. hatte eine harte Kindheit: Als drittes von fünf Kindern wuchs sie in äußerst ärmlichen Verhältnissen im Wiener Proletarierviertel Penzig auf. Ihr Vater Franz Paul Blamauer, ein Alkoholiker, war von

Beruf Frachtkutscher, seine Frau Johanna geb. Teuschel, Wäsche-
rin. Mit sechs Jahren verdingte sie sich als Zirkusakrobatin, mit elf
landete sie auf dem Straßenstrich. Ab 1908 besuchte sie eine Schule
für überdurchschnittlich Begabte, ging 1912 aber vorzeitig ab, um
als Aushilfsnäherin zu arbeiten. 1913 holte ihre kinderlose Tante
sie nach Zürich, wo sie bei Steffi Herceg (später Ballettmeisterin an
der Charlottenburger Oper) Ballett- und Schauspielunterricht erhielt. Um Karriere zu machen, ging sie 1921 nach Berlin, jedoch
ohne Erfolg. Drei Jahre später lernte sie den jüdischen Komponisten Kurt Weill kennen und lieben. 1926 heiratete das Paar auf dem
Standesamt Charlottenburg. Als Weill mit der Vertonung von Brechts
Dreigroschenoper 1928 der Durchbruch gelang, ging es auch mit
L.s Karriere, die in der Aufführung den Part der Jenny sang, steil
aufwärts. Die Ballade der Seeräuber-Jenny wurde zu ihrem Parade-
stück. Doch nach Hitlers „Machtergreifung" war Weill gezwungen
zu emigrieren. In diese Zeit fielen Trennung und Scheidung (1933)
der beiden so unterschiedlichen, sich aber bei aller gegenseitigen
Freiheit – auf L.s Wunsch hin hatten sie eine Art offene Ehe geführt – doch sehr nahestehenden Persönlichkeiten. Über die Statio-
nen Paris und London gelangten sie schließlich 1935 nach New York,
wo sie 1937 erneut heirateten und sich 1943 einbürgern ließen.
Nach dem frühen Tod des populären Komponisten 1950 gelangte L.
als Weill-Interpretin zu großem Erfolg, der sich mehrte, je älter sie
wurde. Unvergessen sind ihre Auftritte in dem Musical *Cabaret*
(1966) und ihr Mitwirken in dem James Bond-Film *Liebesgrüße
aus Moskau.*   *(BW)*

Lit.: Spoto, Donald: *Die Seeräuber-Jenny. Das bewegte Leben der Lotte Lenya*,
München 1990; Symonette, Lys / Kowalke, Kim H. (Hrsg.): *Sprich leise, wenn
du Liebe sagst. Der Briefwechsel Kurt Weill – Lotte Lenya*, Köln 1998; *Lenya,
Gesamtedition* (Box mit 11 CDs und einem 250seitigen Begleitbuch): Bear
Family Records, 1998. ● Nachlaß: Weill / Lenya Research Center, Kurt Weill
Foundation for Music, New York, USA; Weill / Lenya Archive, Yale University,
New Haven, USA

Lepsius, Sabine, geb. Graef

Malerin, Salonniere • 15. 1. 1864 Berlin – 22. 11. 1942 Bayreuth
• Hardenbergstraße: ab 1893; Kantstraße 162: 1895–1902;
Ahornallee 31: 1900–1929 (Gedenktafel)

Das Talent zum Malen wurde L. in die Wiege gelegt: Ihr Vater Gustav Graef hatte als Porträt- und Historienmaler die Familie aus ärmlichen Verhältnissen zu Wohlstand geführt, und auch seine jüdische Frau Franziska, geb. Liebreich, war eine erfolgreiche Porträtistin. Ebenso ausgeprägt war L.s musische Begabung, die ihre Tante engagiert förderte. Im Gegensatz zu ihren beiden Brüdern erhielt L. jedoch keine systematische Schulausbildung. Bereits mit 15 Jahren wurde sie an der Hochschule für Musik zugelassen. Ihr Berufswunsch Komponistin scheiterte jedoch an den engen Grenzen der Mädchenausbildung, die Frauen den Zutritt zu Kompositionskursen verwehrte. „O wenn ich doch ein Junge wäre! Man hätte nicht gewagt, mich von der Kompositionsklasse auszuschließen, denn nicht Talent, sondern Hosen sind das Ausschlaggebende. Ein Königreich für ein Paar Hosen!", empörte sich L. daraufhin. Enttäuscht wandte sie sich nach einigen Jahren der Orientierungslosigkeit der Malerei zu. 1884 begann sie ihre Ausbildung bei C. Gussow in Berlin, 1887–1888 folgte ein Aufenthalt in Italien, und 1890–1891 studierte sie an der Académie Julian in Paris. Dort verzichtete sie auf eine mögliche Karriere, um ihren Malerkollegen Reinholdt Lepsius zu heiraten und wieder nach Berlin zu ziehen. Zusammen mit ihrem Mann gehört sie zu den Gründungsmitgliedern der Berliner Sezession. Den Lebensunterhalt der jungen, bald sechsköpfigen Familie mußte in erster Linie L. bestreiten. Sie spezialisierte sich auf Porträtmalerei, die ihr Aufträge aus dem wohlhabenden Berliner Bürgertum, so von Frauen wie Anna von Helmholtz, verschaffte. Meist auf den breiten Publikumsgeschmack ausgerichtet, bot sich ihr derart jedoch kaum Spielraum für eine Weiterentwicklung als Malerin. Sie nahm dies bewußt in Kauf, um ihrem künstlerisch übermäßig anspruchsvollen und von Zweifeln geplagten Mann den Rücken für dessen Entfaltung freizuhalten. In ihren Memoiren, die ein beeindruckendes Zeitzeugnis eines Künstlerinnenschicksals im Berlin der Jahrhundertwende darstellen, bekannte sie: „Ich habe eben lei-

der nie die Kraft, den Charakter und die Rücksichtslosigkeit gehabt, die dazu gehört, Genie zu sein." Berühmtheit erlangte L.s Salon, in dem sich Künstler und Gelehrte trafen und Stefan George,
mit dem das Ehepaar eng befreundet war, seine berühmten Lesun-
gen abhielt. L., die George glühend verehrte, förderte den exzentrischen Dichter nach Kräften. Als Malerin aber, obwohl zu Lebzeiten
sehr geschätzt, geriet sie in Vergessenheit.   *(BW)*

Lit.: Lepsius, Sabine: *Ein Berliner Künstlerleben um die Jahrhundertwende*,
München 1972; Dorgerloh, Annette: *Die Malerin Sabine Lepsius und ihr Salon
im Berlin der Jahrhundertwende*. In: Hülsbergen, Henrike (Hrsg.): *Stadtbild
und Frauenleben. Berlin im Spiegel von 16 Frauenporträts*, Berlin 1997.

Mammen, Jeanne (Gertrud Johanna Louise)
Malerin • 21. 11. 1890 Berlin – 22. 4. 1976 Berlin • Kurfürstendamm 29: 1919 bis 1976 (Gedenktafel)

„Ich habe die Malomanie – eine hübsche Krankheit … Ich habe nie
was anderes gewollt, gewünscht, gemacht … Es war mein großes
Glück, trotz aller Pein das Beste, was mir passieren konnte."
    Die jüngste Tochter einer wohlhabenden Fabrikantenfamilie ver-
brachte eine unbeschwerte Kindheit in Paris, wo sich die Eltern
1895 niedergelassen hatten. Hier besuchte sie von 1906 bis 1908
die Académie Julian. Es folgten zwei Jahre an der Académie Royale
des Beaux-Arts in Brüssel und ein Studienaufenthalt in Rom. Nach
Ausbruch des Ersten Weltkriegs mußte die Familie nach Holland
fliehen und verlor ihr Vermögen. 1915 brach M. völlig mittellos
nach Berlin auf und schlug sich zunächst als Gebrauchsgraphikerin
mit Gelegenheitsjobs durch. Ihre gesellschaftskritischen Zeichnungen und Aquarelle verschafften ihr jedoch bald Anerkennung und
Erfolg. Mit sicherem Strich und scharfsinnigem, bisweilen sarka-
stischem Humor porträtierte sie das Berliner Großstadtleben der
20er Jahre. Die Szenerien sind in Cafés, Kaschemmen und Nacht-
bars angesiedelt, wobei sich ihr spezielles Augenmerk auf die Frau
in ihrem gesellschaftlichen Umfeld richtete. Von 1924 an zeichnete
sie für satirische Zeitschriften wie *Simplizissimus, Uhu, Ulk* und *Ju-*

gend, bis diese 1933 verboten wurden oder sich dem NS-Regime unterwarfen. Dadurch wurde ihre vielversprechende Karriere abrupt beendet. Es folgte erneut eine Phase der Entbehrungen. M. ging in die „innere Emigration" und wechselte vom sozialkritischen Realismus zu einem kubo-expressionistischen Stil, der sich den ästhetischen Normen der Nationalsozialisten widersetzte. Nach dem Krieg engagierte sie sich bei dem existentialistischen Kabarett „Die Badewanne", für das sie zahlreiche Bühnendekorationen und Kostüme entwarf. Die Spätphase ihres künstlerischen Schaffens ist von Stilexperimenten (lyrische Abstraktionen, Glanzpapier-Collagen und sog. numinose Bilder) geprägt, die in ihrer Ungegenständlichkeit und Verschlüsselung Bilder eines inneren Monologs sind. In ihrem Atelier am Kurfürstendamm, das heute noch besichtigt werden kann, lebte und arbeitete die Einzelgängerin zurückgezogen fast 57 Jahre. Zu ihrer Heimatstadt hatte sie zeitlebens ein sehr ambivalentes Verhältnis: Sie harrte über Jahrzehnte hinweg hier aus, bekannte aber: „Mit Berlin habe ich mich niemals versöhnt: ich finde es noch heute scheußlich." Lange Zeit in Vergessenheit geraten, wird die Künstlerin seit den beginnenden 90er Jahren zunehmend wiederentdeckt, wie z. B. 1997 in einer umfassenden Retrospektive in der Berlinischen Galerie.   *(BW)*

Lit.: Lütgens, Annelie: *„Nur ein paar Augen sein …"* Jeanne Mammen *(1890 bis 1976). Eine Künstlerin in ihrer Zeit*, Diss., Berlin 1991; Berlinische Galerie (Hrsg.): *Jeanne Mammen. Retrospektive*, Berlin 1997. • Nachlaß: Jeanne-Mammen-Gesellschaft, Berlin

Massary, Fritzi, d. i. Friederike Massarik, verh. Pollak, verh. Pallenberg

Sängerin • 21. 3. 1882 Wien – 30. 1. 1969 Los Angeles • Marchstraße 7e: um 1933   *1928 Pall nadwaid*

„Sie rühmen, heißt Blumen nach Nizza tragen", schrieb die *Neue Vossische Zeitung* begeistert über M. Lieder wie *Joseph, ach Joseph, was bist du denn so keusch* und *Warum soll eine Frau kein Verhältnis haben?* machten sie zum umjubelten Star und zum Idol einer

Generation. Aufgewachsen war sie in Wien, als älteste von drei Töchtern des jüdischen Kaufmanns Jakob Leopold Massarik und seiner Frau Hermine, geb. Herzfeld. Schon früh erhielt sie Gesangsunterricht. Ihr Debüt als Sängerin gab sie 1899 am Landestheater von Linz, und in kleineren Rollen trat sie ab 1900 in Hamburg am Carl-Schulze-Theater und von 1901 bis 1904 in Wien an Danzers Orpheum, einem Revuetheater, auf. Aus ihrer ersten Ehe mit einem Augenarzt ging die 1903 geborene Tochter Elisabeth hervor. In dieser Zeit konvertierte M. zum Protestantismus. Ihren Durchbruch erlangte die Sopranistin durch ein Engagement im Herbst 1904 am Metropol-Theater in Berlin, dessen Star sie bald wurde. Bei den Operettenfestspielen in München, zu denen sie Max Reinhardt engagiert hatte, lernte M. den Schauspieler Max Pallenberg kennen, den sie 1916 heiratete (er starb 1934 bei einem Flugzeugabsturz). Als umjubelte Diva trat M. an allen großen Berliner Revuetheatern wie dem Berliner Theater und dem Theater des Westens auf und ebenso bei den Salzburger Festspielen (1926). Sie sang die Hauptrollen der großen Operetten von Johann Strauß, Jacques Offenbach, Leo Fall und Franz Léhar. Die Berliner ließen sich von M.s starker Ausstrahlung und Ausdruckskraft, ihrem Charme und ihrem großem Einfühlungsvermögen in die Rollen begeistern – eine ganze Stadt verfiel einem regelrechten „Fritzi-Massary-Taumel". Man feierte sie, denn sie hatte das Genre der Operette zu einer Kunstform erhoben. Als die Nationalsozialisten an die Macht kamen, brach M. ihre Bühnenlaufbahn ab und emigrierte zunächst über Österreich in die Schweiz, 1938 nach Großbritannien, wo sie einen letzten Auftritt gab, und schließlich 1939 zu ihrer Tochter nach Amerika. Bis zu ihrem Tod 1969 lebte sie in Beverly Hills, Los Angeles.   *(BW)*

Lit.: Schneidereit, Otto: *Fritzi Massary. Versuch eines Porträts*, Berlin 1970; Stern, Carola: *Die Sache, die man Liebe nennt. Das Leben der Fritzi Massary*, Berlin 1998.

Mikusch, Margarete von, geb. Latzel
Komponistin, Pianistin • 26. 3. 1881 Barzdorf / Schlesien –
17. 1. 1968 Berlin • Giesebrechtstraße 17: um 1930;
Dahlmannstraße 27: um 1940

Die Tochter des Gutsherren Alfred Latzel und seiner Frau Emma
hatte neun Geschwister. Ihre musikalische Begabung zeigte sich
früh. Sie besuchte das Burkersrodaische Fräuleinstift in Dresden,
wo sie Klavierunterricht erhielt und aufgrund ihrer außerordentli-
chen Virtuosität Prinzessin Mathilde von Sachsen vorspielen durfte.
Nach ihrer Heirat mit einem adeligen Major zog sie 1904 zunächst
nach Heidelberg, wo sie zwei Söhne gebar, und 1909 nach München. Hier nahm M. bei Friedrich Klose, einem Bruckner-Schüler,
Musikunterricht und nach ihrem Umzug nach Berlin 1930 bei
James Kwast und Wilhelm Klatte. Bereits ab 1911 war sie für ca.
fünf Jahre die einzige private Kompositionsschülerin Max Regers.
Dieser hatte ihre außerordentliche Begabung erkannt und förderte
sie. 1929 wurde sie staatlich anerkannte Musikerzieherin. In ihrer
Charlottenburger Wohnung gab sie Unterricht in Klavier und Mu-
siktheorie. Sie lehrte in Deutsch, Englisch, Französisch und Italienisch und forderte bei ihren weniger begüterten Schülern lediglich
ein Mindesthonorar. Die Musikerin, die u. a. Sonaten, Streichquar-
tette und Suiten komponierte, vertonte auch Lyrik und gab Klavier-
abende. Zu ihrem Bekanntenkreis zählten Persönlichkeiten wie
Ferruccio Benvenuto Busoni, Arnold Schönberg und Gabriele
Münter.   *(BW)*

Lit.: Brand, Bettina/ Helmig, Martina, u. a. (Hrsg.): *Komponistinnen in Berlin*,
Berlin 1987.

Oppenheim, Meret Elisabeth, verh. La Roche
Künstlerin • 6. 10. 1913 Berlin-Charlottenburg – 15. 11. 1985 Basel

Der Krieg verhinderte, daß O. ihre Geburtsstadt Charlottenburg
richtig kennenlernte: Während ihr Vater, der Arzt Erich Alphons
Oppenheim, zur Armee mußte, kehrte die Mutter Eva, geb. Wenger,

mit der Tochter in ihre Heimat, dem Berner Jura, zurück. Besonders
die Großmutter Lisa Wenger-Ruutz, eine engagierte Frauenrechtlerin, die Kunst studiert hatte, beeinflußte O.s Lebensphilosophie der
Unabhängigkeit und Selbstbestimmung. Als die inzwischen fünf-
köpfige Familie nach Steinen bei Lörrach umzog, besuchte O. zeitweise in Basel die Rudolf-Steiner-Schule. 1932 brach O., von den
Eltern unterstützt, nach Paris auf, um Malerin zu werden. Jedoch
besuchte sie die Académie de la Grande Chaumière nur gelegentlich; statt dessen zog sie es vor, sich autodidaktisch weiterzubilden.
Bald lernte sie die Surrealisten um André Breton kennen und wurde
in den Kreis der wesentlich Älteren aufgenommen. Bis 1937 stellte
sie mit der Gruppe aus, blieb jedoch im Politischen distanziert.
1936 erlangte sie schlagartig Berühmtheit mit einer mit Pelz über-
zogenen Tasse, einem ready made, das zeit ihres Lebens ihr bekanntestes Werk bleiben sollte und zum Synonym surrealistischer Kunst
avancierte. Die Ausstellungssensation wurde sofort vom Museum
of Modern Art (N. Y.) angekauft. Die Künstlerin jedoch litt zunehmend an Depressionen, die ihre Schaffenskraft für fast zwei Jahrzehnte lähmen sollten. Der frühe Ruhm mit der anschließenden Re-
duzierung ihrer Kunst auf ein einziges Werk und der einseitige
Mythos um ihre Person als „Fee der Surrealisten" hatten Spuren hin-
terlassen. 1937 kehrte sie in die Schweiz zurück, um für zwei Jahre
die Kunstgewerbeschule in Basel zu besuchen. Sie unterhielt Kontakte zu modernen Kunstvereinigungen wie der „Gruppe 33" und
der „Allianz". Seit 1949 verheiratet, lebte und arbeitete sie vorwiegend in Bern, Basel und Paris. Neben Gemälden, Zeichnungen und
Assemblagen bildete die Objektkunst, meist ironisch-poetische
Verfremdungen von Alltagsgegenständen, den Schwerpunkt ihres
Schaffens. Daneben entwarf sie auch Schmuck, verfaßte Gedichte
und führte, angeregt durch die Studien C. G. Jungs, ein Traumbuch,
das nach ihrem Tod veröffentlicht wurde. Seit den 70er Jahren geriet O.s Gesamtwerk wieder stärker ins Blickfeld; ihr Schaffen wurde
neu bewertet und gewürdigt. 1982 nahm sie an der Dokumenta 7 in
Kassel teil. Eine Retrospektive der Künstlerin, die 1975 den Kunstpreis der Stadt Basel und 1982 den Großen Preis der Stadt Berlin erhielt, fand erstmals 1967 in Stockholm statt. „Die Freiheit muss
man sich nehmen, sie wird einem nicht gegeben", lautete die De-

vise O.s, die sich auch stark mit ihrer Identität als Frau und deren Rolle innerhalb der Kunst auseinandersetzte.   *(BW)*

Lit.: Curiger, Bice: *Meret Oppenheim. Spuren durchstandener Freiheit*, Zürich 1982.

Salomon, Charlotte, verh. Nagler

Malerin • 16. 4. 1917 Berlin – vermutl. 12. 10. 1943 Auschwitz • Wielandstraße 15: 1917–1939 (Gedenktafel)

S. war die einzige Tochter des Chirurgieprofessors Albert Salomon und seiner Frau Franziska, geb. Grunwald, die sich 1926 – S. war zu diesem Zeitpunkt knapp neun Jahre alt – das Leben nahm. Die mütterliche Linie war mit einer verhängnisvollen Neigung zum Suizid vorbelastet: Auch die Großmutter hat sich Jahre später selbst getötet. Der Vater heiratete 1930 die Sängerin Paula ↑Lindberg; sie wurde S. eine liebevolle zweite Mutter. Die Jugendzeit war geprägt von einem bürgerlich-liberalen jüdischen Elternhaus, in dem die künstlerische und geistige Avantgarde jener Zeit verkehrte. Zum Freundeskreis der Familie gehörten Persönlichkeiten wie Albert Schweitzer, Albert Einstein, Erich und Luise Mendelsohn und Paul Hindemith. Vor dem Hintergrund des immer stärker um sich greifenden Antisemitismus verließ S. 1933, ein Jahr vor dem Abitur, die Schule. 1935 begann sie ein Kunststudium an den Vereinigten Staatsschulen für freie und angewandte Kunst. Bereits 1937 brach sie die Ausbildung jedoch aus Protest ab, nachdem ihr in einem künstlerischen Wettbewerb der erste Preis zunächst zuerkannt, dann aber im Hinblick auf ihre jüdischen Herkunft wieder entzogen worden war. Im Februar 1939 emigrierte sie nach Südfrankreich zu den Großeltern, wo sie den Freitod der Großmutter miterleben mußte und 1940 kurzzeitig interniert wurde. Die traumatischen Erlebnisse verarbeitete sie in dem autobiographischen Bildzyklus *Leben – oder Theater?*, der heute im Joods Historisch Museum (Amsterdam) aufbewahrt wird. Dieses einzigartige Dokument ihres persönlichen Schicksals und künstlerischen Schaffens mit weit über 1000 Gouachen ist als Singspiel inszeniert: In Texten, Musikanweisungen,

Szenenabfolgen und Rückblenden läßt S. ihr gesamtes Leben Revue passieren. Imagination und Realität vermischen sich darin, Träume und Sehnsüchte werden offenbar und gewähren dem Betrachter Einblick in das Seelenleben der sensiblen Künstlerin. Doch die Flucht nach Südfrankreich bewahrte S. nicht vor den Fängen des NS-Terrorregimes: Im Oktober 1943 wurde die Künstlerin, die wenige Monate zuvor geheiratet hatte und im dritten Monat schwanger war, mit ihrem Mann Alexander Nagler nach Auschwitz deportiert und dort ermordet.   *(BW)*

Lit.: Fischer-Defoy, Christine (Hrsg.): *Charlotte Salomon – Leben oder Theater? Das „Lebensbild" einer jüdischen Malerin aus Berlin 1917–1943*, Berlin 1986. • Nachlaß: Charlotte Salomon Foundation, Amsterdam

Salomon-Lindberg, Paula, geb. Levi, verh. Salomon,
Pseud.: Lindberg
Sängerin • 21. 12. 1897 Frankenthal bei Mannheim, lebt in Amsterdam • Kastanienallee 32: ab ca. 1926; Wielandstraße 15: ab ca. 1930–1939

S. wuchs in einem liberalen jüdischen Elternhaus auf, das ihre musische Begabung stark förderte. Um dem Wunsch ihres Vaters, eines Rabbiners, nach einer soliden Ausbildung zu entsprechen, begann sie zunächst 1918 ein Mathematikstudium in Heidelberg. Da ihre eigentliche Liebe jedoch dem Gesang und der Schauspielerei galt, wechselte sie nach dem Tod des Vaters an die Mannheimer Schauspielschule. 1926 setzte sie ihr Studium auf Anraten Wilhelm Furtwänglers bei Julius von Raatz-Brockmann an der Hochschule für Musik in Charlottenburg fort. Zunächst wohnte sie in Westend bei Erich und Luise Mendelsohn, deren Tochter sie zeitweise betreute. Hier und an der Hochschule erhielt sie Anschluß an die musikalische Avantgarde Berlins. Es entstanden Freundschaften zu Kurt Singer, Siegfried Ochs, Paul Hindemith und Albert Schweitzer. Um sich vor antisemitischen Übergriffen zu schützen, nahm sie 1926 den Künstlernamen Lindberg an. S. begann eine erfolgreiche Karriere als Altistin, die jedoch mit der Machtübernahme der Natio-

nalsozialisten jäh endete. 1930 heiratete sie den Chirurgieprofessor
Albert Salomon, der eine Tochter, Charlotte ↑Salomon, mit in die
Ehe brachte. Ihr Haus in der Wielandstraße wurde zum Treffpunkt
von Künstlern und Gelehrten. Durch das Auftrittsverbot für jüdische Künstler zunehmend eingeschränkt, engagierte sie sich in der
Selbsthilfeorganisation Kulturbund deutscher Juden. 1939 floh sie
mit ihrem Mann nach Amsterdam. Nach dem deutschen Einmarsch
wurden beide 1943 interniert, es gelang ihnen jedoch die Flucht
nach Südholland, wo sie bis zum Kriegsende untertauchten. 1945
ließ sich das Ehepaar endgültig in Amsterdam nieder. L. arbeitete
zunächst als Gesangspädagogin am dortigen Muzieklyceum, später
hielt sie Sommerkurse am Salzburger Mozarteum (1950–1981).
1993 wurde der Künstlerin das Bundesverdienstkreuz und 1998 der
Heinrich-Stahl-Preis der Jüdischen Gemeinde verliehen, und ihren
Namen trägt ein Preis für deutschsprachigen Liedgesang an der
Berliner Hochschule der Künste.   *(BW)*

Lit.: Fischer-Defoy, Christine (Hrsg.): *Paula Salomon-Lindberg. Mein „C'est la
vie“-Leben. Der Lebensweg der jüdischen Künstlerin*, Berlin 1992.

Schneider-Kainer, Lene (Helene), verh. Kainer,
Pseud.: Elena Eleska
Malerin, Graphikerin, Fotografin, Modeschöpferin • 16. 5. 1885
Wien–15. 6. 1971 Cochabamba (Bolivien) • Niebuhrstraße 78:
1912–1926; Rankestraße 14 (Wäschesalon): 1924–1926

Als Tochter des jüdischen Malers Sigmund Schneider in Wien aufgewachsen, begann sie hier auch ihr Studium, um es in München,
Paris und Amsterdam fortzusetzen. 1910 heiratete sie den Maler
Ludwig Kainer. In Charlottenburg versammelte das Paar einen Kreis
von Künstlern und Intellektuellen um sich, dem u. a. Else ↑Lasker-
Schüler, Herwarth Walden und Arnold Schönberg angehörten. Nach
der Scheidung 1924 eröffnete sie in der Rankestraße einen exklusi-
ven Wäscheladen und Kunstsalon. Sowohl die Verkaufsräume als
auch die handgefertigte Wäsche entwarf sie selbst. Mit dem Schriftsteller Bernhard Kellermann bereiste sie im Auftrag des *Berliner*

Tageblattes 1926 Rußland, Persien, Indien, Burma, Thailand, Vietnam, Tibet, Hongkong und China, und dies oft unter abenteuerlichen Umständen per Esel oder Karawane. Stets erregten dort ihre Erscheinung und Maltätigkeit Aufsehen: „Wir reisten durch viele Länder und Regionen, in denen noch niemals fotografische Geräte gesehen wurden, wo die Eingeborenen entweder vor der Kamera flohen oder schier unüberwindliche Hindernisse durch ihre grenzenlose Wißbegierde aufbauten. Es war ... unglaublich für sie, daß eine Frau Gesichter und Formen wie Briefe auf ‚Papier' schrieb", erinnerte sich S. Nach gut zwei Jahren kehrte das Team mit der transsibirischen Eisenbahn zurück. Mit im Gepäck war das Filmmaterial zu der Dokumentation *Im Reich des Silbernen Löwen*, für die S. nicht nur gezeichnet, sondern auch fotografiert hatte. Die Arbeiten wurden in verschiedenen Berliner Museen und später auch in den USA ausgestellt. S. malte, vor allem beeinflußt vom Impressionismus, ihre Ölbilder und Aquarelle atmosphärisch-farbbetont. Auch für Zeitschriften wie z. B. *Die Dame* illustrierte sie. 1931 erhielt sie ein Stipendium der Deutschen Akademie in Rom. Von einer Balearen-Reise (1932) kehrte S. nach der „Machtergreifung" nicht mehr zurück und lebte zunächst auf Mallorca, später auf Ibiza, wo sie in ihrem Haus eine gastoffene Künstlerkolonie gründete. Nach dem Ausbruch des spanischen Bürgerkriegs emigrierte sie nach New York. Unter Pseudonym gab sie dort wasch- und kaubare Kinderbücher heraus, bevor sie 1954 nach Bolivien weiterzog. In Cochabamba leitete S. mit ihrem Sohn eine Textilfabrik – mit dem Ziel, die einheimische Teppich- und Stoffherstellung zu fördern.								*(BW)*

Lit.: Dahmen, Sabine: *„Ich bin eine rastlose Seele." Hommage an die Malerin Lene Schneider-Kainer*. In: Weissberg-Bob, Nea (Hrsg.): *Jüdischer Wandkalender 1998/99*, Berlin 1998 (Ergebnisse ihrer Diss. Univ. Bonn, 1998). • Nachlaß: Archiv des Leo Baeck Institute, New York

Schottmüller, Oda

Bildhauerin, Tänzerin, Widerstandskämpferin • 9. 2. 1905 Posen –
hingerichtet 5. 8. 1943 Berlin-Plötzensee • Reichstraße 106:
ca. 1940–1943

„Todesfurcht … habe ich gar nicht, nur ein bißchen Mitleid mit meiner Neugier – hätte ich doch so gerne gewußt, wie das alles weiter-
geht … mich reut nichts – was ich getan habe – ich machte es gerade
so noch einmal, wenn ich zu wählen hätte. Ich sterbe mit gutem Gewissen …"

Den Tod vor Augen, schrieb S. im Gefängnis in einem Kassiber
dieses beeindruckende Statement, das die Maxime, die ihr Leben
und Handeln bis zuletzt bestimmte, eindringlich dokumentiert. Die
Zeilen geben einen Einblick in die unbeugsame, selbstbewußte Persönlichkeit der Künstlerin, die mit 38 Jahren in Berlin-Plötzensee
aufgrund ihres Engagements im Widerstand hingerichtet wurde. S.
war die einzige Tochter des Archivrats Dr. Kurt Schottmüller und
seiner Frau Dorothea, geb. Stenzel. Die Familie lebte zunächst in
Posen, dann in Danzig. Als der Vater starb, zog S. 1919 mit ihrer
Mutter nach Berlin. Später wechselte sie an die Odenwaldschule
bei Heppenheim an der Bergstraße. Nach dem Abitur 1924 folgte
eine Ausbildung zur Silberschmiedin an der Fachschule für das
Schmuck- und Edelmetallgewerbe in Pforzheim. Im Anschluß studierte S. an der Kunstgewerbeschule in Frankfurt a. M. und an der
Hochschule für bildende Künste in Berlin, wo sie fünf Jahre lang
die Plastikerklasse von Milly ↑ Steger besuchte. Parallel dazu nahm
sie Tanzunterricht, um sich zur Gymnastiklehrerin und Tänzerin
ausbilden zu lassen. Erste Auftritte hatte S. an der Volksbühne in
der Gruppe junger Tänzerinnen; ab 1932 trat sie auch alleine auf.
Für diese Aufführungen entwarf sie selbst die Choreographien und
kreierte passende Masken. Ab 1938 arbeitete sie mit dem Komponisten Kurt Schwaen zusammen, der ihre phantasievollen Aus-
druckstänze am Klavier begleitete. Daneben fertigte sie aber auch
Schmuck, gab Tanzunterricht und schuf Plastiken. Seit Mitte der
30er Jahre engagierte sich S. in dem von der Gestapo Rote Kapelle
genannten Widerstandskreis um Harro und Libertas ↑ Schulze-Boysen, zu dem sie über ihre Freundschaft mit dem Bildhauer Kurt

Schumacher gestoßen war. Anfang der 40er Jahre stellte sie ihre Wohnung für Funkversuche in die Sowjetunion zur Verfügung. Am 16. September 1942 wurde sie, gerade von einer Ostpreußen-Tournee für Wehrmachtsoldaten zurück, in ihrer Wohnung verhaftet. Das Reichskriegsgericht verurteilte sie wegen „Beihilfe zur Vorbereitung eines hochverräterischen Unternehmens und zur Feindbegünstigung" zum Tode, dem sie in tiefer Überzeugung über die Rechtmäßigkeit ihrer Ideale gefaßt ins Auge sah.   *(BW)*

Lit.: Molkenbuhr, Norbert/ Hörhold, Klaus: *Oda Schottmüller, Tänzerin, Bildhauerin, Antifaschistin. Eine Dokumentation,* Berlin 1983; Griebel, Regina/ Coburger, Marlies/ Scheel, Heinrich: *Erfasst? Das Gestapo-Album zur Roten Kapelle. Eine Fotodokumentation*, Halle/S. 1992.

Schwimmer, Eva Lizzie Toni, geb. Goetze
Graphikerin, Buchillustratorin, Bildhauerin • 19. 3. 1901
Gut Kalkstein (Kr. Fischhausen/Ostpreußen)–15. 5. 1986 Berlin •
Charlottenburg: 1924–1925; Kaiserdamm 25a: mind. 1946 –
mind. April 1949; Königin-Elisabeth-Straße 2: mind. 1947–1951;
Fredericiastraße 27 (Wohnung und Atelier): 1951–1954

„Ich male die Frauen am liebsten … Die Gesetze werden von Männern gemacht, und bis die Frauen es erreichen, zu gleichem Teil am öffentlichen Leben mitzuwirken, bis sie sich von der überlieferten Zurücksetzung auf allen Gebieten befreit haben – solange muß man alles tun, ihnen zu helfen und diese Entwicklung zu fördern."

Die Tochter des Landwirts Heinrich Arnold Goetze und seiner Frau Alice, geb. Hübner, besaß berühmte Vorfahren: In der väterlichen Linie findet sich Achim von Arnim. Nach der Schule in Königsberg studierte S. von 1918 bis 1921 an der Akademie für graphische Künste und Buchgewerbe in Leipzig, wo sie Meisterschülerin bei Hans Soltmann wurde. 1922 heiratete sie Max Schwimmer, und zwischen den beiden Künstlern entstand ein produktiver Schaffensaustausch. Nach einem Jahr 1924/25 in Berlin zogen sie, ernüchtert von der schlechten Auftragslage, zurück nach Leipzig. Dort verbesserte sich zwar ihre finanzielle Situation, doch mit der

„Gleichschaltung" der Presse durch die Nationalsozialisten verlor das Paar ihren wichtigsten Arbeitgeber bald wieder und wurde zudem mit Arbeits- bzw. Ausstellungsverbot belegt. Die Ehe, aus der zwei Töchter hervorgingen, scheiterte. 1936 ging S. erneut nach Berlin und machte sich allmählich mit Pressezeichnungen und Illustrationen einen Namen. Eine von ihr gestaltete Prachtausgabe der *Carmina Burana* mit den von Carl Orff handgeschriebenen Noten, die wohl ihre wichtigste „Visitenkarte" geworden wäre, verbrannte bei ihrer Auslieferung im Bombenhagel. 1946 wurde S. Professorin für Graphik an der Kunsthochschule in Berlin-Weißensee; nach vier Jahren wurde sie jedoch aus politischen Gründen (sie blieb West-Berlinerin) wieder entlassen. Erneut brach bittere Armut über sie herein. 1952 erhielt S. für ihr *Tagebuch in Bildern* (1942) den Kunstpreis der Stadt Berlin für Graphik – und mit ihm neue Aufträge. Sie zeichnete für so bekannte Zeitungen wie die *FAZ*, die *Zeit*, den *Tagesspiegel* oder *UHU* und illustrierte Buchausgaben zu E. T. A. Hoffmann, Goethe und Casanova. Daneben entwarf sie Werbe- und Gebrauchsgraphik – darunter Briefmarken für die Deutsche Bundespost und Plakate für die Berliner Festspiele – und kreierte Schmuck. Nach einem Augenleiden wandte sie sich verstärkt der Plastik zu. Bis zu ihrem Tod lebte die Illustratorin, die so feinfühlig mit dem Zeichenstift umgehen konnte und zudem Gedichte verfaßte, zurückgezogen in einer Einzimmerwohnung in Berlin, die ihr auch als Atelier diente.   *(BW)*

Lit.: Lemhoefer, Dieter: *Eva Schwimmer*. In: *Illustration 63*, Heft 2/August 1989, S. 39–47.

Slavona, Maria, d. i. Marie Dorette Caroline Schorer, verh. Ackermann
Malerin • 14. 3. 1865 Lübeck–10. 5. 1931 Berlin • Gervinusstraße 21: ab 1909

„Meine Entwicklung und meine Beziehung zur Farbe schulde ich allein Frankreich, der Luft seiner Landschaft und der Atmosphäre von Paris", bekannte S., die einer wohlhabenden, achtköpfigen Lübecker Familie entstammte. Sehr früh begann sie zu zeichnen, und die Mutter, Ottilie Schorer, geb. Steger, förderte ihre Tochter nach Kräften. Der Vater Theodor war Chemiker und besaß eine Apotheke. Auf eine gute Ausbildung der Kinder wurde Wert gelegt. So flüchtete S. aus dem in ihren Augen provinziellen, kunstfeindlichen Lübeck, um in Berlin eine solide Malausbildung zu erhalten; zunächst an der Privatmalschule Eichler, von 1882 bis 1886 an der Unterrichtsanstalt des Kunstgewerbemuseums und ab 1887 an der Schule des Berliner Künstlerinnenvereins, wo Karl Stauffer-Bern ihr Lehrer war. 1888 setzte sie ihre Studien in München am dortigen Künstlerinnenverein bei Ludwig Herterich fort. Beide Lehrer hatten prägenden Einfluß auf die junge Künstlerin. Zusammen mit dem dänischen Maler Willy Grétor, den sie in Lübeck kennengelernt hatte, ging S. nach Paris. Überwältigt von der lebendigen Kunstszene und den innovativen modernen Strömungen, fand sie dort zu ihrem impressionistischen Stil. Auch wenn die erste Zeit schwierig verlief – S. wurde schwanger, war finanziell schlecht gestellt und mußte die Untreue des Partners hinnehmen, was bald zur Trennung von Grétor führte –, so waren die Pariser Jahre insgesamt doch sehr prägend und fruchtbar. Vom Impressionismus angezogen, verkehrte S. in den dortigen Kunstkreisen; auch gehörte sie zum Café-du-Dôme-Kreis. 1893 stellte sie erstmals öffentlich aus, jedoch unter männlichem Pseudonym. Sie war Mitglied der Berliner Sezession und des Deutschen Künstlerbundes. Im Jahr 1900 heiratete sie den Schweizer Kunstsammler Otto Ackermann. Um das Ehepaar scharte sich ein illustrer Künstlerkreis, dem u. a. Camille Pissarro, Max Liebermann, Käthe ↑Kollwitz (ihre einstige Kollegin an der Münchener Malschule) und Edvard Munch angehörten. 1906 zog das Paar nach Lübeck und 1909 nach Berlin, wo die Künstlerin nach einer schleichenden Krankheit 1931 starb. Als Impressionistin fand S. große Anerkennung: Man verglich sie mit Berthe Morisot, und der französische Staat erwarb sogar ein Bild von ihr. Anläßlich ihres Todes fand 1931 in Berlin eine Gedächtnisausstellung statt, die durch neun weitere Städte wanderte. S.s Werk wurde durch den Krieg jedoch stark dezimiert, und die Malerin geriet in Vergessenheit. Zu ihrer Erinnerung zeigte ihre Heimatstadt Lübeck 1956 und 1981 Ausstellungen (letztere war auch in Berlin zu sehen).   *(BW)*

Lit.: Bröhan, Margrit: *Maria Slavona. 1865–1931. Eine deutsche Impressioni-stin*, Berlin/Lübeck 1981.

Steger, Milly

Bildhauerin • 15. 6. 1881 Rheinsberg – 31. 10. 1948 Berlin-Wann-see • Lietzenburger Straße 44: 1915–1918; Nollendorfstraße 31–32: 1918 – mind. 1930

„Milly Steger ist eine Bändigerin,/Haut Löwen und Panther in Stein./Vor dem Spielhaus in Elberfeld/Stehen ihre Großgestalten/Böse Tolpatsche, ernste Hännesken,/Clowne, die mit blutenden Seelen wehen./Aber auch Brunnen, verschwiegene Weibsmopse/Zwingt Milly rätselhaft nieder,/Manchmal schnitzt die Gulliverin/Aus Zündhölzchen Adam und hinterrücks sein Weib/Dann lacht sie wie ein Apfel;/Im stahlblauen Auge sitzt der Schalk./Milly Steger ist eine Büffelin an Wurfkraft;/Freut sie sich auch an dem blühenden Kern der Büsche.“

Zwar stehen die „Großgestalten“ nicht in Elberfeld, sondern in Hagen, aber das Gedicht Else ↑Lasker-Schülers dokumentiert die Wertschätzung und Bewunderung, die S. zu Lebzeiten genoß: Sie galt als Ausnahmeerscheinung, die sich in die „Männerdomäne“ der Bauplastik nicht nur vorwagte, sondern sich hier auch selbstbe-wußt behauptete. Ihrer Kunst sagte man gar einen „männlichen Charakter“ nach. Aus gutbürgerlichem Elternhaus stammend – der Vater Alfred Steger war Amtsgerichtsrat –, studierte sie zunächst an der Elberfelder Kunstgewerbeschule bei Max Bernuth und ab 1901 im Atelier von Karl Janssen in Düsseldorf. Studienaufenthalte führ-ten sie nach Florenz, Paris, Holland, Belgien, Nordafrika und Ber-lin. Sie lernte bei Auguste Rodin, Aristide Maillol und (etwa ab 1906) bei Georg Kolbe. Vermittelt durch K. Osthaus, der sie an seine Hagener Künstlerkolonie „Am Stirnband“ holte, erhielt sie ihren ersten großen Auftrag: Für die Fassade des Hagener Stadt-theaters schuf sie vier monumentale Frauenakte (1910–12). Deren unverblümte Nacktheit, zumal von Frauenhand geschaffen, löste prompt einen Skandal aus und begründete ihren künstlerischen Durchbruch. Zugleich war es einer der ersten öffentlichen Aufträge dieser Art, der an eine Frau vergeben wurde. Bis 1916/17 blieb sie im Dienst der Stadt Hagen tätig, arbeitete aber auch für Architekten. Ihren Berliner Wohnsitz behielt sie jedoch in all den Jahren bei. S. kehrte schließlich nach Charlottenburg zurück und übernahm das Atelier Kolbes. Ihre Figuren gestaltete sie zunächst in expressiven, stilisierten Formen; später wurden sie schwerer, massiger und zeigten mehr Naturnähe. Der Bildhauerin war die Auseinandersetzung mit formalen Aspekten wichtig: „Ja – die Form! Sie klar und rein zu geben, ist mein stetes, heißes Bemühen …" An der Hochschule für bildende Künste übernahm sie die Plastikerklasse und 1929 die Aktzeichen- und Bildhauerklasse der Malschule des Vereins der Künstlerinnen zu Berlin, in dem sie sich auch sonst stark engagierte (1927 im Vorstand, 1930 Ehrenvorsitzende). Daneben war S. in vielen weiteren künstlerischen Vereinigungen und Verbänden vertreten, so u. a. in der Berliner Sezession und dem Deutschen Demokratischen Frauenbund. 1938 erhielt sie den Villa-Romana-Preis. Obwohl S. zumindest zeitweise mit dem Kunstgeschmack der Nationalsozialisten sympathisierte, wurden einige Werke beschlagnahmt, ihr Erfolg ließ nach. In ihren späten Arbeiten dominieren religiöse Themen. 1948 starb die Künstlerin an den Folgen eines schweren Krebsleidens.   *(BW)*

Lit.: Karl Ernst Osthaus Museum Hagen (Hrsg.): *Milly Steger. 1881–1948*, Hagen 1981; Berlinische Galerie (Hrsg.): *Profession ohne Tradition*, Berlin 1992.
• Archiv/Nachlaß: Dr. F. K. Schwebel, Solingen

Stomps, Louise Sophie

Bildhauerin • 5. 10. 1900 Berlin – 22. 4. 1988 Rechtmehring
bei Wasserburg/Inn • Giesebrechtstraße 9 (Atelier):
um 1945 – mind. 1947

S., die bereits mit 18 Jahren zeichnete und modellierte, war künstlerische Autodidaktin. Sie stammte aus gutbürgerlichen Verhältnissen, der Vater war Jurist. Die Familie ließ S. gewähren, ohne ihren Berufswunsch übermäßig ernst zu nehmen. Sie heiratete, bekam zwei Töchter und ließ sich 1925 wieder scheiden. Erst 1928 bis 1932 bildete sie sich akademisch weiter: An der Hochschule für Bildende Künste besuchte sie bei Prof. Roettger die Abendklasse und durfte aufgrund ihres Talents mit einer Ausnahmegenehmigung dort sogar ganztags arbeiten. Gleichzeitig besuchte sie die Bildhauerklasse des Vereins der Berliner Künstlerinnen unter der Leitung Milly ↑Stegers. S. arbeitete vornehmlich in Holz und ab 1933 auch in Stein. In der NS-Zeit zog sie sich in die „innere Emigration" zurück. Nach dem Krieg, der einen Großteil ihrer Werke zerstört hatte, gehörte sie zum Kreis der Künstler, die in der Charlottenburger Galerie Gerd Rosen ausstellten. S.s Arbeiten orientierten sich stets an der Struktur des jeweiligen Holzes, an dessen Wuchsrichtung, dem Härtegrad usw. Die Skulpturen strahlen eine asketische Würde aus, und meist dominieren organische, fließende, von der Natur abstrahierende Formen. Nicht zuletzt für diesen feinfühligen Umgang mit dem Material verlieh die Stadt Berlin der Künstlerin 1951 den Kunstpreis. 1960 zog S. in eine alte Mühle bei Rechtmehring/Bayern, um sich ganz ihrer Arbeit zu widmen. Lediglich 23 Katzen leisteten der Künstlerin Gesellschaft. Kontakt zur Außenwelt hielt sie aber dennoch: „Bayerns älteste Motorradfahrerin" war stets mit einer schweren BMW-Maschine unterwegs. Im Beiwagen transportierte sie ihre Skulpturen zu Ausstellungen bis nach München. Den Führerschein Klasse I hatte sie bereits in jungen Jahren, als eine der ersten Frauen in Deutschland, erworben. „Ich brauche nur die Kunst, die Katzen und das Motorrad." versicherte sie oft. Ihre Leidenschaft kostete S. jedoch schließlich das Leben: 1988 verunglückte die 87jährige mit ihrer 650er Yamaha tödlich.   *(BW)*

Lit.: Freitag, Michael: *Formenstrenge und Innerlichkeit. Die Bildhauerin Louise Stomps (1900–1988)*. In: *Bildende Kunst* 3/1991, S. 50 f.; Krause, Markus: *Galerie Gerd Rosen. Die Avantgarde in Berlin 1945–1950*, Berlin 1995. • Nachlaß: Stadt Wasserburg, Achatz-Kirche

Thalemann, Else Dorothea, geb. Moosdorf,
auch: Thalemann-Moosdorf

Fotografin • 29. 3. 1901 Berlin-Treptow–19. 10. 1984 Stift Lauterbach • Heerstraße 105: 1934–1945

T. wurde in eine wohlhabende Industriellenfamilie hineingeboren: Als jüngste Tochter Otto Moosdorfs und seiner Frau Clara wuchs sie in Treptow auf. Nach der Schulzeit heiratete sie (1921) und gründete eine vierköpfige Familie. Um das Fotografieren zu erlernen, besuchte sie von 1926 bis 1928 ein Atelier in Berlin; bald hielt sie mit der Kamera Szenen aus dem Alltag, Reiseeindrücke und Landschaften fest. Ende der 20er Jahre schuf sie Industriefotografien für ein Buch Heinrich Hausers über das Ruhrgebiet, das 1929 in Berlin erschien. Das zentrale Motiv der Bildreportage, die den Titel *Schwarzes Revier* trug, ist das Verhältnis von Mensch und Natur. Die Illustrationen offenbaren den Sinn und die Empfänglichkeit der Fotografin für die Ästhetik der Technik, zeichnen daneben aber auch ein Bild des sozialen Umfelds, das an den technischen Fortschritt geknüpft ist. Bekanntes erscheint in diesen atmosphärischen Bildern durch einen tief gehaltenen Betrachtungsstandpunkt in einer ungewohnten, fremdartigen Perspektive. Die tiefe Kamerahaltung wurde für T.s Fotokunst charakteristisch. Vermutlich war die Bildreportage ihr erster größerer Auftrag. Bald stattete sie ihre Wohnung professionell mit einer Dunkelkammer aus. Sie arbeitete für die Photoagentur Mauritius, führte aber ab den 30er Jahren auch ein eigenes Atelier, in dem sie u. a. Werbefotos herstellte. Bedingt durch den Tod ihres Vaters, zog sich T. 1932/33 auf Mallorca zurück, wo sie in einer Künstlerkolonie lebte. In den folgenden Jahren reiste sie viel. Zu der 1935 erschienenen wissenschaftlichen Publikation *Das Wunder der Pflanzen* von Ernst Fuhrmann, mit dem sie auch einige ihrer Reisen unternahm, lieferte sie die Illustrationen. Es galt, die Pflanzen in ihrer morphologischen Eigenart darzustellen. Noch eine Zeit lang arbeitete T. mit Fuhrmann zusammen, hauptsächlich in Überlingen/Bodensee. Nach der Emigration ihres Arbeitspartners 1938 lebte sie ein halbes Jahr in der Rudolf Steiner Stiftung in Dornach/Schweiz. Zurück in Berlin, beschäftigte sie sich verstärkt mit der Malerei. Nach dem Krieg, der den Tod ihres

Sohnes, die Zerbombung ihrer Charlottenburger Wohnung – und damit die Zerstörung eines Großteils ihrer Arbeiten – und die Ehescheidung mit sich gebracht hatte, siedelte T. zunächst nach Freiburg, später nach Mölln bei Hamburg um. Obwohl sie die professionelle Fotografie inzwischen aufgegeben hatte, entstanden noch viele Aufnahmen auf Reisen, vornehmlich in Griechenland. Die in Vergessenheit geratene Fotografin, deren Leben und Werk noch wenig erforscht ist, wurde vom Verborgenen Museum 1993 mit einer Ausstellung in Charlottenburg gewürdigt.   *(BW)*

Lit.: Beckers, Marion/ Moortgat, Elisabeth (Hrsg.): *Else Thalemann. Industrie und Pflanzenphotographien der 20er und 30er Jahre*, Berlin 1993.

Vehrigs, Ursula

Malerin • 12. 1. 1893 Mertendorf bei Naumburg–12. 4. 1972 Mertendorf bei Naumburg • Kurfürstendamm 35: 1918–1943

Die Liebe zur Kunst hatte V. von ihrer Mutter Margarete, geb. Vogt, einer Malerin, geerbt. Die Familie lebte auf dem Schachtberg/Mertendorf, wo der Vater Hugo Vehrigs, Chemiker und Fabrikant, eine Braunkohlengrube besaß. Von 1902 bis 1906 gingen V. und ihre Schwester in Leipzig auf das „von Steibersche Institut", da die Ehe der Eltern bröckelte. Nach der Scheidung 1904 heiratete die Mutter erneut, und 1907 holte sie ihre Töchter nach Berlin. Von 1908 bis 1910 besuchte V. die Malschule des Berliner Künstlerinnenvereins, wo sie bei Georg Mosson lernte. Sie bereiste Deutschland, die Schweiz, Belgien, Frankreich und Italien. 1919 ging sie nach München an die Malschule Hans Hofmanns. Beeindruckt vom Im- und Expressionismus fand sie zu einem stets von der Farbe dominierten Malstil. Neben sensibel beobachteten Porträts aus dem großen, aus Künstlern und Gelehrten bestehenden Bekanntenkreis ihrer Eltern hielt sie mit dem Zeichenstift auch das Leben im Arbeitermilieu fest. Sie stellte u. a. in der Berliner Sezession sowie den Galerien Cassirer und Nierendorf aus, war jedoch aufgrund der wohlhabenden Familienverhältnisse nie darauf angewiesen, Bilder zu verkaufen. 1925 flüchtete V. Hals über Kopf einen Tag vor ihrer Hochzeit

nach Paris und blieb dort bis 1926. An der Académie Moderne wurde
sie Schülerin bei Fernand Léger. Als ihre Mutter verunglückte, verließ V. schweren Herzens Frankreich, um sie zu pflegen. In der NS-
Zeit arbeitete die introvertierte Künstlerin völlig zurückgezogen.
Als ihr Atelier 1943 ausgebombt wurde, kehrte sie in ihre thüringi-
sche Heimat zurück, wo sie bis ins hohe Alter malte. Durch Verun-
treuung wurde ihr Nachlaß zerstört; die Künstlerin geriet in Vergessenheit. Eine erste Retrospektive zeigte die Galerie Rose Lörch in
München, und 1997 erinnerte das Stadtmuseum Naumburg an Leben und Schaffen dieser bescheidenen und dadurch scheinbar so
„unspektakulären" Persönlichkeit.   *(BW)*

Lit.: Stadtmuseum Naumburg/ Jankuhn, Rudolf: *Ursula Vehrings. 1893–1972*,
Naumburg 1997.

Wiegmann-Mucchi, Jenni, geb. Wiegmann, verh. Müller,
verh. Mucchi, Pseud.: Genni
Bildhauerin • 1. 12. 1895 Spandau – 2. 7. 1969 Berlin-Buch •
Fredericiastraße 5: 20er Jahre–1930

W., Tochter des Konditors Fritz Wiegmann und seiner Frau Paula,
geb. Voigt, wandte sich erst nach anfänglichen Malversuchen der
Bildhauerei zu. 1917 nahm sie an der Levin-Franke-Schule bei August Kraus und Lovis Corinth Unterricht. Nach einem einjährigen
Studienaufenthalt in München studierte sie an der Kunstgewerbeschule Berlin-Charlottenburg in der Holzbildhauerklasse bei Hans
Perathoner. Es folgten Studienaufenthalte in Rom und Paris. W.
hielt in ihrem Werk stets am Figürlichen fest. 1920 heiratete sie den
Bildhauer Berthold Müller-Oerlinghausen. Es begann eine zehn-
jährige fruchtbare, von tiefer Religiosität geprägte Zusammenarbeit,
hauptsächlich im Bereich der Kirchenkunst. Das Ehepaar gestaltete
u. a. die Heilig-Geist-Kirche in Charlottenburg aus. 1922 konvertierten beide zum Katholizismus. W. stellte auch in der Sezession
aus und wurde 1929 Mitglied im Verein der Künstlerinnen zu Berlin. 1930, nach der Trennung von ihrem Mann, zog die Künstlerin
nach Paris zu dem Maler Gabriele Mucchi, den sie 1933 heiratete.

Bald darauf erfolgte die Übersiedlung nach Mailand. Hier machte
W. Bekanntschaft mit dem italienischen Realismus. Um das Paar
bildete sich ein intellektueller Kreis, aus dem sich 1938 die Gruppe
Corrente formierte, die eine Gegenposition zur offiziellen Kunst
des faschistischen Italiens einnahm. W. trat in den aktiven Widerstand ein, was auch in ihren Arbeiten Widerhall fand. 1944 zerstörten Bomben ihr Anwesen und einen Großteil ihrer Kunst. In den
Jahren 1955/56 lehrte sie Metalltreiben an der Scuola Umanitaria
in Mailand. Von 1956 bis zu ihrem Tod pendelte die Künstlerin zwischen Mailand und Berlin, wo ihr Mann einen Lehrauftrag an der
Kunsthochschule Weißensee angenommen hatte. W., die 1937 auf
der Pariser Weltausstellung die Goldmedaille für ihre Plastik *Der
Himmel ist traurig und schön* erhalten hatte, war hauptsächlich in
der DDR und Italien bekannt. Beeindruckt von der Archaik und der
Romanik, entstanden ruhige, verhaltene Skulpturen – meist Frau-
engestalten –, die durch ihre reduzierte Form eine zeitlose Aussage
erhalten. Daneben schuf sie auch einfühlsame Porträts. Die Natio-
nalgalerie widmete ihr 1970 eine umfassende Gedächtnisausstellung.   *(BW)*

Lit.: Galerie Bodo Niemann, Berlin (Hrsg.): *Jenny Wiegmann-Mucchi. 1895 bis
1969*, Berlin 1992; Berlinische Galerie (Hrsg.): *Profession ohne Tradition*, Berlin 1992.

Wieruszowski, Lili

Kirchenmusikerin, Komponistin • 10. 12. 1899 Köln – 2. 3. 1971
Basel • Württembergallee: 1925–1929

„Die Gemeinde lernte wirklich ihre Orgel von neuen Seiten kennen … Ich übte sehr viel, dass es den Kirchenrat ärgerte, die Schlüs-
sel hingen nachts neben meinem Bett, so dass ich sie in wachen Sekunden manchmal anfasste, ob sie noch da seien …", erinnerte sich
W. begeistert an ihre Zeit als Organistin in der Charlottenburger
Epiphaniengemeinde. Mit drei Schwestern war sie in Köln aufgewachsen. Die Eltern, der Jurist Prof. Alfred Wieruszowski und seine
Frau Jenny, geb. Landsberg, ließen alle Töchter evangelisch taufen,

blieben aber selbst dem jüdischen Glauben treu. Mit fünf Jahren er-
hielt W. Klavierunterricht. Bereits seit 1914, zwei Jahre vor ihrem
Schulabschluß, studierte sie am Kölner Konservatorium Klavier,
Cello und Orgel bei Prof. Friedrich Wilhelm Franke und wirkte beim
Kölner Symphonieorchester mit. 1921 ging sie an die Hochschule
für Musik nach Berlin zu dem Domorganisten Walter Fischer. Noch
im selben Jahr machte sie ihr Konzertdiplom für Orgel und 1922 ihr
Kirchenmusikerdiplom. In Köln-Ehrenfeld erhielt W. ihre erste
Stelle. 1925 bewarb sie sich in Berlin an der Epiphaniengemeinde
und konnte sich gegen zehn männliche Mitkonkurrenten durchsetzen. Eine unglückliche Liebesbeziehung trieb sie jedoch in eine
schwere seelische Krise, die 1929 in einen Selbstmordversuch mündete. Zurück in ihrer Heimat, erholte sie sich nur langsam mit ärzt-
licher Hilfe. Während ihrer Abwesenheit mußte sie die Orgelver-
tretung aus eigener Tasche bezahlen. Schließlich beschloß die
Gemeinde schweren Herzens, die Stelle anderweitig zu besetzen,
und W. wurde zwangspensioniert. Die erneute Arbeitssuche gestaltete sich als schwierig – die Zeitereignisse im NS-Deutschland hol-
ten sie unerbittlich ein. Nach einem Englandaufenthalt engagierte
sich W. zunächst noch in Köln in der Kirchenarbeit im Bereich
Singkreis und Chor, bevor sie im September 1933 schließlich nach
Basel emigrierte. Der Neuanfang dort wurde ihr schwer gemacht:
Sie erhielt jahrelang kein Bleiberecht und somit auch keine Arbeitserlaubnis. In ganz bescheidenen Verhältnissen lebend, hielt sie
sich mit Orgelunterricht, Chorleitung und Vorträgen über Wasser.
1945 legte sie das Schweizerische Klavierlehrer-Examen ab und
begann, Hefte zum Thema *Choralvorspiele für Orgel* herauszuge-
ben. Diese und ihre Beschäftigung mit dem Hugenottenpsalter verschafften ihr zunehmend Anerkennung in Fachkreisen. 1949 bewil-
ligte die Schweiz ihr endlich das ersehnte Bleiberecht (und 1954
das Schweizer Bürgerrecht). Erst damit konnte W. eine Stelle als
Organistin in Arlesheim und ab 1954 in der Ökolampadgemeinde
in Basel antreten.   *(BW)*

Lit.: Schweizer, Marianne (Hrsg.): *Zum Gedenken an Lili Wieruszowski. 10. Dezember 1899–2. März 1971*, Allschwil bei Basel 1996.

Winckelmann, Emilie

Architektin • 1875 Aken/Elbe–1951 Hovedissen bei Leopolds-
höhe • Geisbergstraße 43: um 1912; Kurfürstenstraße 112a: bis
1917; Fraunhoferstraße 25–27: ab ca. 1917

Aufgewachsen in Aken an der Elbe, absolvierte W. zunächst eine
Zimmermannsausbildung, bevor sie von 1901 bis 1905 an der Königlich Technischen Hochschule Hannover Architektur studierte.
Da Frauen in Preußen bis 1908 noch nicht zum Studium zugelassen
waren, gelang ihr der Zutritt nur mittels einer Sondergenehmigung
des Kultusministers. Um ihr Budget aufzubessern, arbeitete sie nebenbei in einem Zeichenbüro. Ebenso geradlinig, wie sie ihre Ausbildung in die Hand genommen hatte, stellte sie sich auch den Herausforderungen der Praxis: 1908 eröffnete sie in Berlin als erste
Frau ein eigenes Architekturbüro, in dem nach dem Ersten Weltkrieg 15 Zeichner beschäftigt waren. Ihre Karriere als selbständige
Architektin begann mit Entwürfen für Landhäuser in Berlin und im
Umland. Die Auftraggeber waren häufig Frauen. Schon bald kamen weitere Projekte hinzu; neben Mehrfamilienhäusern und Pen-
sionen umfaßte das Spektrum ihrer Bautätigkeit auch landwirt-
schaftliche und Ausstellungsgebäude, Schulen und Fabrikanlagen.
Auf der Ausstellung des Dt. Lyceum-Clubs „Die Frau in Haus und
Beruf" 1912 in Berlin war sie bereits mit 26 Projekten vertreten. Die
stille, aber dennoch resolute Architektin lehnte es ab, in die nationalsozialistische Partei einzutreten, womit schließlich das Ende ihrer beruflichen Laufbahn besiegelt war. Auf dem Gut der befreundeten Familie von der Schulenberg in Hovedissen verbrachte sie
ihren Lebensabend, bis zuletzt mit Entwürfen für Um- und Ausbau-
ten des Guts beschäftigt. In Charlottenburg, wo sie ihr Büro hatte
und auch wohnte, entwarf sie verschiedene Häuser: u. a. im Westend 1908 ein Landhaus für die Familie Karla ↑Höckers in der Lindenallee 21 und 1909 bis 1910 das „Leistikowhaus", ein Mietshaus
in der Leistikowstraße 2. Einer ihrer wichtigsten Bauten war das
nach seiner Stifterin benannte Studienhaus Ottilie von Hansemann
in der Otto-Suhr-Allee 16–18 (damals: Berliner Straße 37/38), in
dem sich heute das Theater Die Tribüne befindet. Es entstand im
Auftrag des Victoria-Lyceums 1914–16. Ausgestattet mit 96 Ein-

zelzimmern, einer Bibliothek, Arbeits- und Versammlungsräumen, Turnsaal und Bühne, bot diese gemeinnützige Einrichtung eine preiswerte Unterkunft für weibliche Studenten. Dieses Studentinnenwohnheim war das erste seiner Art in Europa. Auch wenn W. keine Erneuerin im avantgardistischen Sinne war – wobei sie aber sehr wohl neue Strömungen, wie den englischen Landhausstil, aufgriff –, kann sie eine herausragende Stellung innerhalb der Kunstgeschichte für sich beanspruchen: als erste Architekturstudentin und als erste selbständige Architektin in Deutschland.   *(BW)*

Lit.: Union Internationale des Femmes Architectes Sektion Bundesrepublik Deutschland (Hrsg.): *Architektinnen-Historie. Zur Geschichte der Architektinnen und Designerinnen im 20. Jahrhundert – eine erste Zusammenstellung*, Berlin 1984 (1987).

Zitzewitz, Augusta von

Malerin • 26. 12. 1880 Berlin–15. 11. 1960 Berlin • Reichstraße 31, Reichstraße 97 (Atelier): um 1941–1960

Z. stammte aus einer preußischen Gutsbesitzer- und Offiziersfamilie. Ihr Vater war ehemals Flügeladjutant des Kaisers, ihre Mutter Engländerin. Sie hatte acht Geschwister. Erst im Alter von 27 Jahren begann Z. ein vierjähriges Studium an der Berliner Künstlerinnenschule, die von George Mosson, einem Mitglied der Sezession, geleitet wurde. 1911 mietete die Künstlerin, der eine eigenwillige und starke Persönlichkeit nachgesagt wird, ein Atelier. Von 1912 bis 1914 studierte sie auf Empfehlung von Käthe ↑Kollwitz in Paris bei Jean Metzinger, Dunoyer de Segonzac und H. Foygonnier. Dort fand sie Anschluß an den sogenannten Café-du-Dôme-Kreis. Er bestand überwiegend aus deutschen Künstlern (u. a. Wilhelm Lehmbruck, Maria ↑Slavona, Rudolf Levy, Alfred Flechtheim und Hans Purrmann), die sich für die modernen Strömungen, vornehmlich den Impressionismus, Kubismus und Fauvismus, begeisterten. Der Zirkel wurde später im Romanischen Café in Berlin weitergeführt. Verschiedene Studienaufenthalte führten Z. ins europäische Ausland. Sie war Mitglied der Berliner Freien Sezession, des Deutschen Künstlerbundes und des Vereins Berliner Künstlerinnen. Ab 1917 engagierte sie sich bei der linksliberalen Zeitschrift *Aktion*, für die sie Holzschnitte schuf. Bedeutende Künstler und Literaten arbeiteten für diese Wochenschrift, die von 1911 bis 1932 erschien, und Z.s Atelier in der Reichstraße wurde ein Treffpunkt der Mitglieder. Verheiratet mit dem jüdischen Kunsthistoriker Erich Roemer, hatte es Z.s Kunst in der Nazizeit schwer. Nach dem Tod ihres Mannes 1934 mußte sie alleine für sich und ihre Tochter sorgen. Dies bewerkstelligte sie vor allem durch Porträtaufträge, die sie ohne Vorarbeit direkt auf die Leinwand malte und die sie bekannt machten. So ließen sich – neben vielen anderen – Leonhard Frank, Alfred Kerr, Claire Waldoff, Renée Sintenis, Ernst Reuter, Hedwig ↑Heyl und der Charlottenburger Bezirksbürgermeister Albert Horlitz von ihr porträtieren. Ihre pastose Malweise war sowohl von impressionistischen als auch von expressionistischen Tendenzen gekennzeichnet. Charlottenburg widmete der Künstlerin 1950 und 1956 Ausstellungen; Kiel ehrte sie anläßlich ihres 100. Geburtstages mit einer Gedächtnisausstellung. Begraben wurde Z. auf dem Friedhof Heerstraße in Charlottenburg.   *(BW)*

Lit.: Stiftung Pommern, Kiel (Hrsg.): *Augusta von Zitzewitz*, Kiel 1980/81; Bröhan, Margrit: *Augusta von Zitzewitz.* In: Neue Gesellschaft für Bildende Kunst e. V., Berlin (Hrsg.): *Das verborgene Museum I. Dokumentation der Kunst von Frauen in Berliner öffentlichen Sammlungen*, Berlin 1987. • Nachlaß: Stiftung Pommern, Kiel

Theater, Film und Kabarett

Seit der Jahrhundertwende entwickelte sich Charlottenburg zu einer Theaterstadt ersten Ranges, was u. a. eine Folge des wirtschaftlichen Aufschwungs der Stadt nach der Reichsgründung war. Zwar gab es auch schon im 19. Jahrhundert einige – z. T. in Restaurationsbetrieben untergebrachte – Privattheater, deren künstlerisches Niveau allerdings eher bescheiden war: Deftige Possen und Komödien wurden geboten, die die meist aus Berlin angereisten Gäste amüsierten. Ein Künstlertreffpunkt war nach 1865 das Ausflugslokal Hippodrom am Knie (Ernst-Reuter-Platz), das ehemalige Wohnhaus der bekannten Hofschauspielerin Auguste ↑Crelinger und ihres Mannes. Es hieß, hier befinde sich „das Mecca verliebter Comödianten, das Absteigequartier gewisser Amazonen der Theater und der Demimonde, die mit oder ohne Cavaliere hier hinausritten" (Engel, Bd. 1, S. 537).

Mit der Wandlung Charlottenburgs von einer bürgerlichen Kleinstadt zur Großstadt etablierten sich ab den 1870er Jahren vor allem das sog. Stadttheater (Alt-Lietzow, später Rosinen-/Loschmidtstraße 3) und die Vergnügungsstätte Flora vis-à-vis vom Schloß, deren „Spezialitäten"-Vorstellungen (Indianershows etc.) sich großer Beliebtheit erfreuten.

Erst um bzw. nach der Jahrhundertwende, als die Industrialisierung die Expansion der Stadt immer weiter vorantrieb und sich ein zahlungsfähiges und kulturbeflissenes Publikum bildete, wurden drei mit moderner Bühnentechnik (Nutzung der Elektroenergie) ausgestattete Großveranstaltungshäuser gebaut: das Theater des Westens (1896 eröffnet) in der Kantstraße, das sich bald auf Operetten und Ausstattungsrevuen spezialisierte, das Deutsche Opernhaus (1913) und das Schiller Theater (beide Bismarckstraße). Letzteres war von der Stadt Charlottenburg bewußt als „Volkstheater für die minderbemittelten Schichten" geplant und 1907 eröffnet worden.

Durch das „klassische" Theaterprogramm erreichte man das eigentliche Zielpublikum (Kleinbürger und Arbeiter) allerdings kaum.

Nach dem Ersten Weltkrieg wirkte auch auf der Bühne ein neuer Geist – der Geist der Republik. Es entstanden eine Reihe kleinerer, meist privat geführter Theater. Von den über 50 Bühnen, die im Berlin der 20er Jahre existierten, sind heutzutage viele vergessen. Andere dagegen existieren noch immer oder haben sich in die Theatergeschichte eingeschrieben. Hierzu gehört u. a. die 1919 eröffnete Tribüne, die sich in einem von Emilie ↑Winckelmann erbauten Haus für Studentinnen in der Otto-Suhr-Allee 16–18 befindet. Die Tribüne, die durch legendäre Uraufführungen zeitgenössischer Stücke von Ernst Toller und Walter Hasenclever Furore machte, hatte sich die „Revolutionierung" des Theaters zum Ziel gesetzt. Ein neuer Inszenierungs- und Darstellungsstil wurde hier kreiert – der Expressionismus.

Auch das Renaissance-Theater in der Hardenbergstraße erregte durch die Aufführung gesellschaftskritischer Stücke Aufsehen. Es wurde 1922 von dem ebenfalls dem Expressionismus verpflichteten Theodor Tagger und seiner Frau Bettina Neuer, einer Philologin, als Versuchsbühne für junge Autoren gegründet. (Erbaut wurde es von dem bekannten Theaterarchitekten Oscar Kaufmann, von dem die meisten Privattheater in Charlottenburg stammten.) 1928 wurde *Krankheit der Jugend* aufgeführt. Der Autor war ein gewisser Ferdinand Bruckner, alias Theodor Tagger, der nach dem großen Erfolg des skandalträchtigen Stücks sein Pseudonym beibehielt.

Bis zur Angliederung an Schöneberg war auch das durch die sozialkritischen Inszenierungen Erwin Piscators bekannte Theater am Nollendorfplatz ein wesentlicher Bestandteil des Charlottenburger Kulturlebens. 1927 kam es dort zur Aufführung von Tollers *Hoppla, wir leben* – finanziell ermöglicht durch die Schauspielerin Tilla ↑Durieux.

Dem „Zug in den Westen" schloß sich auch Max Reinhardt an, der zu den bedeutendsten Theaterleitern und -reformern dieses Jahrhunderts zählt. 1918 eröffnete er das in einem Raum der Hochschule für Musik spielende Kleine Theater, das von der Schauspielerin Gertrud Eysoldt geleitet wurde. Die hier 1921 aufgeführte Inszenierung von Arthur Schnitzlers *Reigen* löste den wohl größten Theaterskandal der Weimarer Republik aus: Ein hinter einem Vorhang inszenierter Geschlechtsakt auf der Bühne führte zur Klage wegen öffentlichen Ärgernisses. Der Prozeß vor dem Berliner Landgericht endete allerdings mit einem Freispruch.

1924 etablierte Reinhardt am Kurfürstendamm 206/207, neben der Sezession, ein Gegenstück zu seinen Kammerspielen in der Schumannstraße: die Komödie. 1928 übernahm er auch noch das benachbarte Theater am Kurfürstendamm, wo 1931 die Berliner Erstaufführung von Brecht/Weills *Aufstieg und Fall der Stadt Mahagonny* mit Trude ↑Hesterberg, Lotte ↑Lenya und Harald Paulsen Furore machte.

Berlin – und insbesondere der Neue Westen – wurde also *die* Theatermetropole jener Zeit. Bei einigen Theater(neu)bauten spielten nicht zuletzt wirtschaftliche Erwägungen eine Rolle: Sie galten als gewinnträchtige Spekulationsobjekte. Auch die zahlreichen Verkehrsverbindungen zu anderen Stadtteilen machten Charlottenburg als Theatergegend attraktiv. Hier lebten nicht nur viele angehende oder bereits bedeutende Schauspieler und Schauspielerinnen, sondern auch zahlreiche Theaterregisseure und -autoren, darunter Reinhardt, Victor Barnowsky, Leopold Jessner und Brecht, der mit Helene Weigel in der Hardenbergstraße 1a wohnte. Verglichen mit der Vielzahl von Schauspielerinnen war die Zahl der Frauen, die als Dramatikerinnen erfolgreich waren, allerdings relativ gering, denn der mit Einfluß und Ansehen verbundene Theaterbetrieb war Autorinnen gegenüber ablehnender als der übrige Literaturbetrieb.

Zu den Frauen, deren Werke auf Charlottenburger bzw. Berliner Bühnen gespielt wurden, gehören u. a. Vicki Baum, Lola ↑Landau, Ilse Langner, Christa Winsloe, Elisabeth Castonier, Anna Gmeyner, Elisabeth Hauptmann, Gina Kaus, Berta Lask, Hilde Rubinstein und Mechtilde Lichnowsky. Als Dramatikerinnen bekannt sind heute jedoch vor allem Else ↑Lasker-Schüler, deren 1909 entstandenes Drama *Die Wupper* 1919 am Deutschen Theater uraufgeführt wurde, und Marieluise Fleißer. Ihr Stück *Pioniere in Ingolstadt* kam 1926 ebenfalls hier zur Aufführung. Frauen haben also – verstärkt ab Mitte der 20er Jahre – durchaus erfolgreich fürs Theater gearbeitet, und sie profilierten sich vor allem mit sog. Zeitstücken, die die Realität verändern wollten. Doch dieser Fakt ist, so stellt Anne Stürzer in

Dramatikerinnen und Zeitstücke fest, „weitgehend in der Versenkung verschwunden, in die ihn die nationalsozialistische Kulturpolitik befördert hatte". (Stürzer, S. 12) 75 Prozent der von ihr ermittelten 150 Dramatikerinnen der Weimarer Republik sind in keinem Lexikon verzeichnet. Die NS-Zeit bedeutete für viele gesellschaftskritische Autorinnen das Ende ihrer Karriere. Ins Exil getrieben, wurden sie zugleich auch aus der deutschen Literatur- und Theatergeschichte verbannt und damit dem Vergessen anheimgegeben.

Doch Berlin war einst nicht nur die Theater-, sondern auch die Filmmetropole Deutschlands. Im Berliner Varieté Wintergarten in der Friedrichstraße fand 1895 durch Max Skladanowsky die erste öffentliche Vorführung „lebender Bilder" statt – noch vor der der Brüder Lumière in Paris. 1905 bereits eröffnete in Charlottenburg in der Kantstraße 130b das erste „Kino des Westens", dem wenig später die Minerva-Lichtspiele in der Wilmersdorfer Straße 75 folgten. Um 1910 wurden einige besonders elegante Kinos gebaut, darunter die Kammerspiele am Nollendorfplatz. Diese Kinos schlossen sich zur Union-Theater-Gesellschaft zusammen, aus der 1918 unter Beteiligung der Obersten Heeresleitung (General Erich Ludendorff) die Universum Film AG (UFA), der größte deutsche Filmkonzern, entstand. Ihre Schlagkraft lag in dem Besitz eigener Kinos. Die UFA produzierte aber auch Wochenschauen und Spielfilme von großem Zuschnitt. Aus der Schaustellerattraktion der Rummelplätze, wo die ersten Filme gezeigt worden waren, erwuchs eine zukunftsträchtige Industrie.

Der deutsche Film erlebte seit 1913 nicht zuletzt durch den Einfluß von Reinhardts Theaterinszenierungen einen bedeutenden künstlerischen Aufschwung. Der schauspielerische Stil blieb zunächst weitgehend am zeitgenössischen Theater orientiert, dessen naturalistische Gestik und Mimik vor allem von der dänischen Schauspielerin Asta ↑Nielsen in den Film übertragen wurde. Die androgyne, „rassige" Asta Nielsen und ihr mädchenhaftes, blondes Pendant Henny ↑Porten, die zu den ersten europäischen Filmstars avancierten, trugen viel dazu bei, daß das neue Medium ein Massenpublikum fand – und daß es in Charlottenburg bald mehr Kinos gab als Theater. Vor allem im Umkreis des Kurfürstendamms zeigte sich, daß das Kino seit Ende des Ersten Weltkriegs zur Massenattraktion mit rapide steigenden Besucherzahlen geworden war. Dort, am „Broadway" Berlins, wurden mehrere prunkvolle Filmpaläste gebaut, die dem UFA-Konzern gehörten (u. a. die UFA-Paläste am Zoo, der Gloria-Palast, das Universum-Lichtspielhaus von Erich Mendelsohn), aber auch das Capitol (von Hans Poelzig) und das Marmorhaus – um nur einige der „Paläste der Zerstreuung" (Siegfried Kracauer) zu nennen, in denen sich der deutsche Film der Weltöffentlichkeit präsentierte und wo Tag für Tag Ausverkäufe erzielt wurden.

Zu den Kinos, in denen Filmgeschichte geschrieben wurde, gehören u. a. der 1919 eröffnete UFA-Palast in der Hardenbergstraße 29, in dem berühmte Premieren zu sehen waren: so etwa von Ernst Lubitsch, der u. a. für die UFA *Anna Boleyn* (1920) mit Henny Porten drehte, sowie von Fritz Lang, dem Meister des expressionistischen Films, *Dr. Mabuse* (1922), *Nibelungen* (1924) mit Margarethe ↑Schön und *Metropolis* (1927). Für die Lang-Filme hatte Thea von Harbou die Drehbücher geschrieben; sie war die erfolgreichste und bestbezahlte Drehbuchautorin der Weimarer Republik.

Die Alhambra-Lichtspiele dagegen erlangten ihren Ruhm als Stätte neuer kinematographischer Technik: Hier, am Kurfürstendamm 68, erlebte der Tonfilm am 17. September 1922 seine Welturaufführung. Damals, in der Blütezeit des Stummfilms, hatten die Filmproduzenten jedoch noch kein Interesse an der bahnbrechenden Erfindung der Ingenieure Vogt, Engl und Massolle bzw. unterschätzten die Bedeutung des Tonfilms, der erst 1929 via Hollywood in Deutschland populär wurde.

Neben den Theatern und Kinos entstanden nach Pariser Vorbild ab der Jahrhundertwende und besonders in der Weimarer Republik auch Kabaretts und Revuen wie Sand am Meer. Die Gegend rund um den Kurfürstendamm entwickelte sich zu einer Hochburg der „zehnten Muse" – Experimentier- und Betätigungsfeld für zahlreiche Schauspielerinnen, Chanteusen, Tänzerinnen etc. und solche, die es werden wollten. Seitdem die polizeiliche Vorzensur abgeschafft worden war, war alles erlaubt, und das Kabarett wurde zu einem Forum der Auseinandersetzung mit der durch Krieg und Revolution erschütterten Gesellschaftsordnung – oder zum Amüsierbetrieb, in dem die „Girls" frivole Chansons darboten.

Nach 1918 wagten sich zwei Frauen an die Gründung eigener Bühnen, die zu den bedeutendsten der 20er Jahre zählen sollten (bis ihnen die Inflation ein Ende bereitete). 1920 eröffnete Rosa ↑Valetti am Kurfürstendamm das Cabaret Größenwahn, und wenig später, 1921, folgte ihr Trude ↑Hesterberg mit ihrer Wilden Bühne in der Kantstraße. Prominente Autoren wie Kurt Tucholsky, Walter Mehring und Erich Kästner lieferten zeitkritisch-satirische Texte, die von Komponisten wie Friedrich Hollaender und Mischa Spoliansky vertont wurden.

Zu den namhaften Kabaretts gehörten außerdem das von Kurt Robitschek geleitete Kabarett der Komiker in der Kantstraße (später am Kurfürstendamm 156) und das Nelson-Theater. Es wurde 1912 von Rudolf Nelson, einem bekannten Komponisten und Pianisten, und seiner Frau, der Kabarettistin Käthe Erlholz, am Kurfürstendamm 217 eröffnet, wo sich seit 1934 das Astor-Kino befindet. Hier gaben nicht nur alle Größen des Showgeschäfts Gastspiele (darunter Marlene Dietrich, die Grotesktänzerin Anita Berber und Claire Waldoff), sondern hier traten auch die Nackttänzerinnen Celly de Rheydt und 1926 Josephine Baker auf, die einen neuen Tanz, den Charleston, mitbrachte.

Die Cafés – insbesondere das Romanische gegenüber der Gedächtniskirche, wo sich u. a. Elisabeth Bergner, Anita Berber, Asta Nielsen und Tilla Durieux trafen – erhöhten noch die Attraktivität dieses Stadtteils für Schauspieler und Schauspielerinnen, denn die Kaffeehäuser waren natürlich auch Treffpunkt der Theater- und Kinoleute. Hier wurden Kontrakte geschlossen oder Verbindungen geknüpft, Tips gegeben oder Drehbücher besprochen. Sehen und vor allem gesehen werden lautete das Motto. Manche wartete wohl sehnsüchtig darauf, „entdeckt" und engagiert zu werden, denn die Konkurrenz war groß. Treffpunkt für die Prominenz von Bühne und Film war auch der Deutsche Bühnenklub, der 1926 sein Domizil Unter den Linden verließ und sich am Kurfürstendamm/Ecke Joachimstaler Straße niederließ.

Der Zugang zur beruflichen Ausbildung als Schauspielerin stand prinzipiell allen Frauen offen – vorausgesetzt, sie bestanden die Eignungsprüfung, konnten den Unterricht an einer privaten Schauspielschule, z. B. der von Lucie ↑Höflich und Ilka Grüning oder

Max Reinhardt, bezahlen und den Widerstand der Eltern überwinden, denen die Schauspielerei häufig noch als „brotlose Kunst" und als anrüchig galt. Darüber hinaus existierte seit 1923 unter Leitung von Leopold Jessner eine Staatliche Schauspielschule, die zum 1. Oktober 1925 den Unterrichtsbetrieb aufnahm und der Hochschule für Musik in der Fasanenstraße angegliedert war. Dort waren u. a. Lucie Höflich und Tilla Durieux als Lehrerinnen tätig. Allerdings mußte die Schule bereits am 1. Oktober 1932 aufgrund der Wirtschaftskrise wieder schließen.

Der Nationalsozialismus brachte nach 1933 das ungewöhnlich reiche und vielfältige Berliner Kulturleben durch „Gleichschaltung" und Antisemitismus fast zum Erliegen. Zahlreiche politisch nicht genehme bzw. als „nichtarisch" diskriminierte Film- und Theaterschaffende (darunter Lilli ↑Palmer) verloren ihr Engagement, mußten (wie bspw. Rosa Valetti) emigrieren oder wurden, falls ihnen dies nicht mehr gelang, umgebracht. Durch die Errichtung der Goebbels unterstehenden Reichskulturkammer am 15. November 1933 wurden nur noch politisch zuverlässige Mitarbeiter „arischer" Herkunft geduldet. Bis zur kriegsbedingten Schließung aller Theater im September 1944 wurden die Spielpläne nach „völkischen" Gesichtspunkten überwacht. Bereits im März 1933 wurde etwa Else Lasker-Schülers Stück *Arthur Aronymus und seine Väter*, das im Schiller Theater seine Uraufführung erleben sollte, noch vor der Generalprobe von den Nationalsozialisten abgesetzt. Drei Jahre später wurde es in Zürich uraufgeführt. Alles, was den Nazis als jüdisch galt, durfte allenfalls im Jüdischen Kulturbund und unter immer schärferen Auflagen ein Ghettodasein fristen, bis auch die Arbeit dieser Organisation im September 1941 unmöglich gemacht wurde.

Nun wurde die Idee des Massen- und Totaltheaters für propagandistische Zwecke („Kraft durch Freude") umgesetzt. Ähnliches galt auch für den Film bzw. die Kinos, z. B. den UFA-Palast. Dort lief u. a. 1935 Leni Riefenstahls Parteitagsfilm *Triumph des Willens*. Ab Herbst 1939 zeigte man kriegsverherrlichende Wochenschauen, und 1940 wurden radikale antisemitische Hetzfilme wie *Jud Süß* des NS-Hofregisseurs Veit Harlan oder *Der ewige Jude* von Fritz Hippler uraufgeführt.   *(CS)*

Bahn, Roma, verh. Martin, verh. Häring
Schauspielerin • 30. 10. 1896 Berlin–11. 1. 1975 Bonn •
Kantstraße 10: 1934–1938; Mommsenstraße 41: 1939 – ca. 1954

Als Polly ging sie 1928, bei der Uraufführung von Brechts *Dreigro-schenoper*, in die Theatergeschichte ein. Allerdings hatte die eigen-willige Charakterdarstellerin schon früher ihr Talent unter Beweis gestellt – zunächst gegen den Willen ihrer Eltern. Paul Bahn, ein Rechtsanwalt, und seine polnische Frau Marga, geb. Dyllon, konn-ten nicht verhindern, daß B. das Lyzeum verließ und statt dessen Reinhardts Schauspielschule absolvierte. Nachdem sie Bühnener-fahrungen in Frankfurt a. M. und Hamburg gesammelt hatte, holte Max Reinhardt sie an sein Deutsches Theater. B. gehörte, wie es in einem Nachruf heißt, zu den jungen realistischen Schauspielerin-nen, „die das Ordinäre und Zynische nicht scheuten und das Wagnis liebten". Sie war an das moderne Theater gebunden, nicht zuletzt durch Karl Heinz Martin, ihren ersten Ehemann, der einer der führenden Regisseure des Expressionismus war und mehrere Thea-ter leitete (1919 gründete er Die Tribüne am Ernst-Reuter-Platz). B.s Repertoire reichte von Shaw zu Ibsen, Strindberg und Wede-kind, und, nach dem Zweiten Weltkrieg, von Sartre zu Dürrenmatt, Lorca, Frisch und Cocteau. Nach 1932 wirkte sie auch in zahl-reichen Tonfilmen mit. Von 1945 bis 1951 war sie Mitglied des Hebbel-Theaters, wo sie auch lehrte. Anschließend gehörte sie dem Ensemble des Schiller- und Schloßpark-Theaters an. Dort stand sie 1959 u. a. in Giradoux' *Die Irre von Chaillot* auf der Bühne, zu-sammen mit Käte ↑Haack. Im Alter bekam sie nicht immer die ihr gebührenden Aufgaben, was zu ihrem Abschied von Berlin um 1960 beigetragen haben mag. An Ehrungen fehlte es dennoch nicht: 1964, anläßlich ihres 50jährigen Bühnenjubiläums, ernannte sie der Berliner Senat zur Staatsschauspielerin, und ein Jahr später wurde sie mit dem Bundesverdienstkreuzes 1. Klasse ausgezeich-net.   *(CS)*

Lit.: *Frankfurter Allgemeine Zeitung* vom 19. 1. 1975.

Crelinger, Auguste, geb. Düring, verh. Stich
Schauspielerin • 7. 10. 1795 Berlin–11. 4. 1865 Berlin •
Hardenbergstraße 36: um 1830–1865

Die Tochter des Uhrmachers Johann Christian Düring und seiner
Frau Friederike Sophie, geb. Tilly, begann ihre Bühnenlaufbahn bei
dem Berliner Liebhabertheater Urania. Hier sah der Theaterdirektor August Wilhelm Iffland die begabte Anfängerin und engagierte
sie 1812 an das Königliche Schauspielhaus am Gendarmenmarkt.
Unter seiner Regie entwickelte sie sich bald zu einer der bedeutendsten Schauspielerinnen ihrer Zeit, die auf Gastspielen in Wien und
München ebenso gefeiert wurde wie in Paris und St. Petersburg.
Iphigenie, Antigone, Lady Macbeth und Medea – das waren die an-
gestammten Rollen dieser Heroine. „Ihr Spiel ging weniger darauf
aus, die Leidenschaften der Zuschauer zu erregen, als die Schönheit
der Dichtung in leibhaftiger, klassischer Gestaltung auszuprägen.
Die gerade, strenge Linie gefiel ihr besser als der kunstreiche Schnör-
kel", heißt es in einer Würdigung. C. war nicht nur eine gefeierte
Schauspielerin – aus Anlaß ihres 50jährigen Bühnenjubiläums
wurde sie 1862 vom Hof mit der goldenen Medaille für Kunst und
Wissenschaft geehrt –, sondern sie galt auch als skandalumwittert.
1817 hatte sie den Schauspieler Wilhelm Stich geheiratet, der in
einem Konflikt mit dem Grafen Blücher, mit dem ihn, wie er glaubte,
seine Frau betrog, schwer verwundet wurde und bald darauf starb.
Aus dieser Ehe hatte C. zwei Töchter, Bertha und Clara, die ebenfalls Schauspielerinnen wurden. 1827 heiratete sie den wohlhabenden Bankier Otto Crelinger, der ihr die Charlottenburger Villa am
heutigen Ernst-Reuter-Platz als Sommerhaus bauen ließ. Der
Volksmund behauptete, die um 1830 aufgekommene Platzbezeich-
nung „Am Knie", die dann offiziell bis 1953 galt, ginge auf das entsprechende Gelenk der schönen Schauspielerin zurück.   *(CS)*

Lit.: *Neue Deutsche Biographie* Bd. 3, Berlin 1957.

Durieux, Tilla (Ottilie), d. i. Godeffroy, verh. Spiro, verh. Cassirer, verh. Katzenellenbogen *Kaiserin-Augusta-Allee 5*

Schauspielerin • 18. 8. 1880 Wien – 21. 2. 1971 Berlin (West) •
Bleibtreustraße 24: ca. 1955–1966; Bleibtreustraße 15: 1966 –1971
(Gedenktafel)

„Zur Bühne wollen ist ein Ding, der Weg dahin ein anderes." Daß D.,
die sich selbst als „Fanatikerin des Theaters" bezeichnete, diesen
Weg erfolgreich meisterte, davon berichten nicht nur ihre Autobiographien. Aufgewachsen war sie in Wien, als einzige Tochter eines
hugenottischen Chemieprofessors und seiner Frau. Nach dem
frühen Tod des Vaters besuchte D. 1898 eine Theaterschule – gegen
den Willen der Mutter, die eine Laufbahn als Pianistin für standes-
gemäßer und schicklicher hielt. Nach Engagements in der Provinz –
auf Wunsch der Mutter legte sie sich ein Pseudonym zu – wurde D.
1903 bei Max Reinhardt in Berlin verpflichtet. Für das Publikum
und die Kritiker jener Zeit waren ihre unpathetische, realistische
Darstellungskunst und ihr herbes Äußeres ungewöhnlich. Dennoch
wurde sie bald zur gefeierten Schauspielerin, vor allem in Berlin.
In zweiter Ehe seit 1910 mit dem einflußreichen Kunsthändler und
Verleger Paul Cassirer verheiratet, war ihr Haus im Tiergartenviertel Treffpunkt für alle prominenten Kunstschaffenden, und vielen
von ihnen, darunter Liebermann, Corinth und Slevogt, saß D. selbst
Modell. Von 1926 bis 1928 war sie an der Staatlichen Schauspielschule in der Fasanenstraße als Dozentin tätig, und 1927 beteiligte
sie sich finanziell und künstlerisch an *der* innovativen Bühne jener
Zeit, Erwin Piscators Theater am Nollendorfplatz. Mit ihrem dritten Ehemann, dem jüdischen Großindustriellen Ludwig Katzenellenbogen, floh sie am 31. März 1933 via Prag und der Schweiz
nach Jugoslawien. Bis zum Beginn des Zweiten Weltkrieges spielte
sie auf Gastspieltourneen in vielen europäischen Ländern. Erfolglos
bemühte sich das Ehepaar um ein Visum für die USA. Nach der Be-
setzung Jugoslawiens durch die Wehrmacht 1941 wurde Katzenellenbogen verhaftet und deportiert; D. tauchte unter und schloß sich
der kroatischen Widerstandsbewegung an. Als Näherin an einem
Puppentheater hielt sie sich nach dem Krieg über Wasser. Ihre Ein-
drücke beschrieb sie in dem Stück *Zagreb 1945*, das 1946 in der

Schweiz uraufgeführt wurde. Nach 19 Jahren in der Emigration kehrte D. erstmals 1952 wieder nach Berlin zurück. Hier gelang ihr ein Comeback, und so stand sie erneut bis ins hohe Alter auf der Bühne und wirkte auch in über 30 Filmen mit. Sie erhielt mehrere Auszeichnungen, darunter das Große Bundesverdienstkreuz. Die Schauspielerin, die die Theatergeschichte und den Darstellungsstil des 20. Jahrhunderts wesentlich mitbestimmte und -prägte, wurde auf dem Charlottenburger Friedhof Heerstraße beerdigt.   *(CS)*

Lit.: Durieux, Tilla: *Meine ersten neunzig Jahre. Erinnerungen*, München, Berlin 1971; Freydank, Ruth: *Tilla Durieux*. In: Hülsbergen, Henrike (Hrsg.): *Stadtbild und Frauenleben. Berlin im Spiegel von 16 Frauenporträts*, Berlin 1997, S. 315–334. • Nachlaß: Akademie der Künste Berlin-Brandenburg

Haack, Käte, verh. Schroth

Schauspielerin • 11. 8. 1897 Charlottenburg – 5. 5. 1986 Berlin (West) • Grolmanstraße 18: 1897–1910; Mommsenstraße 53/54: 1916–1933

„Sie ist eine Meisterin in der schweren Kunst des Leichten", lobte der Theaterkritiker Friedrich Luft eine Darstellerin, die fast ein halbes Jahrhundert auf den Bühnen dieser Stadt gestanden hat. Als junges Mädchen aus gutem Hause – der Vater Carl Haack war ein wohlhabender Tuchkaufmann – besuchte sie ein vornehmes Privatlyzeum in der Berliner Straße (heute Otto-Suhr-Allee). Unterstützt von der Mutter Sophie Margarethe, geb. Jahn, nahm H. trotz der väterlichen Vorbehalte gegen die Schauspielerei früh dramatischen Unterricht und ging 1914 als „Naive" in ihr erstes Engagement an das Göttinger Stadttheater. Bereits ein halbes Jahr später nahm Victor Barnowsky sie fürs Lessing-Theater unter Vertrag, wo sie u. a. zusammen mit ihrem späteren Ehemann Heinrich Schroth spielte. Bald stand sie auch auf anderen Berliner Bühnen, wie der Tribüne, dem Theater am Kurfürstendamm und Max Reinhardts Deutschem Theater. Ab 1934 spielte H., die in der NS-Zeit persönlich nicht gefährdet war, unter Gustaf Gründgens am Staatstheater. Bereits 1915 debütierte sie vor der Kamera und wirkte in über 100 Stumm- und

Tonfilmen mit. So spielte sie neben Asta ↑ Nielsen in *Hedda Gabler*
(1925) und unter der Regie von Thea von Harbou in der Haupt-
mann-Verfilmung *Hanneles Himmelfahrt* (1934). Allerdings, so
stellte H. in ihrer Autobiographie fest, habe sie im Film „nie eine
Traumrolle gehabt". Daß sie, die schon früh auf die „guten blonden
Mütterrollen" festgelegt wurde, eine vielseitige Interpretin ver-
schiedener Charaktere und Typen war, zeigt ihre Nachkriegslauf-
bahn – in Stücken mit literarischem Anspruch trat sie ebenso auf
wie als „komische Alte" in Komödien und Lustspielen. Rund tau-
sendmal stand sie als Mrs. Higgins in *My Fair Lady* auf der Bühne,
und in Giradoux' *Irrer von Chaillot* wetteiferte sie mit Roma ↑ Bahn
im neuen Schiller Theater. Immer war die 1967 mit dem Titel einer
Staatsschauspielerin geehrte Darstellerin ein geschätztes Ensemblemitglied. „Sie war nie ein Star", schrieb Friedrich Luft zu ihrem
85. Geburtstag. „Sie hat ihre Wunder immer in sog. Nebenrollen
bewirkt. Auf sie war Verlaß." H. ist zusammen mit ihrer Tochter
Hannelore Schroth (1922–1987), die ebenfalls Schauspielerin war,
auf dem Friedhof Heerstraße beigesetzt.   *(CS)*

Lit.: Haack, Käte: *In Berlin und anderswo. Erinnerungen*, München, Berlin 1971.

Harvey, Lilian, d. i. Pape, verh. Valeur-Larsen
Schauspielerin • 19. 1. 1906 London – 27. 7. 1968 Cap d'Antibes
(Frankreich) • Ahornallee 17: um 1930–1933/34

Als „blonder Traum" machte sie in den 20er und 30er Jahren Karriere und wurde zum umjubelten Star des Unterhaltungsfilms, besonders der operettenhaften, musikalischen Komödie. Das „süßeste
Mädel der Welt", Tochter einer Engländerin, Ethel, geb. Laughton,
und des deutschen Kaufmanns Walter Pape, war 1914 von London
nach Deutschland gekommen. Noch während ihrer Schulzeit in
Berlin-Friedenau nahm sie heimlich Ballettunterricht, und nach
dem Abitur 1923 tanzte sie als Girl in Budapester und Wiener Revuen – unter dem Mädchennamen ihrer Großmutter, den sie fortan
beibehielt. Bei den Revuen wurde sie für den Film entdeckt, und
obwohl H. keine schauspielerische Ausbildung besaß, häuften sich

bald die Angebote. Ihre Vorzüge waren die Körpersprache, die sie als Tänzerin gelernt hatte, waren Melodie und Rhythmus ihrer Bewegungen. In den Unterhaltungsfilmen des Regisseurs Richard Eichberg verkörperte sie das Image der verspielt-koketten jugendlichen Naiven. Ab 1928 unter Vertrag bei der UFA, spielte sie in zahlreichen Produktionen der „Traumfabrik"; zu den erfolgreichsten gehörten *Liebeswalzer*, *Die drei von der Tankstelle* und *Der Kongreß tanzt*, in denen sie und Willy Fritsch zum Traumpaar des deutschen Films wurden. Nach einem künstlerisch – nicht politisch – bedingten Abstecher in die USA kehrte sie 1935 wieder nach Berlin zurück und spielte in weiteren UFA-Produktionen mit, doch es gelang ihr nicht, sich in ernsthafteren Rollen zu behaupten. 1939 verließ sie Deutschland erneut und ging nach Hollywood. Dort engagierte sie sich während des Krieges als Schwesternhelferin, da sie es ablehnte, in kleinen Nebenrollen aufzutreten. 1943 wurde ihr die deutsche Staatsangehörigkeit, die sie neben der britischen besaß, aberkannt, und ihr Vermögen wurde wegen angeblicher „Volks- und Staatsfeindlichkeit" von den Nazis eingezogen. 1946 kehrte sie nach Europa und 1949 nach Deutschland zurück, doch nach dem Krieg konnte sie keinen einzigen Film mehr realisieren. Statt dessen ging sie mit Gastspielen an kleinen Bühnen auf Tournee.   *(CS)*

Lit.; Habich, Christiane (Hrsg.): *Lilian Harvey*, Berlin 1990. • Nachlaß: Deutsches Filmmuseum Frankfurt a. M.

Hesterberg, Trude (Gertrud), verh. Schönherr
Sängerin, Kabarettistin • 2. 5. 1892 Berlin – 31. 8. 1967 München • Kaiser-Friedrich-Straße 54: um 1897 – ca. 1912; Reichsstraße 46: 1936–1938

Die von klein auf musikbegeisterte H. studierte nach dem Besuch einer höheren Töchterschule in Charlottenburg am Sternschen Konservatorium Operngesang – zunächst gegen den Willen des Vaters Wilhelm H., eines Kaufmanns und Drogisten, während die Mutter Emilie, geb. Freund, ihre Tochter unterstützte. 1912 debütierte H. als Elevin an Reinhardts Deutschem Theater und wirkte dann vor

allem in Operetten mit. Ihr erster kabarettistischer Auftritt war 1914,
als im Ersten Weltkrieg die Theater geschlossen wurden. 1919
sprang sie für die erkrankte Gussy Holl in Reinhardts neuem Kabarett Schall und Rauch ein und fand so zum literarischen Chanson.
Bald konnte sich H. ihren Traum vom eigenen Kabarett erfüllen:
Am 15. September 1921 eröffnete die 29jährige mit geborgtem Ka-
pital im Keller des Theaters des Westens in der Kantstraße 12 die
Wilde Bühne, die, wie sie selbst fand, „frechste Plattform für
scharfe Zeitkritik, für die Auseinandersetzung mit allen politischen
und sozialen Problemen jener Zeit". Nach Rosa ↑Valetti, die 1920
das Cabaret Größenwahn eröffnet hatte, war H. die zweite Berlinerin, die versuchte, das literarisch-politische Kabarett in Berlin heimisch zu machen – im Gegensatz zu dem reinen Vergnügungs-
rummel, den zahlreiche andere Kleinkunstbühnen zu dieser Zeit
lieferten. Namhafte Autoren wie Kurt Tucholsky, Walter Mehring,
Marcellus Schiffer und Erich Kästner schrieben Chansons, die das
Tagesgeschehen aufs Korn nahmen. Vertont wurden ihre Lieder
von Werner R. Heymann, Mischa Spoliansky und Friedrich Hollaender. Neben H. selbst traten u. a. Kate ↑Kühl, Margo Lion, Annemarie Hase, Joachim Ringelnatz und der Komiker Wilhelm Bendow
auf. Als jedoch 1923, in der Inflationszeit, das Lokal ausbrannte,
fehlten die Mittel, um die Wilde Bühne weiterzuführen. Anschließend spielte und sang H. erneut in zahlreichen Operetten und Revuen und wurde Nachfolgerin der legendären Fritzi ↑Massary als
„Lustige Witwe". 1931 begeisterte sie als Witwe Begbick in der
Oper *Mahagonny* von Weill und Brecht. Ihr Ende 1933 eröffnetes
Kabarett Die Musenschaukel wurde bald von den Nazis geschlossen. Zu Beginn des Krieges zog H. sich nach Bayern zurück, wo sie
bis zu ihrem Tod lebte. Nach dem Krieg wechselte sie ins „ältere
Fach" und spielte spitzzüngige Damen für Film, Fernsehen und
Theater. 1963 erhielt sie den Bundesfilmpreis. Ihre große Zeit wa-
ren jedoch die 20er Jahren gewesen. „Sie sang, sie schmetterte, sie
säuselte die schärfsten Lieder der Zeit … Gab es je eine Wiederge-
burt der begnadeten Yvette Guilbert, sie war es!", lobte Friedrich
Hollaender in seinen Erinnerungen *Von Kopf bis Fuß.*   *(CS)*

Lit.: Hesterberg, Trude: *Was ich noch sagen wollte … Autobiographische Aufzeichnungen*, Berlin 1971.

Höflich, Lucie, d. i. von Holwede, verh. Meyer,
verh. Jannings

Schauspielerin • 20. 2. 1883 Hannover – 9. 10. 1956 Berlin (West) •
Kantstraße 40: um 1904/05; Olivaer Platz 7: 1935–1945

Mehr als ein halbes Jahrhundert stand H. auf Berliner Bühnen; sie
zählt zu den bedeutendsten Tragödinnen. Obwohl der Vater Georg
Höflich selbst Schauspieler war, mußte die junge Lucie ihr Elternhaus in Hannover verlassen, um ihrem Berufswunsch nachgehen zu
können. Ohne je eine Schauspielschule besucht zu haben, bekam H.
durch einen Agenten bereits mit 16 Jahren erste Engagements in
Nürnberg und Wien. 1903 kam sie nach Berlin, wo ihre schauspielerische Entwicklung und Karriere am Deutschen Theater unter
Max Reinhardts Regie begann. Sie spielte zunächst sentimentale
Rollen und erlebte den Höhepunkt ihres Ruhms in realistischen und
naturalistischen Charakterrollen, vor allem in Gerhart Hauptmanns
Dramen. Ab 1919 war H. am Preußischen Staatstheater und an verschiedenen Berliner und Charlottenburger Bühnen engagiert, darunter der Tribüne, dem Renaissance-Theater und dem Theater am
Kurfürstendamm. Auch als Lehrerin machte sie sich einen Namen:
Zusammen mit Ilka Grüning führte sie eine private Schauspielschule (Lilli ↑Palmer gehörte zu ihren Schülerinnen). 1933/34 leitete sie die Staatliche Schauspielschule in Berlin, unterhielt bis
1936 ein eigenes Studio für den Schauspielnachwuchs an der Volksbühne und war – 1937 zur Staatsschauspielerin ernannt – bis 1944
an verschiedenen Berliner Theatern tätig. Auch im Stumm- und im
Tonfilm wirkte sie mit, u. a. in *Die Ratten*, neben ihrem zweiten
Ehemann Emil Jannings. Von 1946 bis 1949 leitete sie das Schwe-
riner Staatstheater und wurde dann an den West-Berliner Bühnen
unter Boleslaw Barlog engagiert. Die Schauspielerin, die 1947 mit
dem Professortitel und 1953 mit dem Bundesverdienstkreuz ausgezeichnet wurde, stand bis kurz vor ihrem Tod auf den Brettern, die
ihr die Welt bedeuteten.   *(CS)*

Lit.: Bier, Marcus: *Schauspielerportraits um Max Reinhardt*, Berlin 1989,
S. 108–112.

Kühl, Kate (Elfriede Katharina), geb. Nehrhaupt

Kabarettistin, Schauspielerin • 16. 12. 1894 Köln – 29. 1. 1970
Berlin (West) • Westendallee 63: 1937–1940; Westendallee 64:
1941 – mind. 1943; Altenburger Allee 19: um 1960

Mal singen, Leute! bezeichnete K. als ihr liebstes – von Tucholsky
stammendes – Chanson. Und singen war früh schon ihr Metier:
Nach dem Besuch einer höheren Töchterschule nahm sie Gesangs-
und Schauspielunterricht. In Berlin wurde die Tochter eines Tier-
arztes von Rosa ↑Valetti für ihr 1922 eröffnetes Kabarett Rampe
entdeckt. Dort gab K. u. a. die eigens für sie geschriebenen Songs
von Tucholsky zum besten. Kurz darauf folgten Auftritte in Trude
↑Hesterbergs Wilder Bühne nahe dem Bahnhof Zoo. 1927 sang sie
in der Piscator-Inszenierung von Ernst Tollers *Hoppla – wir leben!*
Chansons von Walter Mehring, und ein Jahr später die Lucy in der
Uraufführung von Brechts *Dreigroschenoper*. Neben Auftritten als
Bühnenschauspielerin wirkte K. in verschiedenen Kabaretts mit, so
in der Katakombe von Werner Finck oder im Larifari, einem in verschiedenen Häusern gastierenden politisch-satirischen Kabarett von
Rosa Valetti. So bekannte Autoren wie Erich Kästner oder Joachim
Ringelnatz schrieben für sie. In der NS-Zeit schlug sie sich als Land-
funksprecherin am Reichssender Berlin durch und wirkte in mehreren Filmen mit. K., die ihre Glanzzeit in den 20er Jahren hatte und
zu den großen Interpretinnen des politisch-literarischen Chansons
gehörte, wurde in den 60er Jahren durch Schallplattenaufnahmen
auch einem jüngeren Publikum bekannt.　　　　　　　*(CS)*

Lit.: Budzinski, Klaus/ Hippen, Reinhard: *Metzler Kabarett Lexikon*, Stuttgart
1996. • Nachlaß: Akademie der Künste Berlin-Brandenburg

Nielsen, Asta, verh. Gad, verh. Wingaardh, verh. Theede

Schauspielerin • 11. 9. 1881 Kopenhagen – 24. 5. 1972 Kopenhagen • Fasanenstraße 69: 1931–1937 (Gedenktafel)

„Senkt die Fahnen vor ihr, denn sie ist unvergleichlich und uner-
reicht", schrieb der Filmkritiker Béla Balázs 1924 voller Bewunde-

rung über die gebürtige Dänin, die die Entwicklung des deutschen Films entscheidend beeinflußt hat. Aufgewachsen war N. als Tochter des Arbeiters Jens Christian Nielsen in Malmö und Kopenhagen. Nach dem frühen Tod des Vaters mußte die Mutter Ida Frederikke, geb. Petersen, sich und ihre beiden Töchter als Putzfrau durchbringen. Schon als Kind fühlte sich Asta zum Theater hingezogen, und dank eines Stipendiums konnte sie die Königliche Schauspielschule in Kopenhagen besuchen. Noch während ihres Engagements am Neuen Theater trat sie 1910 erstmals vor die Kamera. *Abgründe* war der erste künstlerische Film überhaupt – und für N. der Beginn einer großen Karriere als Stummfilmstar, die sie ab 1911 in Berlin fortsetzte. Aufgrund ihrer enormen Ausdrucks- und Wandlungsfähigkeit gelangte sie in meist zwiespältig-dämonischen Rollen zu Weltruhm, so in den beiden Strindberg-Filmen *Rausch* (1919) und *Fräulein Julie* (1922) oder in *Die freudlose Gasse* (1925) von G. W. Pabst. Besonderes Aufsehen erregte sie, als sie in *Hamlet* (1920) die Hauptrolle spielte. Ihr eigens dafür kreierter Bubikopf wurde zur meistkopierten Frisur Anfang der 20er Jahre und avancierte zum Symbol emanzipierter Frauen. Enttäuscht von der Filmindustrie und der mangelnden Qualität der angebotenen Rollen, kehrte N. um 1925 zur Bühne zurück. Der Beginn der Tonfilmära und die Machtübernahme der Nationalsozialisten, denen sie ablehnend gegenüberstand, bedeutete nach 70 Filmen in 22 Jahren das Ende ihrer Karriere. Zudem entsprach die schlanke N. mit den schwarzen Haaren und den großen dunklen Augen nicht dem von den Nazis hofierten Frauentyp, den etwa Henny ↑Porten verkörperte. 1937 verließ sie Berlin, wo sie seit 1912 gelebt hatte, und kehrte nach Dänemark zurück. Dort lebte sie völlig zurückgezogen, las gelegentlich fürs Radio oder schrieb für Zeitungen. Erst mit 86 Jahren stand sie noch einmal vor der Kamera, als sie in eigener Regie einen Film über ihr Leben drehte. Tief verzweifelt über den Selbstmord ihrer Tochter Jesta 1964, die stets im Mittelpunkt ihres Privatlebens stand, fand N. erst in der Liebe zu dem Kunsthändler Christian Theede, den sie 1970, im Alter von 88 Jahren heiratete, ein spätes Glück. *(CS)*

Lit.: Nielsen, Asta: *Die schweigsame Muse. Lebenserinnerungen*, Berlin 1977; Seydel, Renate/ Hagedorff, Allan (Hrsg.): *Asta Nielsen. Ihr Leben in Fotodoku-*

menten, Selbstzeugnissen und zeitgenössischen Betrachtungen, München 1981;
Dalichow, Bärbel/ Hagedorff, Allan (Hrsg.): *Liebe mit achtzig. Asta Nielsen-Christian Theede. Briefe*, Berlin 1997.

Palmer, Lilli, d. i. Peiser, verh. Harrison, verh. Thompson

Schauspielerin, Schriftstellerin • 24. 5. 1914 Posen (heute Poznan/
Polen) – 27. 1. 1986 Los Angeles • Hölderlinstraße 11: 1917–1932
(Gedenktafel, im selben Haus wohnte 1911/12 Margarete ↑Susman
und später, Anfang der 30er Jahre, der Fotograf Erich Salomon)

„Wenn ich tot bin, wird sicherlich viel dummes Zeug über mich ge-
quatscht werden. Am liebsten aber wäre es mir, wenn man sich an
mich als einen Menschen erinnern würde, der ein interessantes Leben führte." Letzteres konnte die international bekannte Schauspielerin mit Fug und Recht behaupten. Sie war die zweite Tochter des
Posener Chirurgen Dr. Alfred Peiser und seiner Frau Rose, geb. Liss-
mann, die bis zu ihrer Heirat am Breslauer Theater spielte. 1917 zogen Peisers nach Westend. P. ging zunächst auf die Waldschule in
der Heerstraße und besuchte daneben schon im Alter von 16 Jahren
die Schauspielschule von Lucie ↑Höflich und Ilka Grüning. Nach
dem Abitur bekam sie 1932 ihr erstes – und für lange Zeit letztes –
Engagement an einer deutschen Bühne. Als sie 1933 wegen antise-
mitischer Angriffe das Darmstädter Landestheater verlassen mußte,
entschloß sie sich zur Emigration. In Paris und London begann der
zermürbende Kampf um Arbeitserlaubnisse und Aufenthaltsge-
nehmigungen, bis P. schließlich für den Film entdeckt wurde. Ihre
Karriere führte sie 1945 nach Hollywood, wo sie sich – zusammen
mit ihrem ersten Ehemann, dem britischen Schauspieler Rex Harrison – schnell durchsetzen konnte. Auch am Broadway war sie erfolgreich und stand häufig mit Harrison gemeinsam auf der Bühne,
z. B. in *Das Himmelbett*. Trotz persönlicher Bedenken willigte sie
1953 in die Mitarbeit an einer deutschen Filmproduktion ein und
kam nach 20 Jahren erstmals wieder nach Deutschland. Mit weiteren Rollen – u. a. in *Anastasia* und *Mädchen in Uniform* – begann
eine zweite Karriere in der BRD und Europa. P., die u. a. zwei Bun-
desfilmpreise erhielt, wurde als kluge und talentierte Schauspiele-

rin gefeiert, aber auch als Malerin fand sie Beachtung (1965 Ausstellung in London). In den 70er und 80er Jahren schrieb sie mehrere Romane sowie die Autobiographien *Dicke Lilli – gutes Kind*
und *Der rote Rabe*, die Bestseller wurden.   *(CS)*

Lit.: Huebner, Michael O.: *Lilli Palmer. Ihre Filme – ihr Leben*, München 1986;
Mittag, Gabriele: *Schwesternreise ins Exil*. In: Raabe, Katharina (Hrsg.): *Deutsche Schwestern*, Berlin 1997.

Porten, Henny, verh. Stark, verh. von Kaufmann

Schauspielerin • 7. 1. 1890 Magdeburg – 15. 10. 1960 Berlin
(West) • Sachsenplatz (heute Brixplatz) 10: 1935–1944;
Württembergallee 28: 1957–1960

P. war dabei, als der Film geboren wurde, und ihr Aufstieg zum Star
verlief parallel zu dem des neuen Mediums. Durch ihren Vater, den
Opernsänger und Regisseur Franz Porten, hatte die junge Henny
schon früh Kontakt zum Theater, ohne jedoch eine Bühnenlaufbahn
einzuschlagen. Nach dem Besuch einer höheren Töchterschule in
Moabit – die Familie lebte seit 1895 in Berlin – trat P. ab 1906 in den
von ihrem Vater produzierten Tonbildern (pantomimische Illustrationen zu Opern- oder Operettenszenarien) auf. Ohne je Schauspielunterricht bekommen zu haben, gelang ihr bald der Durchbruch
beim Stummfilm, und um 1930 beim Tonfilm. Auch wenn die we-
nigsten der 200 Filme, in denen sie mitspielte, zum Kanon tradierter
Filmkunst gehören, avancierte sie zu einem äußerst beliebten Star.
In ihren von Entsagung und Hingabe an einen Mann oder das Schicksal geprägten Rollen verkörperte sie das „Ewig-Weibliche". Zum
Inbegriff der mütterlichen deutschen Frau geworden, galt sie als
Antityp zum Vamp oder zur Femme fatale. Das war auch der Grund,
warum die Nationalsozialisten beharrlich um P. warben und sie
drängten, sich von ihrem zweiten Ehemann, dem jüdischen Arzt Dr.
Wilhelm von Kaufmann, den sie 1921 geheiratet hatte, zu trennen.
Doch trotz zahlreicher Schikanen blieb P. standhaft. Die Nationalsozialisten wagten es nicht, ihr ein Berufsverbot zu erteilen, doch
sie bekam immer weniger Rollenangebote. Pläne zu einer gemein-

samen Auswanderung konnten nicht realisiert werden. Nachdem
ihre Wohnung ausgebombt worden war, verließ das Ehepaar Berlin,
und nach 1945 übernahm v. Kaufmann, der nun wieder als Arzt
praktizieren durfte, eine Praxis in Ratzeburg in Schleswig-Holstein.
An ihre früheren Erfolge konnte P. nach dem Krieg nicht mehr anknüpfen; neben einigen Theaterauftritten spielte sie 1954/55 noch
in zwei DEFA-Produktionen mit – was ihr in Zeiten des Kalten Krieges von westlicher Seite angekreidet wurde. 1957 kehrte P. mit ihrem
Mann nach Berlin, ins Westend, zurück. Ihren Gedenkstein auf dem
Charlottenburger Friedhof am Fürstenbrunner Weg schmückt ein
Bronzerelief.   *(CS)*

Lit.: Belach, Helga: *Henny Porten. Der erste deutsche Filmstar 1890–1960*,
Berlin 1986.

Sandrock, Adele

Schauspielerin • 19. 8. 1864 Rotterdam – 30. 8. 1937 Berlin •
Leibnizstraße 60: 1905–1937

„Ich bin und bleibe die große Adele! Mein Name ist unsterblich,
das sehe ich – und das sagen alle!", schrieb S. nach einem Theater-
auftritt 1914 selbstbewußt an ihre Mutter. Ihr großer Erfolg als Charakterdarstellerin kam nicht von ungefähr. Bereits mit zwölf Jahren
stand Adele zum ersten Mal in einer kleinen Lustspielrolle auf der
Bühne – und eiferte so ihrer Mutter, der holländischen Schauspielerin Johanna Simonetta ten Hagen, nach. Mit 14 – die Familie war
inzwischen von Rotterdam zum Vater, dem preußischen Unterof-
fizier und Kaufmann Eduard Sandrock, nach Berlin übergesiedelt – wurde S. von der Schule entlassen. Sie erkämpfte sich ein
erstes Engagement beim Meininger Hoftheater und erhielt eine
Grundausbildung bei ihrer Mutter. Nach einigen Tourneen, die sie
bis nach Moskau und Budapest führten, begann 1889 mit einer Anstellung als Jugendlich-Sentimentale beim Deutschen Volkstheater
in Wien die eigentliche Karriere der Selfmade-Schauspielerin.
Durch die Echtheit ihres Spiels wurde sie zur ersten naturalistischen
Darstellerin des deutschen Theaters, und ihre erotische Ausstrah-

lung begeisterte das Publikum. 1895 wechselte S. ans renommierte Burgtheater, *das* Ziel aller Schauspielerinnen und Schauspieler, wo sie als Tragödin in vielen klassischen Dramen, z. B. als Maria Stuart, große Triumphe feierte. Auch im Privatleben brach sie mit den Traditionen, was zahlreiche Affären miteinschloß, u. a. mit Arthur Schnitzler, dem sie 1895 als Bühnenautor zum Durchbruch verhalf. Aufgrund von Differenzen mit dem Direktor Paul Schlenther verließ S. 1898 das Burgtheater und ging auf zahlreiche Gastspieltourneen – u. a. mit einer Hamlet-Parodie, die größte Sensation ihrer Theaterkarriere. Nach einem erneuten Engagement am Volkstheater folgte S., die mit ihrem Lohn stets ihre ganze Familie mit ernährte, einem Ruf Max Reinhardts ans Deutsche Theater nach Berlin. Begleitet wurde sie wie stets von ihrer Mutter und ihrer Schwester Wilhelmine, genannt Willy, die 1905 ihre eigene Laufbahn als Schauspielerin aufgegeben hatte, um ihrer „Dilly" den Haushalt in der herrschaftlichen Zehn-Zimmer-Wohnung in der Leibnizstraße zu führen. Nach Auseinandersetzungen mit Reinhardt verließ S. 1910 das Deutsche Theater. Nach Jahren ausbleibender Engagements wandte sie sich 1919 dem Film zu – und begann eine zweite Karriere im Rollenfach als komische Alte. Als ab 1930 im Tonfilm auch ihre einmalige Baßstimme zur Geltung kam, wurde sie ungeheuer populär. Sie drehte über 150 Filme, davon 80 Tonfilme, darunter *Der Kongreß tanzt* (zusammen mit Lilian ↑Harvey) und *Amphitryon* von Reinhold Schünzel. „Wenn ich mein Leben überdenke", resümierte sie, „freue ich mich stets, daß ich in meiner Kunst immer eine selbständig denkende Künstlerin war und geblieben bin."   *(CS)*

Lit.: Ahlemann, Jutta: *„Ich bleibe die große Adele". Die Sandrock*, Düsseldorf 1988.

Schön, Margarethe, geb. Semler, verh. Dinesen
Schauspielerin • 7. 4. 1895 Magdeburg – 26. 12. 1985 Berlin (West) • Westendallee 64: 1928–1985

Daß die junge Margarethe nach dem Besuch einer höheren Töchterschule Schauspielerin werden wollte, ist angesichts der Tatsache, daß beide Eltern diesen Beruf ausübten, nicht so verwunderlich. Sie erhielt Unterricht bei Hans Calm, einem Hofschauspieler, und trat 1912 ihr erstes Theaterengagement in Bromberg an. Über Pyrmont und Hannover kam sie 1918 an das damals noch Königliche Schauspielhaus Berlin und spielte dort – unter Leopold Jessner und Gustaf Gründgens – bis 1945 vornehmlich Charakter- und Mütterrollen. Ihren größten Ruhm erntete sie allerdings in dem Stummfilm *Nibelungen*, den Fritz Lang für die UFA drehte. Ihr Engagement als Kriemhild verdankte S. Thea von Harbou, die das Drehbuch geschrieben und sie zuvor in Gerhart Hauptmanns *Hanneles Himmelfahrt* gesehen hatte. Den Siegfried gab der als „Eisblock" verschriene Paul Richter. „Zum Glück gab es kaum Liebesszenen", meinte S. in einem Interview 1983 anläßlich einer Vorführung von Langs Film. Die Premiere im Frühjahr 1924 im UFA-Palast am Zoo war ein riesiger Erfolg, obwohl manche Kritiker dem Regisseur eine Verherrlichung „deutscher" Tugenden wie Kraft und Treue vorwarfen, während die nationalistische Presse den Film als germanisches Heldenepos feierte. Auch nach 1933 wirkte S. in zahlreichen Filmen mit, u. a. in *Münchhausen* (1941) und *Die Feuerzangenbowle* (1944), zusammen mit Heinz Rühmann.   *(CS)*

Lit.: *Berliner Morgenpost* vom 8. 11. 1983.

Tschechowa, Olga, geb. von Knipper, verh. Robyns

Schauspielerin • 26. 4. 1897 Alexandropol – 9. 3. 1980 München • Reichsstraße 2: 1932–1934; Kaiserdamm 74 (heute: Heerstraße 5): um 1935

T. wuchs in einer großbürgerlichen, zarentreuen Familie im Kaukasus und bei St. Petersburg auf. Ihr Vater, ein Ingenieur, dessen Vorfahren aus Deutschland stammten, wurde Eisenbahnminister des Zaren; ihr Onkel war der Dichter Anton Tschechow. Dessen Frau, die Schauspielerin Olga Knipper-Tschechowa, übte einen lebensbestimmenden Einfluß auf T. aus, die in Moskau die Schauspielschule des bekannten Regisseurs Konstantin Stanislawskij besuchte. Dort lernte sie ein natürliches, realistisches Spiel. Bereits mit 17 heiratete T. heimlich ihren Cousin, den Schauspieler Michail Tschechow. Nach dem Scheitern der Ehe mußte sie sich in den Wirren des Bürgerkrieges und der Revolution mit ihrer Tochter Ada durchschlagen. Um 1920 flüchtete sie nach Berlin, wo sie zunächst als Pressezeichnerin jobbte – bis sie auf einer Party den Regisseur Friedrich Murnau kennenlernte, der sie prompt für seinen Kriminalfilm *Schloß Vogelöd* (1921) engagierte. In den folgenden Jahren spielte sie in vielen Stummfilmen mit, nebenbei aber auch am Theater (u. a. an Ferdinand Bruckners Renaissance-Theater in der Hardenbergstraße), wobei sie häufig starke und verführerische Frauen verkörperte. In einem der letzten Stummfilme, *Der Narr seiner Liebe* (1930), führte T. Regie. In rund 200 Unterhaltungsfilmen wirkte sie mit, darunter in *Die Drei von der Tankstelle* (mit Lilian ↑Harvey) und den Willi-Forst-Filmen *Maskerade* und *Bel ami*, einem der wenigen deutschen Filme der NS-Zeit, der auch international Anerkennung fand. Nach Kriegsbeginn trat T., inzwischen zur Staatsschauspielerin ernannt, in zahlreichen Gastspielen vor deutschen Truppen auf. In zweiter Ehe war sie seit 1936 mit einem belgischen Industriellen verheiratet, doch ihr Mann ließ sich bald wieder scheiden, da T. ihre Arbeit und Unabhängigkeit nicht aufgeben wollte. Unterstützung erhielt sie vor allem von ihrer Mutter, die bis zu ihrem Tod bei ihr lebte. Bei Kriegsende wurde T. von den Sowjets nach Moskau verschleppt und dort über verschiedene NS-Größen, mit denen sie beruflich Kontakt gehabt hatte, verhört. Im Juli 1945 nach Berlin zurückgekehrt, gründete sie eine eigene Filmproduktion, die sich jedoch als Flop erwies. Mangels attraktiver Rollen für ältere Schauspielerinnen entschloß sie sich mit 60 Jahren zu einem Neuanfang: Sie zog nach München und machte sich als Kosmetikerin selbständig, wozu sie sich bereits in den 30er Jahren weitergebildet hatte. Nebenbei schrieb sie Bücher. Eines davon trägt den Titel: *Frauen ohne Alter*. Ihr glaubte man es.   *(CS)*

Lit.: Tschechowa, Olga: *Meine Uhren gehen anders*, München 1973.

Valetti, Rosa, d. i. Vallentin, verh. Roth

Schauspielerin, Kabarettistin ● 25. 1. 1876 Berlin–10. 12. 1937
Wien ● Kurfürstendamm 18 / 19 (Cabaret Größenwahn):
1920 – 1922; Kurfürstendamm 32 (Rampe): 1922–1924

Die Tochter eines wohlhabenden Fabrikbesitzers nahm bereits als
Mädchen heimlich Schauspielunterricht und trat auf Vorstadtbüh-
nen auf. Mit ihrem Ehemann, einem Pianisten, ging sie nach Paris
und lernte dort, wie man ein Chanson vorträgt. Nach Beendigung
ihrer kurzer Ehe zog sie nach Wien und trat dort am Theater auf.
1896 kehrte sie nach Berlin zurück und spielte ab 1898 an verschiedenen Bühnen Charakterrollen. Da sich ihre Vorstellungen vom Kabarett als literarisch-politischer Kunstform nicht in den zu dieser
Zeit vorherrschenden Animierunternehmen verwirklichen ließen,
gründete sie in den 20er Jahren mehrmals eigene Bühnen, so Ende
1920 das Cabaret Größenwahn über dem Café des Westens (das im
Volksmund Café Größenwahn hieß). Dort sang sie Chansons von
Aristide Bruant, Klabund, Walter Mehring und Kurt Tucholsky und
machte es zusammen mit ihrem Bruder, dem Schauspieler Hermann
Vallentin, zu einem der bemerkenswertesten Kabaretts der Zeit. Zu
ihren Entdeckungen gehörte u. a. Kate ↑Kühl, die in der Ende 1922
von V. gegründeten Rampe auftrat. Parallel zum Kabarett hat V. immer auch Theater gespielt; so verkörperte sie in der Uraufführung
von Brechts *Dreigroschenoper* (1928) die Mrs. Peachum. Von ihren
Filmrollen ist die Varietédirektorin Guste im *Blauen Engel* (1930)
die bekannteste. 1928 gründete sie erneut ein satirisches Kabarett
(ohne eigenes Haus), das Larifari, wo sie auch eigene Texte vortrug.
1933 mußte sie aufgrund ihrer jüdischen Herkunft Deutschland verlassen und ging nach Wien, wo sie – neben Gastspielen in Prag und
Palästina – bis zu ihrem Tod Theater spielte. V. war die ausdrucks-
stärkste und politisch kompromißloseste Chansoninterpretin der
20er Jahre. Claus Clauberg, ihr einstiger Hauskomponist, nannte sie
„eine Persönlichkeit von ungewöhnlichem Ausmaß, im Ernst wie
im Scherz, auf der Bühne, im Film wie im Kabarett". *(CS)*

Lit.: Bemmann, Helga: *Rosa Valetti*. In: Renken, Sabine (Hrsg.): *Chanteusen.
Stimmen der Großstadt*, Mannheim 1997, S. 43–49.

Werkmeister, Lotte, verh. Lukas

Sängerin, Kabarettistin • 26. 12. 1885 Berlin – 15. 7. 1970 Potsdam • Kaiserdamm 22: 1915 – 1937

W. war nicht zuletzt wegen ihres Berliner Mundwerks eine der beliebtesten Vertreterinnen der heiteren Muse und ein gefeierter Kabarettstar der Weimarer Republik. Aufgewachsen in Magdeburg bei der Großmutter, debütierte sie mit 17 Jahren am dortigen Stadttheater – als Volontärin ohne Gage. Nach Engagements in Brandenburg und Köln, wo sie Gesangsunterricht nahm und den Kapellmeister Heinrich Lukas heiratete, ging sie 1913 als Soubrette nach Berlin. An der Komischen Oper und am Theater des Westens sang sie in zahlreichen Operetten und Ausstattungsrevuen, u. a. als Partnerin der gefeierten Fritzi ↑Massary. In den 20er Jahren wechselte sie zum Kabarett und Varieté, wo sie eine zweite Karriere machte. Sie sang Chansons, die eher volksnah, urwüchsig und deftig waren als von politisch-literarischem Anspruch. Neben Trude ↑Hesterberg, Kate ↑Kühl u. a. wirkte W. in den Programmen des Kabaretts der Komiker am Lehniner Platz mit und eroberte sich die renommierten Varietébühnen von Scala und Wintergarten. Sie ging auch auf Gastspielreisen, am Klavier von ihrem Mann begleitet, der viele erfolgreiche Chansons für sie komponierte. Dank „arischem" Stammbaum wurde sie in der NS-Zeit zur „Rundfunkhumoristin", filmte ab und zu und stand rund 400mal in Paul Linckes Operette *La Luna* auf der Bühne. Während des Zweiten Weltkrieges wurde sie zur „Truppenbetreuung" ins besetzte Frankreich geschickt. Nach 1945 und ihrer Übersiedlung in die DDR war W. nur noch selten auf der Bühne zu sehen, so etwa im Friedrichstadtpalast in Berlin.   *(CS)*

Lit.: Carlé, Wolfgang: *Lotte Werkmeister – Eenmal in der Woche muß ick weenen,* Berlin 1965.

Wissenschaft und Bildung

Ende des 19. Jahrhunderts hatte sich die Gegend um das Charlottenburger „Knie" zu einem Kulminationspunkt der Naturwissenschaften entwickelt. Mittelpunkt war die aus der Bauakademie und der Berg- und Gewerbeakademie hervorgegangene Königliche Technische Hochschule (TH) an der heutigen Straße des 17. Juni. Gegründet 1879, wurde ihr 1899 das Promotionsrecht verliehen, was sie den Universitäten gleichstellte. Schon bald etablierte sich die Technische Hochschule zu einer Einrichtung von Weltruf. Im „Dritten Reich" jedoch wurde sie durch den Terror der „Rassenhygiene" ihrer besten wissenschaftlichen Kräfte beraubt. Nach dem Krieg erhielt sie eine humanistische Fakultät und wurde zur Technischen Universität.

Reges Leben entwickelte sich um die Technische Hochschule, die Musik- und die Kunsthochschule. Studenten, Intellektuelle und das Bildungsbürgertum ließen sich im Gebiet um den heutigen Ernst-Reuter-Platz, die Hardenberg- und Wilmersdorfer Straße nieder. Während die Universität überfüllt war, wurde Charlottenburg mit seinen großzügigen Neugründungen attraktiv, gerade auch für weibliche Studierende. Auch stand hier (Otto-Suhr-Allee 16–18) das 1915 fertiggestellte Viktoria-Studienhaus, das erste Wohnheim für Studentinnen, das von Ottilie von Hansemann gestiftet und von der Architektin Emilie ↑ Winckelmann gebaut wurde.

Mit der zunehmenden Technisierung war Charlottenburg auch zu einem bevorzugten Standort der Industrie geworden: Es siedelten sich, besonders vom Nordgelände der TH bis zur Spree, viele Firmen an, wie Siemens & Halske, Schering und die Elektrizitäts-Aktien-Gesellschaft. Bald bestanden gute Verbindungen zur Wissenschaft, und der rege gegenseitige Austausch sorgte für beste Standortvoraussetzungen in der aufstrebenden Stadt. Hinzu kam die Gründung eines Instituts für Präzisionstechnik (Abbestraße 2–12): die Physi-

kalisch-Technische Reichsanstalt (PTR). Sie war ein nach modern-
stem Wissens- und Technikstand ausgerüstetes Institut. Von den
vielen berühmten Forschern, die an der PTR wirkten, ist nicht zuletzt Ida ↑Noddack erwähnenswert, die hier mit ihrem Mann das
chemische Element Rhenium entdeckte.

Obwohl die Wissenschaft blühte und gedieh, hatten die Frauen
zunächst wenig Anteil daran, und der preußische Staat war in diesem Punkt besonders reaktionär. Im 19. Jahrhundert entbrannte
darüber ein heißer Kampf: Die Forderung nach einer Gleichstel-
lung in Bildung und Erwerbstätigkeit und damit auch nach der Zulassung von Frauen zum Abitur und Universitätsstudium, die am
Anfang des 20. Jahrhunderts immer noch den Männern vorbehalten
waren, ging stets einher mit dem Kampf für eine qualifizierte Ausbildung von Lehrerinnen. Das Bestreben nach gesetzlichen Regelungen in diesen Bereichen ist im Zusammenhang mit der Frauenbewegung seit den 1840er Jahren zu sehen. Angeführt wurde es von
Lehrerinnen, die sich vor allem für Mädchenschulen und Mädchenausbildung einsetzten. Die „Neuordnung" des Mädchenschulwesens 1894 war ein erster Schritt in der Regelung dieser Frage,
wichtiger noch war die Reform des höheren Mädchenschulwesens
1908, die sich auch in der Zulassung von Frauen zum Universitätsstudium niederschlug. So war es dann besonders bis 1933 für viele
Pädagoginnen eine Selbstverständlichkeit, als Mitglied in einem
der zahlreichen Frauenvereine für Verbesserungen zu kämpfen und
die neu gewonnenen Rechte zu verteidigen.

Im Bereich der Mädchenbildung wurde in Charlottenburg 1836
die erste Privatschule für höhere Töchter gegründet. Bis Anfang der
1870er Jahre kamen drei weitere private Töchterschulen hinzu, und
bis zur Jahrhundertwende verdreifachte sich die Zahl. Um 1857
wurde eine der ersten städtischen Höheren Töchterschulen Preußens in Charlottenburg eröffnet. Da – wie im 19. Jahrhundert üblich –
die Stadtverwaltung kein großes Interesse an der kommunalen Förderung des Mädchenschulwesens hatte, blieb sie bis zur Jahrhundertwende die einzige städtische Mädchenschule Charlottenburgs.
1901 wurde dann eine zweite gegründet, die spätere Auguste-Victoria-Schule, die als erste städtische Mädchenschule Preußens ihre
Schülerinnen auf die Hochschulreife vorbereiten durfte. Bis zum

Ersten Weltkrieg standen in Charlottenburg den Jungen sieben
städtische bzw. staatliche und drei höhere private Lehranstalten zur
Verfügung, den Mädchen dagegen nur drei städtische, aber elf Höhere Mädchenschulen. Das städtische Schulwesen war also für Jungen sehr viel besser ausgebaut als für Mädchen, da bildete auch Charlottenburg keine Ausnahme. Wenn Mädchen eine höhere Bildung
wollten, dann mußten die Eltern dafür entsprechend zahlen. Erst
nach dem Ersten Weltkrieg begann die langsame Zurückdrängung
der privaten Bildungsanstalten. Die insgesamt ständig wachsende
Anzahl von Schulen in Charlottenburg ist vor allem der Kommu-
nalpolitik zu verdanken. Charlottenburg gab finanzielle Unterstüt-
zungen, die sich auch auf die Lehrergehälter auswirkten; diese lagen weit über dem preußischen Durchschnitt. Die Bereitstellung
hoher Summen aus dem städtischen Haushalt ist in unmittelbarer
Verbindung mit den überdurchschnittlichen Steuereinnahmen Charlottenburgs zu sehen. Entsprechend viele Eltern des gehobenen
Bürgertums konnten sich auch den „Luxus" erlauben, ihre Töchter
an privaten Lehranstalten unterrichten zu lassen. Der höhere Verdienst war natürlich ein nicht zu unterschätzender Reiz für das
Lehrpersonal, in Charlottenburg zu unterrichten. Außerdem bot die
Stadt ein umfangreiches soziales Netz und zahlreiche Einrichtungen, die ein weiteres Arbeitsfeld für Pädagoginnen darstellten. So
lassen sich viele Namen von Lehrerinnen finden, die hier wohnten
und wirkten. Einige waren in leitenden Positionen tätig, z. B. Lotte
Geppert (1883–1968), Luise Besser (1889–1982) und Maria Keller, die führende Positionen an dem von Anna v. ↑Gierke gegründeten Jugendheim in Charlottenburg ausübten, sowie Elise Deutsch,
Gründerin und 26 Jahre Leiterin der Städtischen Mädchenfortbil-
dungsschule II (Bismarkstr. 22), der späteren Hedwig-Heyl-Schule,
und Margarete Roseno, die 1915 Leiterin der ersten weiterführen-
den städtischen Frauenschule wurde. In Charlottenburg waren Lehrerinnen ebenso berufspolitisch engagiert wie im übrigen Berlin.
So wählte der Allgemeine Deutsche Lehrerinnenverein (ADLV)
1919 Mathilde Wolff, Oberlehrerin am Sophie-Charlotte-Lyzeum,
als Nachfolgerin von Helene Lange und Gertrud Bäumer in seinen
Vorstand. 1924 wurde Dr. Else Wehowski Vorsitzende des neu gegründeten Reichsverbandes „Die verheiratete Lehrerin" im ADLV.

Ida Klockow und Alwine ↑Reinold vertraten in der Charlottenburger Stadtverordnetenversammlung die Anliegen der Privatschullehrerinnen.

Auch die Universitäten gerieten in Zugzwang. Hier waren Frauen lediglich als Gasthörerinnen – und dies auch nur in Ausnahmefällen – geduldet. Wesentlich fortschrittlicher waren die USA und viele europäische Staaten, die weibliche Studenten zum Teil weit vor der Jahrhundertwende zuließen. Studierwillige Frauen aus Deutschland mußten also ins Ausland gehen. Das fortschrittliche Baden war 1900 das erste Land im Deutschen Reich, das Frauen die vollwertige Immatrikulation zubilligte. Die anderen Länder zogen nach. Preußen bildete 1908 das „Schlußlicht". Die technischen Hochschulen öffneten ihre Tore den Frauen gar erst 1909. Trotz des Einschreibungsrechts dauerte es noch bis zur Weimarer Republik, bis die Zulassung der Frauen zu akademischen Berufen eine juristische Grundlage in der Verfassung erhielt.

An der Technischen Hochschule in Charlottenburg konnte man Ingenieurswissenschaften, Chemie und Physik studieren, nicht aber Medizin und Biologie. Physikerinnen und Ingenieurinnen waren in den Anfangsjahren des Frauenstudiums an der Technischen Hochschule besonders rar. Das beliebteste Fach bei den Frauen (die einen verschwindend geringen Prozentsatz der gesamten Studentenschaft ausmachten – im Wintersemester 1926/27 betrug ihr Anteil an der TH gerade 0,8 Prozent) war neben der Architektur die Chemie. Ein auffallend hoher Prozentsatz der weiblichen Naturwissenschaftler entschied sich für dieses Fach. Chemie war damals die modernste naturwissenschaftliche Disziplin. Daß sie gerade für Frauen attraktiv war, könnte mit dem handwerklichen Aspekt, der dieses Fach auszeichnet, zusammenhängen. Berlin als Studienort erfreute sich großer Beliebtheit, denn hier waren viele chemische Institute angesiedelt, was die Chance, einen dem Frauenstudium aufgeschlossenen Doktorvater zu finden, vergrößerte. An der Technischen Hochschule promovierten bis 1931 insgesamt 14 Chemikerinnen zum Dr.-Ing., und eine weitaus größere Zahl arbeitete in den Laboratorien des Hauses. Die Tatsache, daß weltweit nur vier Frauen an der Entdeckung chemischer Elemente beteiligt waren und eine davon in Charlottenburg arbeitete, verdeutlicht den Stellenwert des Forschungsstandorts.

In den juristischen Berufen war der Zugang zum Richteramt und zur Rechtsanwaltschaft für Frauen bis 1922 versperrt. Die Zeit der Zulassung zu diesen Ämtern dauerte dann zunächst nur 14 Jahre. Zu Beginn der 30er Jahre praktizierten acht Rechtsanwältinnen in Berlin (und ca. 3000 männliche Kollegen). Mit dem „Schrankenerlaß" von 1936, der Frauen wieder aus diesen Berufen drängte, begann eine Zeit des Stillstands. Erst nach dem Zweiten Weltkrieg standen Frauen dann wieder alle juristischen Berufe offen. Die erste nach 1945 zugelassene Notarin, Dr. Margarete Freiin von Erffa, hatte ihre Kanzlei in der Jebensstraße.   *(DH/BW)*

Heinroth, Katharina Bertha Charlotte, geb. Berger, verh. Rösch
Zoologin • 4. 2. 1897 Breslau – 20. 10. 1989 Berlin • Budapester
Str. 36: 1932 – ca. 1956 (Gedenktafel am Zoo-Aquarium)

„In den ersten Jahren nach dem Krieg gab es keinerlei Auskunfts-
stellen oder Ämter … der Zoo war Mädchen für alles. Ich hatte mir
angewöhnt, Besucher meiner Sprechstunde mit den Worten zu
empfangen: ‚Wie kann ich Ihnen helfen, was kann ich für Sie tun?'
Einmal antwortete mir ein Mann: ‚Sie können gar nichts für mich
tun. Ich wollte nur einmal sehen, wie eine Zoodirektorin aussieht'",
erinnerte sich H. in ihrer Autobiographie. Der systematische Wiederaufbau des dezimierten Tierbestandes und der Zoogehege nach
den verheerenden Kriegszerstörungen ist ihr zu verdanken. Nur mit
den dürftigsten Mitteln ausgestattet, rettete sie nicht nur – gegen
den Widerstand der Alliierten – die Bäume auf dem Gelände (die
zugunsten eines Gemüseanbaus weichen sollten), sondern mittels
persönlicher Nachtwachen auch manches Tier, und zwar vor dem
Kochtopf ausgehungerter Berliner. Daß Berlin die wichtigste und
längste Station in ihrem Leben werden sollte, konnte H., deren Tier-
liebe schon als Kind sehr ausgeprägt war, nicht ahnen. Aufgewachsen war sie mit vier Brüdern in einem gutbürgerlichen Elternhaus –
der Vater war Buchhalter – in Breslau. Bald stand für H. fest, Zoologie zu studieren. Da die Berufsaussichten schlecht waren, legten
die Eltern ihr eine vorherige Ausbildung als Lehrerin nahe, die sie
1917 erfolgreich abschloß. In den Nachkriegswirren verdingte sie
sich zunächst als Hauslehrerin, bis sie 1919 das von ihr selbst finanzierte Studium der Zoologie, Botanik, Geographie und Geologie in
Breslau aufnahm. Sie promovierte mit „summa cum laude". Seit
1928 war sie mit einem Bienenforscher verheiratet und folgte ihm
nach München, Berlin und Hohenheim. Als ihre eigene Forschungs-
tätigkeit immer mehr ins Hintertreffen geriet, scheiterte die Ehe.
Mittels eines Kredits, den sie in Raten abbezahlte, „erkaufte" sich
H. die Scheidung. In Berlin, wohin sie 1932 erneut zog, lernte sie
den Direktor des Aquariums, Oskar Heinroth, kennen, den sie 1933
heiratete. Die Ehe war geprägt von gemeinsamem Forschen, meist
auf dem Gebiet der Ethologie. Die Verwüstung des Zoos und der Tod
des Partners 1945 mündeten in einen Selbstmordversuch. Bald be-

gann H. jedoch, all ihre Kräfte für den Wiederaufbau der Tierge-
hege zu mobilisieren. Tatkräftig unterstützt von Paula ↑Busch, die
auf dem Zoogelände ihre Zirkuszelte aufschlug, von der Bürger-
meisterin Louise Schroeder und der Tierärztin Wilma von Düring,
„biß" sie sich durch bürokratische Verbote, Beschränkungen und
Ränkespiele und hinterließ schließlich als Lebenswerk einen vor-
bildlich angelegten und modernisierten Zoo, dem sie von 1945 bis
1956 als erster weiblicher Direktor vorstand. H., Gründungsmit-
glied der Urania, erhielt das Bundesverdienstkreuz 1. Klasse, den
Verdienstorden des Landes Berlin, und die 1985 neugegründete
Zooschule trägt ihren Namen. Ihrer Wahlheimat blieb sie stets innig
verbunden, und über deren Einwohner urteilte sie: „Ich glaube, daß
es nirgends einen so zoofreundlichen Städter gibt wie den Berliner."   *(BW)*

Lit.: Heinroth, Katharina: *Mit Faltern begann's. Mein Leben mit Tieren in Breslau, München und Berlin*, München 1979; Frädrich, Hans: *Zur Erinnerung an
Katharina Heinroth*. In: *Der Bär von Berlin. Jahrbuch des Vereins für die Geschichte Berlins*, 46. Folge 1997.

Herovici, Leonida
Chemikerin • 30. 7. 1892 Bukarest –? • Berliner Straße (heute
Straße des 17. Juni) (Technische Hochschule Charlottenburg):
1914–1920

H. ist die erste Frau, die an der Technischen Hochschule Charlottenburg in Chemie zum Dr.-Ing. promovierte. Da die Dissertationen an
der TH damals – im Gegensatz zu denen an der Berliner Universität – keinen Lebenslauf enthalten mußten, ist über ihre Herkunft
nichts weiter bekannt. Ihre Doktorarbeit *Studien über Chromone*, in
der sie sich mit Substanzen, die den Blütenfarbstoffen verwandt
sind, beschäftigte, entstand im Organischen Laboratorium der TH
in den Jahren 1914 bis 1916. 1919 erwarb H. den akademischen
Grad eines Diplomchemikers, am 16. Oktober 1919 legte sie der
Hochschule ihre Dissertation vor, die am 11. Dezember 1919 geneh-
migt wurde, und 1920 hatte sie ihre Promotion in Chemie. H.s Dok-

torvater Hugo Simonis (1974–1945) war 1897 Unterrichtsassistent an der TH geworden, hatte sich 1902 habilitiert und trug seit 1907 den Titel Professor, ab 1933 wurde er dann zunehmend aus seiner Stellung verdrängt und durfte nur noch ein kleines Privatlaboratorium betreiben. Dem Frauenstudium gegenüber war er offensichtlich aufgeschlossen, betreute er doch immerhin vier Doktorandinnen. Weitere Spuren von H. sind nicht zu finden. Es ist zu vermuten, daß sie Deutschland wieder verlassen hat, nachdem sich die politische Lage auf dem Balkan wieder beruhigt hatte.   *(BE)*

Hirsch, Rahel

Ärztin • 15. 9. 1870 Frankfurt a. M. – 6. 10. 1953 London •
Kurfürstendamm 220: 1928–1933; Meinekestraße 21: 1933–1938

„Das Erkennen dürfte hier weit weniger schwierig sein als das Bekennen." Mit diesen Worten schloß H. ihren Vortrag, den sie 1907 vor der „Gesellschaft der Charité-Ärzte" hielt und in dem sie neue Erkenntnisse über die Durchlässigkeit der Darmschleimhaut darlegte. Ihr war offenbar klar, daß sie als Frau mit ihrer wissenschaftlichen Arbeit bei den männlichen Fachkollegen lediglich Ignoranz oder Ablehnung zu erwarten hatte. Dennoch forschte sie kontinuierlich weiter und veröffentlichte bis 1925 über 30 wissenschaftliche Arbeiten.

Als Tochter des Direktors der Realschule und Höheren Töchterschule der Israelitischen Religionsgemeinschaft in Frankfurt a. M. und Enkelin des Rabbiners dieser Gemeinde wuchs H. in einer Atmosphäre des Lernens und Lehrens auf, der ihr den Zugang zu einer späteren wissenschaftlichen Laufbahn wesentlich erleichterte. Nach dem Besuch der Höheren Töchterschule ging sie nach Wiesbaden und legte dort 1889 das Lehrerinnenexamen ab. Neun Jahre später, H. war bereits 28 Jahre alt, begann sie in Zürich – später wechselte sie nach Straßburg und Leipzig – Medizin zu studieren. 1903 legte sie ihr Staatsexamen ab und promovierte über die „Lehre von der Glykolyse". Im selben Jahr erhielt sie die deutsche Approbation und ging an die Berliner Charité. Dieses Haus blieb für die nächsten 16 Jahre ihre Arbeits- und Forschungsstätte. 1908 übernahm H. die

Leitung der Poliklinik der II. Medizinischen Klinik der Charité. Die
Erfahrungen mit den Patienten, die täglich in die Poliklinik kamen,
lenkte ihre Aufmerksamkeit immer mehr auf die sozialen Aspekte
der medizinischen Betreuung. So äußerte sie sich in der Öffentlichkeit mehrfach zu Problemen der Frauenkleidung, wobei sie insbesondere auf den direkten Zusammenhang zwischen dem Tragen
des Korsetts und Zirkulationsstörungen im Körper der Frau aufmerksam machte. Auch lag ihr die medizinische und hygienische
Aufklärung der Allgemeinheit sehr am Herzen. Ihre fundierten
wissenschaftlichen Erkenntnisse, die auch ohne Ansehen bei der
männlichen Fachwelt nicht mehr zu ignorieren waren, und die öffentliche Wirksamkeit ihrer Aufklärungsarbeit im sozialmedizin-
ischen Bereich überzeugten offenbar so sehr, daß H. 1913 der Titel
Professor verliehen wurde. Damit gehörte sie zu den drei Frauen,
die vor der offiziellen Habilitationszulassung von Frauen an preußischen Universitäten im Jahre 1920 zum Professor ernannt wurden. Ende der 20er Jahre ließ sie sich als praktizierende Ärztin am
Kurfürstendamm nieder. Fünf Jahre später eröffnete sie in der Meinekestraße, wenige Schritte von ihrer ehemaligen Praxis entfernt,
ihr neues Domizil, das sie bis zu ihrer Emigration 1938 auch be-
wohnte. Die nunmehr 68jährige Ärztin mußte sich vor den Nationalsozialisten in Sicherheit bringen und fand in England bei Verwandten Aufnahme. Von dem Schock der Verfolgung und dem Druck,
sich im Alter ein völlig neues Leben aufbauen zu müssen, erholte sie
sich bis zu ihrem Tod nicht mehr. Sie starb 83jährig in einem Hospital
und wurde auf dem Jüdischen Friedhof in London beerdigt.   *(SM)*

Lit.: Brinkschulte, Eva (Hrsg.): *Weibliche Ärzte. Die Durchsetzung des Berufsbildes in Deutschland*, Berlin 1994, S. 103–111.

Jaffe, Helene

Lehrerin und Chemikerin • 15. 7. 1880 Berlin – ? • Nürnberger
Straße 63 (Auguste-Victoria-Schule Charlottenburg): 1905–1907;
Berliner Straße (heute Straße des 17. Juni) (Technische Hoch-
schule Charlottenburg): 1907–1909

Bevor 1920 die erste Chemikerin an der Technischen Hochschule
Charlottenburg promovierte (Leonida ↑ Herovici), hatten schon sieben Frauen an der TH ihre Doktorarbeiten geschrieben, damit aber
an einer Universität promoviert. Zuerst nutzten diese Möglichkeit
1905 und 1907 zwei Russinnen für ihre Promotion in Genf; die
erste Charlottenburgerin war J., Tochter einer jüdischen Kaufmannsfamilie aus Berlin. Ihre Mutter entstammte der Bankiers-
und Chemikerfamilie Marckwald. J. besuchte mit 16 Jahren ein
Lehrerinnenseminar und machte 1899 das Examen. Damit durfte
sie 1901 mit der sog. „kleinen Matrikel" an der Universität Chemie
studieren, aber nicht promovieren. So ging sie 1905 nach dem „Ver-
bandsexamen" (heute etwa Vordiplom) als Lehrerin nach Charlottenburg an die Auguste-Victoria-Schule, die auffallend viele
Berliner Chemikerinnen hervorbrachte. Ab 1906 besuchte J. zudem
Kurse, die Frauen auf das Abitur vorbereiteten, das sie 1907 an
einer Berliner Oberrealschule ablegte. Anschließend begann sie sofort mit den Experimenten im spektralanalytischen Laboratorium
der TH, die sie als erneut an der Universität eingeschriebene Studentin nur als Gasthörerin besuchen durfte. Am 26. Juni 1909 promovierte sie mit der Arbeit *Über die Absorptionsverhältnisse einiger
Chrom- und Eisensalzlösungen im kurzwelligen Spektralgebiete* an
der Universität zum Dr. phil. Ihr Doktorvater Alfred Byk (1878 bis
1942) hatte sich sowohl an der TH als auch an der Universität habilitiert und durfte deshalb an beiden Institutionen lehren und prüfen.
1921 außerordentlicher Professor an TH und Universität, wurde
ihm als Jude 1933 die Lehrbefugnis entzogen. Er kam im Konzentrationslager Majdanek ums Leben. Was aus seiner ersten Dokto-
randin wurde, ist unklar: Eine Helene Jaffe arbeitete sowohl an der
Mitteldeutschen Seifenfabrik in Wahren als auch im Ersten Weltkrieg als Mitarbeiterin eines Prof. Petroff in St. Petersburg.   *(BE)*

Kantorowicz, Gertrud, Pseud.: Pauly, Gert.

Kunsthistorikerin, Dichterin • 9. 10. 1876 Posen–19. 4. 1945 Theresienstadt • Nußbaumallee: um 1900; Ahornallee 12: um 1915

Ihre Kindheit verlebte K., aus jüdischer Familie stammend, in Posen. Der Vater führte eine berühmte Spirituosenfabrik. Eine rege geistige Familientradition begleitete K. von Kindesbeinen an, was sich nachhaltig in ihrem Wesen niederschlug. Von großem Einfluß war ihre Mutter, geb. Pauly, die sich im kulturellen Bereich stark engagierte, und unter ihren Verwandten befanden sich angesehene Geisteswissenschaftler und Forscher. Die nach Unabhängigkeit strebende junge Frau entschied sich für ein Studium der Kunstgeschichte, Archäologie und Philosophie, das sie nach Berlin, München und Zürich führte. Nach ihrer Promotion in Zürich 1904 ließ sie sich im Berliner Westend nieder. Dort erhielt sie Anschluß an den Salon der Malerin Sabine ↑Lepsius, der vor allem Stefan George huldigte. Aus der Begegnung mit dem exzentrischen Dichter entwickelte sich eine Freundschaft, die bis ca. 1914 anhielt und K.s Leben stark prägte. Zeitweise wohnten beide im selben Haus im Westend. K. veröffentlichte, allerdings unter dem Pseudonym „Gert. Pauly", Gedichte in Georges *Blättern für die Kunst* – ein Privileg, das außer ihr nur noch einer weiteren Frau zukam. Ihre Liebe galt dem Soziologen Georg Simmel, einem Nachbarn und engen Freund der Familie Jastrow, bei der sie als Studentin zur Untermiete gewohnt hatte. Die Partner inspirierten sich gegenseitig bei ihrer Arbeit. Aus der Verbindung ging eine Tochter hervor, die auf Wunsch Simmels nicht bei K. aufwuchs. Erst nach seinem Tod 1918 nahm K. ihr Kind zu sich und zog sich eine Zeitlang nach Herrlingen bei Ulm zurück. Dort verfaßte sie ihr bekanntestes Werk, *Vom Wesen der griechischen Kunst*, das sie über zehn Jahre beschäftigte (Fertigstellung der wesentlichen Teile 1934; erschienen 1961). Neben kunsthistorischen Abhandlungen dichtete sie auch, übersetzte und bearbeitete den Nachlaß Simmels. Wichtiger noch als das Schreiben waren ihr aber stets der geistige Austausch und die menschlichen Beziehungen. Ausgestattet mit einem vitalen, überschäumenden Temperament, pflegte sie unzählige Kontakte. Mit ihrer Kreativität, Geistesgegenwart und einem unerschütterlichen Optimismus beeindruckte

sie ihre Umwelt. Zeitzeugen erinnern sich an sie als „immer spru-
delnd, lebhaft, positiv, belebend wie Sekt und Kaffee". Wo sie
konnte, setzte sie sich mit großer Selbstlosigkeit, die nicht selten an
Selbstaufgabe grenzte, für andere ein. Nicht nur Freunden, sondern
oft auch wildfremden Menschen verhalf sie in der Zeit des NS-Terrors zur Emigration. Ihr eigener Fluchtversuch in die Schweiz 1942
scheiterte jedoch tragischerweise. K. wurde nach Theresienstadt
deportiert, wo sie im April 1945 an Entkräftung starb.   *(BW)*

Lit.: Landmann, Michael: *Figuren um Stefan George. Zehn Porträts*, Amsterdam 1982.

Krüger, Deodata

Chemikerin • 13. 9. 1900 Prenzlau – 28. 4. 1945 Berlin • Berliner
Straße (heute Straße des 17. Juni) (Technische Hochschule Charlottenburg): um 1918/19–1928 u. 1941–1945

K. ist keine der heute noch bekannten Chemikerinnen, obwohl sich
für sie anfänglich eine glänzende Laufbahn abzeichnete. Ihr machten die politischen Umstände zuerst einen Strich durch die erhoffte
Hochschulkarriere und dann ihrem Leben ein Ende.

Über K.s Herkunft und Jugend ist nichts bekannt, geblieben sind
von ihr drei dicke Fachbücher und über 90 Aufsätze, die sie in 22
Jahren veröffentlichte. Gegen Ende des Ersten Weltkriegs wird sie
ihr Chemiestudium an der Technischen Hochschule Charlottenburg aufgenommen haben, wo sie 1923 mit einer physikalisch-chemischen Arbeit von 220 Seiten – damals machten chemische Dissertationen selten mehr als 50 Seiten aus – den Dr.-Ing. erwarb.
Anschließend war sie dort Assistentin, bis sie 1928 wissenschaftliche Mitarbeiterin am Kaiser-Wilhelm-Institut für Physikalische
Chemie und Elektrochemie in Dahlem wurde. Bis 1933 war sie
maßgeblich an der Grundlagenforschung zur Entwicklung der ersten synthetischen Fasern beteiligt. K.s fast 400 Seiten dickes Stan-
dardwerk über Celluloseacetate sollte sicherlich ihre Habilitations-
schrift werden, mit der sie sich für eine Professur auf diesem neuen
Gebiet qualifizieren wollte. Doch ihr Mentor in Dahlem, R. O. Her-

zog, mußte 1933 Deutschland verlassen, und auch K. verlor ihre Arbeit. 1936 bekam sie noch einmal eine Stellung als Gastwissenschaftlerin am Kaiser-Wilhelm-Institut für Silikatforschung in Dahlem; zusätzlich arbeitete sie ab 1938 in der Forschungsabteilung der „Sächsischen Zellwolle Plauen" und nahm ab 1941 außerdem noch einen Lehrauftrag an der Technischen Hochschule wahr. Das Kriegsende, das dieser hochqualifizierten Frau doch noch Chancen auf eine wissenschaftliche Karriere hätte eröffnen können, erlebte sie nicht mehr: Sie war im April 1945 nach Berlin gereist, um Literatur für ein neues Buch zu beschaffen. Dabei wurde sie in den letzten Kämpfen um Berlin erschossen.   *(BE)*

Lit.: Engel, Brita: *Clara Immerwahrs Kolleginnen. Die ersten Chemikerinnen in Berlin.* In: Meinel, Christoph/ Renneberg, Monika (Hrsg.): *Geschlechterverhältnisse in Medizin, Naturwissenschaft und Technik,* Bassum/Stuttgart 1996, S. 297-304.

Matz, Elsa Lina Helene

Oberstudiendirektorin • 7. 5. 1881 Friedrichsort/Kr. Eckernförde –10. 5. 1959 München • Oldenburgallee 44: 1929–1945; Oldenburgallee 45/46 (Westendschule): 1929–1946

M. bestand Ende März 1901 die Prüfung als wissenschaftliche Lehrerin in Schleswig und unterrichtete bis März 1907 an einer höheren Privatschule ihres Geburtsortes. Während ihrer Berufstätigkeit legte sie als Externe am Staatlichen Gymnasium (für Knaben) in Kiel 1905 die Reifeprüfung ab. Parallel war sie ab dem Sommersemester 1902 Gasthörerin an der Universität Kiel, studierte von 1905 bis 1907 Geschichte, Germanistik und Theologie und bestand im Juli die Lehramtsprüfung (pro. fac. doc). Sie promovierte 1907 in Kiel bei Friedrich Kaufmann (Germanist) zum Dr. phil. Ein Jahr zuvor (1906) hatte sie schon in Göttingen die preußische Oberlehrerinnenprüfung abgelegt. Zum April 1907 nahm sie eine Stelle am Städtischen Oberlyzeum in Neumünster an; im Oktober wechselte sie an die Chamissoschule nach Berlin-Schöneberg. Hier war sie eine von acht in Preußen angestellten Oberlehrerinnen. Im Juli 1909 legte sie in Kiel ihre Erweiterungsprüfungen in Französisch I und Englisch II ab. In den Jahren 1911 bis 1929 war sie als Direktorin in Rüstringen und Stettin und als Leiterin der Frauenschule und im Schulkollegium der Provinz Pommern tätig. Sie setzte sich besonders für den Ausbau der Sportlehrerinnen- und Kindergärtnerinnenausbildung ein und wurde Vorsitzende des Frauenausschusses im Reichsausschuß für Leibesübungen und des Frauenbeirats der deutschen Turnerschaft. 1925 war sie Mitherausgeberin von *Wägen und Wirken*. Am 1. April 1929 übernahm M. den Direktorinnenposten an der Städtischen Westendschule in Berlin-Charlottenburg. Diese Schule wurde unter ihrer Leitung zu einer Doppelanstalt mit realgymnasialer Studienanstalt und Oberlyzeum. M. war an der Westendschule bis zum Jahr 1946 (Pensionierung), also über die nationalsozialistische Zeit hinaus, als Leiterin beschäftigt. Seit dem Ersten Weltkrieg war sie politisch tätig und Mitglied der Deutschen Volkspartei (DVP). 1920 wurde sie in den Reichstag gewählt. Bis 1933 war sie eine der Schriftführerinnen des Reichstagspräsidiums, Vorsitzende des Reichsfrauenausschusses der DVP, Mitglied des Vorstandes und des geschäftsführenden Ausschusses, Geschäftsführerin des Reichsverbandes des selbständigen Mittelstandes, Sachverständige der Deutschen Regierung für die Kommission für Kinder- und Jugendschutz und gegen den Mädchenhandel beim Völkerbund in Genf, Mitglied der Filmoberprüfstelle Berlin, der Prüfstelle für Schmutz- und Schundschriften und der verfassunggebenden Kirchenversammlung in Preußen (1921–23) in Berlin. Politische Schwerpunkte waren Fragen der Sozial-, Mittelstands- und Kulturpolitik. Nach dem Zweiten Weltkrieg nahm sie ihre politische Tätigkeit nicht wieder auf und lebte seit 1946 in Pfarrkirchen (Niederbayern). Neben dem Verdienstkreuz für Kriegshilfe, dem Oldenburgischen Friedrich August-Kreuz für Nichtkämpfer und der Roten Kreuzmedaille III. Kl. erhielt sie 1959 das Bundesverdienstkreuz im höheren Mädchenschulwesen.   *(DH)*

Lit.: Bezirksamt Schöneberg/Kunstamt (Hrsg.): *„Ich bin meine eigene Frauenbewegung"*, Berlin 1991; *Deutsches Reichshandbuch*, Berlin 1930.

Meitner, Lise (Elise)

Atomphysikerin • 7. 11. 1878 Wien – 27. 10. 1968 Cambridge
(England) • Charlottenburg: vermutl. 1907 – ca. 1912

Die Tochter des Rechtsanwalts Philipp Meitner und seiner Frau
Hedwig, geb. Skowran, wuchs in gutbürgerlich-liberalen Verhältnissen in Wien auf. Trotz der jüdischen Herkunft der Familie wurden alle acht Kinder protestantisch erzogen. Nach dem Abschluß
der Bürgerschule absolvierte M. auf Wunsch der Eltern zunächst eine
„solide" Ausbildung als Französischlehrerin, bevor sie 1901 extern,
an einem Knabengymnasium, ihr Abitur ablegte und ihren glühenden Wunsch, Mathematik und Physik zu studieren, in Wien ver-
wirklichte. Die Familie unterstützte die Tochter nach Kräften. Sie
hörte Vorlesungen bei Ludwig Boltzmann, und 1906 promovierte
sie als eine der ersten Frauen in Wien. Im Jahr darauf zog sie nach
Berlin, um bei Max Planck Vorlesungen zu hören. Schon bald arbeitete die junge Forscherin unentgeltlich am Chemischen Institut
der Universität, das sie bis 1908 noch über einen Nebeneingang be-
treten mußte, um den männlichen Institutsbetrieb nicht zu „stören".
Hier begann eine über 30jährige fruchtbare und in ihrer Kollegia-
lität beispiellose Zusammenarbeit mit dem Chemiker Otto Hahn.
1912 wurde M. unter Planck die erste weibliche Universitätsassi-
stentin in Preußen. Im gleichen Jahr erhielt sie das Angebot, im
neugegründeten Kaiser-Wilhelm-Institut für Chemie in Dahlem zu
arbeiten, wo Hahn eine leitende Funktion übernommen hatte. Neben vielen weiteren Forschungsleistungen gelang dem Team 1917
die Entdeckung des Protaktiniums. Von einem kriegsbedingten
Sanitätsdienst als Röntgenschwester abgesehen, blieb M. hier bis
1938. Zunächst noch unbezahlter Gast, erarbeitete sie sich in kurzer
Zeit verantwortungsvolle Positionen: Ab 1917 leitete sie die physi-
kalisch-radioaktive Abteilung, 1922 habilitierte sie als erste Frau in
Preußen in Physik, und 1926 erfolgte ihre Ernennung zur Professorin. In den Kreis der Berliner Physiker war M. völlig integriert, und
auch in internationalen Fachkreisen wurde sie anerkannt. Als die Nationalsozialisten ihr 1933 die Lehrerlaubnis entzogen, konnten Planck
und Hahn ihre Weiterbeschäftigung am Institut zunächst durchsetzen; 1938 mußte sie jedoch emigrieren. Sie floh über Holland nach

Schweden, wo sie am Nobel-Institut in Stockholm Arbeit fand, allerdings unter extrem schlechten Bedingungen. 1947 wurde sie schließlich Professorin an der TU Stockholm, und im Jahr darauf nahm sie zusätzlich zu ihrer österreichischen die schwedische Staatsbürgerschaft an. Ihren Lebensabend verbrachte sie ab 1960 in Cambridge bei Verwandten. Nach ihrem erzwungenen Weggang aus Berlin, der sie jahrelang in eine deprimierende wissenschaftliche Isolation brachte, geriet M., mehrmals für den Nobelpreis vorgeschlagen, zunehmend in den Schatten Hahns: Für die bahnbrechende Entdeckung der Kernspaltung 1938/39 unter Hahn hatte M. die wichtigen Vorarbeiten geleistet, konnte aber die Versuchsdurchführungen selbst nur noch aus dem Exil verfolgen und deuten. Die Verleihung des Nobelpreises für Chemie 1944 allein an ihren Kollegen, für Forschungen, an denen sie maßgeblich beteiligt war, schlug eine lebenslange Wunde. Um die Anerkennung ihrer Arbeit mußte sie zunehmend kämpfen: „Soll mir nach den letzten 15 Jahren, die ich keinem guten Freund durchlebt zu haben wünsche, auch noch meine wissenschaftliche Vergangenheit genommen werden? Ist das fair? Und warum geschieht es? … Was würdest Du dazu sagen, wenn Du auch charakterisiert würdest als langjähriger Mitarbeiter von mir?" schrieb sie 1953 entrüstet an Hahn. Dennoch wurden ihr zahllose Auszeichnungen und Preise für ihr Lebenswerk, das in erster Linie die Gebiete Kernphysik und Radioaktivität umfaßt, zuteil. In den USA feierte man sie als „Mutter der Atombombe" – wobei M. es aus ethischer Verantwortung abgelehnt hatte, bei der Entwicklung derselben mitzuarbeiten – und ernannte sie 1946 zur „Frau des Jahres". Berlin ehrte die große Physikerin, die Albert Einstein „unsere Madame Curie" nannte, u. a. mit der Verleihung der Ehrendoktorwürde 1957, mit der Eröffnung des Hahn-Meitner-Instituts für Kernforschung im Jahr 1959, und in Charlottenburg trägt eine Straße ihren Namen.   *(BW)*

Lit.: Kerner, Charlotte: *Lise, Atomphysikerin. Die Lebensgeschichte der Lise Meitner*, Weinheim/Basel 1986; Ruth Lewin Sime: *Lise Meitner. A life in physics*, Berkeley 1996; Patricia Rife: *Lise Meitner. Ein Leben für die Wissenschaft*, Düsseldorf 1990. • Nachlaß: Churchill College Archive Centre, Cambridge/England

Mommsen, Adelheid

Lehrerin • 1869 Berlin–1953 verm. Berlin • Marchstraße 6 bzw. 8:
1874–1904

„Um jeden Preis heiraten ist ein Fluch … Zudem gab es damals wie
heute … Millionen Frauen, die überhaupt keine Ehe, geschweige
denn eine glückliche schließen konnten. Sollten alle diese Frauen,
diese wertvollen Kräfte brachliegen?"

M. kam als zehntes von insgesamt 16 Kindern des Nobelpreisträ-
gers Theodor Mommsen und seiner Frau Marie, geb. Jonas, zur
Welt. Nach der Rückkehr aus dem Pensionat befriedigte M. die
Mitarbeit im elterlichen Haushalt nicht mehr, und sie beschloß, den
Lehrerberuf zu ergreifen. Der Vater billigte ihren Wunsch, obwohl
er, verwurzelt in den Traditionen seiner Zeit, die Tochter lieber
durch Heirat versorgt gesehen hätte. Das Streben nach Bildung galt
ihm jedoch als hohes Gut, das unabhängig vom Geschlecht respektiert wurde. Auf elterlichen Rat hin besuchte M. das von Helene
Lange geleitete Lehrerinnenseminar an der Crainschen Schule. Neben einer hervorragenden Berufsausbildung legte die große Päda-
gogin und Reformerin vor allem Wert auf die Persönlichkeitsent-
wicklung. M. kam intensiv mit der Frauenfrage, der Diskussion um
Frauenausbildung und -rechte in Berührung, für die Lange sich mit
aller Kraft einsetzte. Nachdem sie das Examen abgelegt hatte, erweiterte M. gezielt ihre Sprachkenntnisse. 1889 begleitete sie Theodor Mommsen auf einer Reise nach Paris, um dann für ein halbes
Jahr dort zu bleiben. Zurück in Berlin, arbeitete sie zunächst an der
Plenschen Privatschule. Der Vater vermittelte ihr eine Stelle in England, wo sie über drei Jahre blieb. Nach ihrer Rückkehr erhielt sie
eine Anstellung an der Schule ihrer Kinderzeit. Doch die von Lange
gepflanzten Keime, das Streben nach Selbständigkeit und profes-
sioneller Berufsausbildung, hatten sich bei M. mit Macht entfaltet:
Sie machte das preußische Oberlehrerinnenexamen und studierte
Theologie und Mathematik. 1899 begleitete die Studentin noch
einmal ihren hochbetagten Vater auf einer längere Reise nach Paris
und Italien. Nach der Tätigkeit an verschiedenen Einrichtungen,
u. a. an der Königlichen Augustaschule in Berlin, gründete sie eine
Privatschule, die ihr zur erfüllenden Lebensaufgabe wurde. Den Ent-

schluß, als unverheiratete Frau das eigene Schicksal in die Hand zu
nehmen, bereute M. nie. Der Vater hatte diese Entwicklung seiner
Tochter stets mit Wohlwollen, auch finanziell, unterstützt – mehr
noch, wiederholt betätigte er sich als „Jobvermittler". Erst 1904, ein
Jahr nach seinem Tod, verließ M. das Charlottenburger Elternhaus,
um einen eigenen Hausstand zu gründen, in dem die berufstätige
Frau zwei Adoptivtöchter aufzog. 1936 gab sie ein Buch heraus,
das sehr persönliche Erinnerungen an den berühmten Vater und ihre
eigene, trotz karger Verhältnisse äußerst glückliche Kindheit ent-
hält – ein lebendiges Dokument des Lebens einer Berliner Gelehrten-
familie im ausgehenden 19. Jahrhundert.   *(BW)*

Lit.: Mommsen, Adelheid: *Mein Vater. Erinnerungen an Theodor Mommsen*,
München 1992.

Munk, Marie

Juristin • 4. 07. 1885 Berlin – Jan. 1978 USA • Amtsgerichts-
platz 1 (Amtsgericht Charlottenburg): 1930–1933; Tegeler Weg
17–20 (Landgericht III): 1930–1933

M. kam in einer jüdischen Familie zur Welt. Ihr Vater war Richter.
Nach dem Abitur an der Charlottenburger Kaiserin-Augusta-Schule
begann sie 1907 ihr juristisches Studium in Berlin. Später wechselte
sie nach Freiburg, Bonn und Heidelberg, wo sie 1911 promovierte.
In den darauffolgenden Jahren engagierte sich M. vor allem in
gleichstellungspolitischen Fragen. Als Mitglied des Vorstands des
Deutschen Juristinnenvereins veröffentlichte sie 1921 gemeinsam
mit Margarete Berent für den Bund Deutscher Frauenvereine die
Denkschrift *Vorschläge zur Änderung des Familienrechts*. Zwei
Jahre später folgte in alleiniger Verantwortung für den Bund die
Denkschrift *Vorschläge zur Umgestaltung des Rechts der Ehescheidung und der elterlichen Gewalt*. Ihre Vorschläge schlugen sich in
den Empfehlungen des 33. Deutschen Juristentags 1925 in Heidelberg nieder. 1924 wurde M. zur ersten Gerichtsassesorin in Deutschland ernannt. Begann sie ihre Staatstätigkeit als erste Juristin im
Preußischen Justizministerium, so setzte sie ihre Arbeit als erste

Rechtsanwältin in verschiedenen Kanzleien fort, wobei sie hauptsächlich Mandantinnen vertrat. Als Vorsitzende des Vereins berufstätiger Frauen engagierte sie sich weiterhin politisch. Ihr Berufs-
ziel, Richterin zu werden, erfüllte sich 1930, als sie zur Amts- und
Landgerichtsrätin in Berlin-Charlottenburg ernannt wurde. Doch
schon 1933 wurde sie im Rahmen „der Wiederherstellung des Be-
rufsbeamtentums" aus dem Dienst entlassen. 1934 emigrierte M. in
die Vereinigten Staaten, kam jedoch im gleichen Jahr zur Pflege
ihrer Mutter nach Berlin zurück und hatte in dieser Phase häufig
Kontakt zur Gemeinde Pastor Niemöllers in Dahlem. Nach dem
Tod ihrer Mutter 1936 ging sie endgültig in die USA und ließ sich
nach anfänglichen Schwierigkeiten beim Einleben dauerhaft in
Cambridge/Massachusetts nieder. Auch hier arbeitete sie weiterhin in ihrem Fachgebiet, dem Ehe- und Familienrecht. 1953 machte
sie in Harvard mit 68 Jahren ihr Diplom. M. starb im Januar 1978
92jährig in den USA.   *(SH)*

Lit.: Verein Aktives Museum (Hrsg.): *1945: Jetzt wohin? Exil und Rückkehr...*
nach Berlin, Berlin 1995. • Nachlaß: Landesarchiv Berlin, Rep. 235

Nathorff, Hertha, geb. Einstein
Ärztin • 5. 6. 1895 Laupheim/Oberschwaben – nach 1987,
vermutl. New York • vermutl. Kirchstraße 19/20 (heute Gierke-
zeile 5/7) (Städtisches Krankenhaus Charlottenburg): 1928–1933

„... ich werde einen neuen Job haben: Sprechstundenhilfe meines
Mannes... Wenn er ahnte, wie mir zumute ist... die einst selbständige Ärztin, Leiterin eines großen Heimes, eines geburtshilflichen
und Kinderkrankenhauses – Sprechstundenhilfe... Oh Mann, wie
machst Du mich reich, wie machst Du mich arm und klein!" (Tage-
buchaufzeichnung in der Emigration, 20. 7. 1942)
    Der Wunsch, Ärztin zu werden, reifte in N. bereits 1914 unter dem
Eindruck der vielen Kriegsverletzten, die oft nur mangelhaft medi-
zinisch versorgt wurden. Als älteste Tochter Arthur und Mathilde
Einsteins war sie in einer wohlhabenden jüdischen Familie, zu deren
Verwandten auch Albert Einstein zählte, aufgewachsen. Ihre Aus-

bildung wurde vom Vater nach Kräften gefördert: Als erstes Mädchen ihrer Klasse besuchte sie die Lateinschule und machte im Frühjahr 1914 in Ulm das Abitur. Das Medizinstudium in Heidelberg und München schloß sie 1918 mit dem Staatsexamen ab. Nebenher hielt sie Nachtwachen und erteilte Arbeitern Lese- und Rechtschreibkurse. Die tüchtige junge Absolventin avancierte an der Freiburger Universitätsfrauenklinik bald von der unbezahlten Praktikantin zur Assistentin des Arztes, und 1921 arbeitete sie als einzige Frau in dieser Funktion am Krankenhaus Moabit. Adele Schreiber berief sie 1923 schließlich in eine leitende Funktion in ein Entbindungs- und Säuglingsheim des DRK in Berlin. Nach ihrer Heirat mit einem Arzt im selben Jahr machte sie sich als Geburtshelferin und praktische Ärztin selbständig. Ab 1928 engagierte sich N. beim Aufbau einer Familien- und Eheberatungsstelle am Krankenhaus Charlottenburg, mußte aber 1933 diese ehrenamtliche Tätigkeit aufgrund ihrer „nichtarischen" Herkunft aufgeben. Nach weiterer Diskriminierung durch die Rassengesetze der Nazis, in deren Folge N. ihre Approbation entzogen wurde, emigrierte sie 1939/40 über London in die USA. In New York brachte die Ärztin sich und ihre Familie mit Gelegenheitsjobs als Krankenpflegerin, aber auch als Küchenmädchen und Klavierspielerin in Bars über die Runden, bis ihr Mann eine eigene Praxis führen durfte. Dort stand sie ihm als Sprechstundenhilfe zur Seite. Daß sie selbst durch die Zeitumstände im „Dritten Reich" um ihre eigene Berufskarriere als Ärztin gebracht wurde, blieb eine nie verheilende Wunde: „Sie haben meine Seele verbrannt, mein Leben zerstört … mein ganzes Ich ausgelöscht wie der Sturm ein brennendes Licht", notierte sie auf ihrer Flucht in die USA. Ihr soziales Engagement nahm sie hingegen schon bald wieder auf, indem sie Immigrantinnen Unterricht in Kranken- und Säuglingspflege erteilte und bei der von jüdischen Auswanderern initiierten Zeitung *Aufbau* mitarbeitete. 1954 startete sie schließlich am Alfred-Adler-Institut eine zweite Karriere als Psychotherapeutin. N. hinterließ ein Tagebuch, das ein ergreifendes Zeitzeugnis eines jüdischen Emigrantenschicksals darstellt.   *(BW)*

Lit.: Berliner Frauen Kultur Initiative e. V. (Hrsg.): *Fundorte. 200 Jahre Frauenleben und Frauenbewegung in Berlin*, Berlin 1987; Benz, Wolfgang (Hrsg.): *Das Tagebuch der Hertha Nathorff. Berlin-New York. Aufzeichnungen 1933 bis 1945*, München 1987. ● Nachlaß: Institut für Zeitgeschichte, München

Noddack, Ida Eva, geb. Tacke

Chemikerin • 23.(25.)2.1896 Lackhausen (heute: Wesel) –
24. 9. 1978 Bad Neuenahr • Berliner Straße (heute Straße des
17. Juni) (Technische Hochschule Charlottenburg): 1915–1921;
Werner-Siemens-Straße (heute Abbestraße) (Physikalisch-Techni-
sche Reichsanstalt): 1922–1935; Helmholtzstraße 2–9 (Werner-
werke Siemens & Halske): mit Unterbrechungen etwa 1922–1928

Als dem Lackfabrikanten Albert Tacke 1896 zum dritten Mal statt
des erhofften Stammhalters eine Tochter geboren wurde, war er so
enttäuscht, daß er es erst zwei Tage später, am 25. Februar, meldete;
doch später wurde Ida dazu bestimmt, an Stelle eines Sohnes die
Leitung der Fabrik zu übernehmen. So begann sie 1915 das Chemiestudium in Berlin, wo sie 1919 für ihre Diplomarbeit den ersten
Preis und 1921 mit einer für die Lackproduktion wichtigen Arbeit
den Dr.-Ing. bekam. Anschließend arbeitete sie bei der AEG. Als
sie Walter Noddack kennenlernte, begeisterte er sie für die Forschung und holte sie 1922 als Gastwissenschaftlerin an die PTR.
Dort suchten beide gezielt nach den noch unbekannten chemischen
Elementen mit den Kernladungszahlen 43 und 75, die das Perioden-
system voraussagte. Vieltausendfach reicherten sie die Elemente
aus seltenen Mineralien an, und N. bestimmte sie mit einem neu-
artigen Röntgenspektroskop bei Siemens. 1925 gaben Walter Noddack und N. dann die Entdeckung von Rhenium und Masurium bekannt. Während sie 1928 aus 660 Kilogramm Columbit das erste
Gramm reines Rhenium gewinnen konnten, gelang ihnen kein weiterer Nachweis des Elements 43. 1937 wurde es von E. Segrè künst-
lich dargestellt und 1947 Technetium genannt; heute gibt es Hin-
weise, daß es doch natürlich vorkommen könnte. 1934 äußerte N.
die Vermutung, Uran könne durch Neutronenbeschuß in zwei Bruch-
stücke zerfallen – eine den damit experimentierenden Physikern
absurd erscheinende Vorstellung, die sich 1938 aber bekanntlich als
richtig erwies. 1936 postulierte N.: „Alle chemischen Elemente
kommen in allen Mineralien vor", und sie weitete dies bald auch auf
das Weltall aus – damals ein neuartiger Gedanke, heute wissen-
schaftliches Gemeingut. Mindestens dreimal wurde N. zum Nobelpreis vorgeschlagen, den sie aber nie erhielt. Seit 1926 mit Walter

Noddack verheiratet, folgte sie ihm als seine Assistentin bei seinen Berufungen zum Chemieprofessor nach Freiburg, Straßburg und Bamberg. *(BE)*

Lit.: Kern, Ulrich: *Ida und Walter Noddack.* In: Treue, Wilhelm/ Hildebrandt, Gerhard (Hrsg.): *Berlinische Lebensbilder – Naturwissenschaftler,* Berlin 1987, S. 369–376; Engel, Brita (Hrsg.): *Ida Noddack,* Berlin 1998/99.

Nörenberg, Marie, Pseud.: Proßnitz

Bibliothekarin • 29. 4. 1872 Gut Proßnitz/Rügen–1962 verm. Berlin • Wilmersdorfer Straße 166/167 (heute Eosanderstraße 1) (Stadtbibliothek Charlottenburg): 1908–1933

„1920 wählte man mich, die einzigste Frau unter 24 Bewerbern, zum Bibliothekar … Ich bin die erste Frau in Deutschland, die in die obere Bibliothekskarriere gekommen ist …", bilanzierte N. nicht ohne Stolz. Mit einer guten Portion Ehrgeiz, Disziplin und Durchsetzungsvermögen ausgerüstet, erstrebte sie, nachdem die für sie eigentlich vorgesehene klassische „Höhere-Töchter-Laufbahn" durch den Tod des Verlobten jäh zerbrach, erfolgreich eine Karriere im Bibliothekswesen. Als älteste Tochter des Rittergutbesitzers Carl Nörenberg und seiner Frau Henriette, geb. Kracht, wuchs sie auf Rügen, in Stettin und Berlin auf. Ihr ausgeprägtes literarisches Interesse mündete in zwei Romane, die sie unter dem Pseudonym Marie Proßnitz veröffentlichte. Aufgrund der nach dem Tod des Vaters verschlechterten finanziellen Familienverhältnisse mußte sie sich auf Stellensuche begeben: Mit 36 Jahren wurde sie Hilfsarbeiterin an der Städtischen Volksbücherei Charlottenburg. Bereits 1910 stieg sie – nach der Absolvierung der Prüfungen für den mittleren Dienst – zur Bibliotheksassistentin auf. Sie trat der Vereinigung bibliothekarisch arbeitender Frauen und später dem Verein deutscher Bibliothekare bei. Da sie für die Leitung einer Bibliothek die Promotion benötigte, begann N. 1917 neben ihrer Arbeit Nationalökonomie zu studieren, scheiterte jedoch zweimal mit der Doktorarbeit. Dennoch machte sie an der Charlottenburger Volksbücherei Karriere, gegen den Widerstand ihrer männlichen Vorgesetzten, die sie (meist hinter ihrem Rücken) zu blockieren versuchten. 1920 erhielt sie als erste Frau in Deutschland den Posten eines wissenschaftlichen Bibliothekars. Als sie 1926 zur Leiterin ernannt wurde, hatte sie als Frau in jener Zeit eine beispiellose Karriere gemacht. Noch im selben Jahr richtete sie eine „Jugendwanderbücherei für erwerbslose männliche Jugendliche" ein, aus der später eine Fahr- und Autobibliothek wurde. 1927 entstand unter ihrer Anleitung das erste öffentliche Blindenlesezimmer. 1928 schuf sie eine Kinderlesehalle mit Freihandausleihe – die erste ihrer Art in Preußen – und gründete eine Jugendleihbücherei. 1929 schließlich entstand eine Jugendwanderbücherei für die Außenspielplätze der Stadt und eine Zweigstelle in Neuwestend. Kurz nach der „Machtergreifung" quittierte N., deren Verdienste 1927 mit der Ernennung zum Stadtbibliotheksrat honoriert worden waren, den Dienst, da sie sich unter keinen Umständen mit den neuen Machthabern arrangieren wollte.   *(BW)*

Lit.: Lüdtke, Helga (Hrsg.): *Leidenschaft und Bildung. Zur Geschichte der Frauenarbeit in Bibliotheken*, Berlin 1992; Bezirksamt Charlottenburg (Hrsg.): *100 Jahre Stadtbibliothek Charlottenburg*, Berlin 1998.

Reinold, Alwine

Lehrerin • 15. 4. 1869–1939 Detmold • Königin-Luise-Str. 10: 1912–1917; Schloßstr. 64: 1918–1929; Westendallee 104: 1931/32

R. trat zu Beginn des 20. Jahrhunderts ihre Stellung als ordentliche Lehrerin an der Sophie-Charlotte-Schule in Charlottenburg an. Die als seminaristische Lehrkraft für Unter- und Mittelstufe ausgebildete R. vertrat dort nicht nur ihre männlichen Kollegen bei Krankheit in der Oberstufe, sondern wurde seit 1912 auch für den normalen Unterricht eingesetzt. R. war in vielen Verbänden und Vereinen tätig, was ihr starkes berufspolitisches Engagement widerspiegelt: Von 1906 bis 1931 war R. Vorsitzende des Charlottenburger Lehrerinnenvereins, ab 1921 Vorsitzende des Reichsverbandes der seminaristischen Lehrerinnen an höheren Schulen, des Preußischen Landesvereins für Lyceallehrerinnen, des Provinzialvereins der Lehrerinnen in Groß-Berlin und Berlin und Abgeordnete in der Charlottenburger Stadtverordnetenversammlung. Sie setzte sich u. a. zusammen mit ihrer Kollegin Dr. Else Wehowski vehement gegen die diskriminierenden Entlassungen von Lehrerinnen aufgrund der Zölibatsregelung ein, die, obwohl sie 1919 abgeschafft worden war, immer noch aufrechterhalten wurde. Somit setzte sie Zeichen nicht nur für die Charlottenburger Lehrerinnen, sondern für alle Frauen ihres Berufstandes. Seit ihrem Ausscheiden aus dem Amt 1931 lebte sie in Detmold.   *(DH)*

Lit.: Beckmann, Emmy: *Nachruf auf Alwine Reinold.* In: *Die Frau*, 47. Jg., Heft 2 (Nov. 1939), S. 55; Frauenforschungs-, bildungs- und informationszentrum (FFBIZ) Berlin (Hrsg.): *„O Charlottenburg, …"? Wege zur Frauengeschichte Charlottenburgs 1850–1930*, Berlin 1989.

Richter, Liselotte
Wissenschaftlerin, Politikerin, Widerstandskämpferin • 7. 6. 1906 Berlin – 16. 1. 1968 Berlin • Murellenweg 29: mind. 1928–1968

Fast ihr ganzes Leben blieb die zweifach promovierte R. Charlottenburg treu. Ihre Kindheit verbrachte die Tochter eines leitenden Angestellten der Preußischen Staatsbank, die einen Zwillingsbruder hatte, in Ruhleben. Ab 1928 studierte R. Philosophie, Theologie, Germanistik und Geschichte in Berlin, Freiburg und Marburg. 1932 promovierte sie im Fach Philosophie in Marburg und legte zusätzlich die Prüfung für das höhere Staatsamt ab; beides mit der Bestnote. Wegen ihres politischen Engagements in einer kommunistischen Studentengruppe – bei der Roten Hilfe und der MASCH (marxistische Arbeiterschulung) – wurde sie 1933 kurzzeitig von der Gestapo verhaftet und mußte ihre Hochschultätigkeit aufgeben. Sie tauchte in Berlin unter, wo sie, völlig mittellos, drei Jahre im Untergrund arbeitete. 1936 wurde sie Mitarbeiterin der Leibniz-Kommission der Akademie der Wissenschaften und knüpfte von hier aus Kontakte zu ausländischen Widerstandsgruppen. Nach dem Krieg wurde ihr Haus in Ruhleben eine Anlaufstelle für Wissensdurstige: Sie hielt dort private Vorlesungen zur Philosophie. Bald

reichte der Platz nicht mehr aus, und die Gruppe traf sich in größeren Räumlichkeiten am Theodor-Heuss-Platz und in Westend. Ihre
große Berufung, „ihr liebstes Kind", sollte jedoch die Charlottenburger Volkshochschule werden. Zunächst wurden ihr Leitung und
Aufbau derselben übertragen, und im Oktober 1945 wurde sie
schließlich die erste Bezirksstadträtin für Volksbildung in Charlottenburg. Es galt nicht nur, aus den Trümmern den Wiederaufbau zu
organisieren, sondern gleichzeitig waren alte NS-Ideologien zu
überwinden und die Lehrpläne zu entrümpeln, und ein demokrati-
scher Neuanfang mußte gewagt werden. In ihrem Aufsatz *Vom
Chaos zum Kosmos* berichtet R. über diese aufregende Pionierar-
beit, die sie voller Engagement und Enthusiasmus vorantrieb. Sie
hielt auch selbst Vorlesungen. 1946 erhielt sie die Chance, als Dozentin an der Humboldt-Universität Lehre und Forschung wieder-
aufzunehmen. Ein Jahr später bekam sie dort eine Professur: R.
wurde die erste Philosophieprofessorin in Deutschland. Ihr besonderes Interesse galt dem Werk Sören Kierkegaards. Daneben do-
zierte sie in Pädagogik und Theologie, promovierte ein zweites
Mal, diesmal im Fach Religionswissenschaften (1951), und wechselte schließlich an die Theologische Fakultät. 1968 starb sie nach
schwerer Krankheit und erhielt auf dem Charlottenburger Luisenfriedhof ihre letzte Ruhestätte.   *(BW)*

Lit.: Oettinger, Angelika/ Schneegass, Beate (Hrsg.): *Gebraucht. Gebremst …
Gefördert. Frauen und Politik in Charlottenburg nach 1945*, Berlin 1993. •
Nachl.: Archiv der Humboldt-Universität, Berlin

Schmitt, Charlotte

Juristin • 1909 Berlin – 1989 Berlin • Bayernallee 6: ca. 1953 –
mind. 1970; Hardenbergstraße 2 (Bundesverwaltungsgericht):
1953 –1958

S. wurde in einer Juristenfamilie geboren. Nach dem Abitur begann
sie zunächst ein Biologie- und ein Philosophiestudium und entschied sich erst später für das Jurastudium. Nachdem sie 1936 ihr
erstes Examen bestand hatte, absolvierte sie trotz der Gewißheit,

nicht als Richterin oder Rechtsanwältin arbeiten zu können, 1940 ihr zweites Examen. Anfangs arbeitete sie in einer Berufsgenossenschaft, setzte 1943 dann jedoch aufgrund der Geburt ihres ersten Kindes aus. Da sie nach ihrer Heirat von Berlin nach Potsdam umgezogen war, erhielt sie 1946 nur eine Arbeitserlaubnis für die sowjetische Besatzungszone und wurde in Weißensee amtliche Vertreterin eines Rechtsanwalts und Notars. Ihr Mann befand sich noch in Kriegsgefangenschaft, so daß allein ihre Erwerbstätigkeit den Lebensunterhalt der Familie sicherstellte. Nach dem Umzug ins Rheinland war S. anfangs nicht berufstätig, bis sie 1952 – unterstützt durch den nordrhein-westfälischen Minister – eine Festanstellung als Landgerichtsrätin erhielt. Auf Vorschlag des 1948 gegründeten Deutschen Juristinnenbundes, dem sie selbst angehörte, wurde sie 1953 zur ersten Richterin am Bundesverwaltungsgericht in Berlin ernannt. Fünf Jahre später, 1958, fand sie sich wiederum in einer Pionierrolle wieder. S. wurde als erste Frau zur Senatspräsidentin ernannt. Ihr Ehemann Rudolf Schmitt war zu diesem Zeitpunkt Richter am Berliner Senat des Bundesgerichtshofes. Dennoch war sie es, die die Doppelbelastung von Beruf und Familie primär zu tragen hatte. S. starb 1989 in Berlin.   *(SH)*

Lit.: Hildebrandt, Sandra: *Frauen in der Justiz.* In: Berliner Anwaltsverein e. V. (Hrsg.): *Berliner Anwaltsblatt*, Sonderheft, 47 Jg., September 1998, Berlin 1998.

Simson, Clara von

Kommunalpolitikerin, Direktorin des Lettehauses, Chemikerin •
4. 10. 1897 Rom – 26. 1. 1983 Berlin • Straße des 17. Juni
(Technische Universität Charlottenburg): 1947–1951

S. wurde als Enkelin des 1888 geadelten Präsidenten der Frankfurter Nationalversammlung, des preußischen Abgeordnetenhauses und des Reichsgerichts in Leipzig, Eduard von Simson, in eine politisch liberale Familie geboren. Vielen Berlinern ist sie als FDP-Kommunalpolitikerin, langjährige Leiterin des Lettehauses und Stadtälteste im Gedächtnis, die sich vor allem der Sozial- und Hochschulpolitik widmete. Weniger bekannt ist, daß sie als Chemikerin in Charlottenburg wissenschaftlich wirkte. S. wurde in Rom geboren, als ihr Vater dort einige Zeit als Kaufmann tätig war. Nach einer Bibliothekssekretärinnen-Ausbildung und Auslandsaufenthalten studierte sie ab 1918 ein Semester in Heidelberg und dann an der Universität Berlin Chemie, Mathematik und Physik. Nach ihrer Promotion 1923 war sie wissenschaftliche Mitarbeiterin am physikalisch-chemischen Institut der Universität, bis sie aus rassistischen Gründen 1933 Berufsverbot erhielt. Die jäh unterbrochene wissenschaftliche Laufbahn nahm sie 1947 an der Technischen Universität in Charlottenburg wieder auf: als Oberassistentin, die sich vor allem mit viel Freude der Lehre, aber auch der Hochschulpolitik widmete. Mit 54 Jahren habilitierte sie sich als erste Chemikerin an der Technischen Universität Berlin und wurde dort Privatdozentin. Doch ihr demokratisches Engagement und die traurige Erkenntnis, daß sie nach 14 forschungsfernen Jahren den Anschluß an die Spitzenforschung verloren hatte, ließen sie einen anderen als den wissenschaftlichen Berufsweg einschlagen – auch er diente dem Ansehen Berlins und der Ausbildung der Jugend.   *(BE)*

Lit.: Galm, Ulla: *Clara von Simson, Tochter aus liberalem Hause*, Berlin 1984; Galm, Ulla: *Clara von Simson.* In: Wilhelm Treue / Gerhard Hildebrandt (Hrsg.): *Berlinische Lebensbilder. Naturwissenschaftler*, Berlin 1987, S. 377–383.

Szagunn, Ilse
Ärztin • 1887 Berlin-Zehlendorf – 1971 Berlin • Kantstr. 20: 1913 –1927

Schon als Kind wollte S. Ärztin werden. Die kaisertreuen Eltern unterstützten ihren damals ungewöhnlichen Berufswunsch. Zur Abiturvorbereitung besuchte sie die Gymnasialkurse von Helene Lange. Anders als die erste Ärztinnengeneration mußte sie nicht im Ausland studieren. Verheiratet war sie mit dem Juristen Walter Szagunn. Im Ersten Weltkrieg eröffnete sie in ihrer Wohnung in der Kantstraße eine Praxis zur Versorgung von „Soldatenfrauen" und arbeitete in Charlottenburg als Leiterin einer Mütter- und Säuglingsberatungsstelle. S. befaßte sich mit den sozialen Ursachen und Folgen von Krankheiten, der Gesundheitsberatung und -politik und war damit eine Vorreiterin auf dem Gebiet der Sozialhygiene, welches insbesondere „weiblichen Ärzten" ein neues Betätigungsfeld bot. 1918 stellte sie die Stadt Charlottenburg als Preußens erste Berufs- und Fachschulärztin für Mädchen ein. Als Mutter von zwei Söhnen vereinbarte sie Familie und Beruf durch Teilzeitarbeit und Haushaltshilfen. S. arbeitete für die DVP in der Charlottenburger Gesundheitsdeputation und im Preußischen Landesgesundheitsrat. Sie engagierte sich für den Jugendarbeitsschutz, vertrat aber gleichzeitig eine Bevölkerungspolitik, die mittels Geburtensteigerung und Eugenik, der Lehre zur „Erzeugung eines gesundenden Nachwuchses", die Anzahl und Qualität der „Nachkommenschaft" der Deutschen verbessern wollte. Dies setzte sie in ihrer Praxis als Berufsschulärztin durch „sexualhygienische" Beratung um: Mädchen sollten vor der Ehe auf den Austausch von Gesundheitszeugnissen achten, um mit einem „erbgesunden" Mann ebensolche Kinder zu zeugen. 1931, während der Weltwirtschaftskrise, wurde ihr als verheirateter Frau im Öffentlichen Dienst gekündigt. Danach betreute sie als Ärztin ein Lager für arbeitslose junge Frauen, welches auch nach 1933 aufrechterhalten wurde. Eugenische Vorstellungen waren gegen Ende der Weimarer Republik in der Ärzteschaft verbreitet. Sie wurden zu zentralen Elementen der nationalsozialistischen Rassen- und Gesundheitspolitik, an der S. wie viele ihrer Kolleginnen und Kollegen mitwirkte, ohne daß aus ihrer Sicht deren verbrecherische Folgen zu Beginn absehbar gewesen wären. S. arbeitete bei der protestantischen Inneren Mission (heute Diakonisches Werk) als ärztliche Eheberaterin sowie in bevölkerungspolitischen und rassenhygienischen Ausschüssen. Im Zweiten Weltkrieg war sie Chefredakteurin der Zeitschrift *Die Ärztin*, eines ehemals pluralistischen Forums der Ärztinnenschaft. Schon 1927 war S. mit ihrer Familie in den Süden Berlins gezogen, wo sie 1945, als Witwe und nach dem Tod eines Sohnes, mit 57 Jahren erneut eine Praxis eröffnete. Sie arbeitete ihr Leben lang standespolitisch und als „Medizinjournalistin" und starb, von der jungen Bundesrepublik geehrt, im Alter von 84 Jahren.   *(LS)*

Lit.: Gantenberg/Gettkant/Szagunn: *Gesundheitsfürsorge für die schulentlassene Jugend.* In: *Zeitschrift für Schulgesundheitspflege und soziale Hygiene,* Beiheft 1925, S. 5–55; Szagunn, Ilse: *Die schulärztliche Betreuung der Char-*

lottenburger Mädchen-Berufsschulen in den Jahren 1918–1930. In.: *Nachrichtendienst des Deutschen Vereins für Öffentliche und Private Fürsorge*, 9. Jg. 1930, S. 71–73; Szagunn, Ilse: *Vita. Ein Lebensbild in der Zeit*. In.: *Berliner Medizin*, H. 11 1961, S. 260–266.

Ullmann, Irma, geb. Goldberg

Chemikerin • Mitte der 1870er Jahre – ? • Berliner Straße (heute Straße des 17. Juni) (Technische Hochschule Charlottenburg): 1907–1912

U. war die erste Frau, die in einem chemischen Laboratorium der Technischen Hochschule als Privatassistentin wissenschaftlich gearbeitet hat, und das schon zwei Jahre bevor mit Dekret vom 14. April 1909 Frauen in Preußen zum Studium an Technischen Hochschulen zugelassen wurden. Von ihrem Leben ist nur das Wenige bekannt, das aus ihren Veröffentlichungen und Patentanmeldungen erschlossen werden kann. U. studierte in den 1890er Jahren an der Universität Genf – in der Schweiz waren Frauen schon früh zum Studium zugelassen, in Zürich schon ab 1867 –, erwarb das Diplom für Chemie und wurde an der gleichen Universität 1899 zum Dr. phil.; ihr Doktorvater war der in Fürth gebürtige, erst 24jährige Privatdozent Fritz Ullmann (1875–1939), ein führender Vertreter der Technischen Chemie. Offenbar arbeitete U. nach der Promotion weiter in Ullmanns Labor, denn 1905 erhielten beide zusammen ein Patent für einen synthetischen Farbstoff. 1905 wurde Fritz Ullmann Privatdozent an der Technischen Hochschule Charlottenburg. U. blieb hingegen in Genf, doch veröffentlichten beide gemeinsame Arbeiten mit den Ortsangaben Berlin / Genf. Als Ullmann 1907 Professor an der TH wurde, holte er seine Mitarbeiterin als Privatassistentin nach Charlottenburg, wie aus U.s weiteren Veröffentlichungen hervorgeht. Ein Patent für „I. Ullmann-Goldberg" auf Anthrachinonsulfit von 1910 zeigt, daß das Paar inzwischen – wohl in der Schweiz, wo der Doppelname für Ehefrauen schon lange üblich war – geheiratet hatte. Bis zum Wechsel Fritz Ullmanns an die Berliner Universität 1912 arbeitete das Ehepaar gemeinsam, doch an der Universität fand U. offenbar keine Arbeitsmöglichkeit mehr.

Nachdem Fritz Ullmann 1925 wieder nach Genf gegangen war, zeigt eine weitere Veröffentlichung, daß das Ehepaar wieder gemeinsam forschte. U.s weiterer Lebensweg läßt sich nicht mehr rekonstruieren.   *(BE)*

Wegscheider-Ziegler, Hildegard, geb. Ziegler

Lehrerin, Sozialistin • 2. 9. 1871 Berlin – 4. 4. 1953 Berlin • Nürnberger Str. 67: 1905/1906

Sie war eine von vier Töchtern der Pfarrersfamilie Ziegler und verbrachte Kindheit und Jugend in Liegnitz (Schlesien). Gefördert durch ihre Eltern, absolvierte W. hier nach privater Vorbereitung 1892 die Lehrerinnenprüfung. Sie war die erste Abiturientin in Preußen (Sigmaringen). Ihr Studium der Geschichte und Philosophie absolvierte sie mit Hilfe eines Stipendiums des Allgemeinen deutschen Frauenvereins in Zürich. In dieser Zeit wurde sie Mitglied der SPD. 1898 schloß sie in Halle ihre Promotion ab und war die erste Dr. phil. in Preußen. Anschließend unterrichtete sie als Lehrerin in Berlin an den von Helene Lange gegründeten Gymnasialkursen für Mädchen. Wegen W.s Heirat mit dem Arzt Max Wegscheider (1899) und ihrer ersten Schwangerschaft lehnte es Helene Lange unter Anwendung der Zölibatregelung ab, sie weiter zu beschäftigen. W. nahm private Lehrtätigkeiten auf, bereitete Mädchen auf das Abitur vor und arbeitete bei Zeitschriften mit. 1901 kreuzte ihr Weg Charlottenburg. Sie gründete mit Hilfe des Vereins „Frauenwohl" die ersten Gymnasialkurse für Mädchen in Charlottenburg. An dieser von W. geleiteten und nicht staatlich anerkannten Familienschule mußte einer der Väter den Vorsitz übernehmen, damit überhaupt Verhandlungen mit den Behörden möglich waren. Sprechstunden wurden in W.s Wohnung abgehalten. Als sie erneut schwanger wurde, hatten die Eltern keinerlei Einwände gegen ihre Weiterbeschäftigung. Die Schulaufsichtsbehörde dagegen sah hier einen Verstoß gegen die Sittlichkeit, so daß W. nicht mehr in Charlottenburg unterrichten durfte. Sie nahm vorübergehend eine Lehrtätigkeit an der Humboldtakademie an. Nach der Scheidung von Wegscheider legte sie das Oberlehrerinnenexamen in Bonn ab, wo sie von 1908 bis

1920 auch in diesem Amt tätig war. Danach wurde sie die erste Oberschulrätin im Provinzialschulkollegium Brandenburg-Berlin (Sitz Lichterfelde). W. setzte sich auf der Reichsschulkonferenz von 1920 für die Elternbeiräte und als Oberschulrätin für die Anerkennung von Aufbauschulen ein, an denen Nichtgymnasiasten ihr Abitur erlangen sollten. Während der Zeit des Nationalsozialismus war sie gezwungen, ihre Ämter aufzugeben. Nach 1945 wurde sie Bezirksvorstandsmitglied der SPD in Berlin-Wilmersdorf und Mitglied städtischer Schul- und Kulturausschüsse. 1952 erhielt W. das Bundesverdienstkreuz. *(DH)*

Lit.: Schmoldt, Benno: *Hildegard Wegscheider*. In: Schmoldt, Benno (Hrsg.): *Pädagogen in Berlin*, Baltmannsweiler 1991; Juchacz, Marie: *Sie lebten für eine bessere Welt*, Hannover 1971.

Welskopf-Henrich, Liselotte, (Elisabeth Charlotte), geb. Henrich

Wissenschaftlerin, Schriftstellerin, Widerstandskämpferin • 15. 9. 1901 München–16. 6. 1979 Garmisch-Partenkirchen • Giesebrechtstr. 9: mind. 1943 – mind. Mai 1945; Neue Kantstraße 7a: Juni 1945/1946–1950

Die einzige Tochter des Rechtsanwalts Dr. Rudolf Henrich und seiner Frau Marie wuchs in einem demokratisch-liberalen Elternhaus zunächst in München und dann in Berlin auf und interessierte sich bereits als Kind für Politik. Ihr Studium der Alten Geschichte, Ökonomie und Philosophie in Berlin finanzierte sie sich selbst und schloß es 1925 mit „magna cum laude" ab. Da innerhalb der Hochschule keine Stelle frei war, arbeitete sie im Bereich Betriebsstatistik zunächst in einem Kaufhaus, dann an der Sozialen Frauenschule in Schöneberg und von 1928–1945 im Statistischen Reichsamt. Stark geprägt durch die Tätigkeit ihrer Mutter in einer Friedensbewegung, lehnte W. das NS-Regime vehement ab und engagierte sich im Widerstand. Dabei lernte sie ihren späteren Ehemann kennen, einen Kommunisten, dem sie zur Flucht und einer neuen Existenz verhalf. Nach der Kapitulation gehörte W. zu den ersten, die sich für

den Wiederaufbau der Verwaltungsstruktur ihres Bezirks einsetzten. Sie stieg zur „rechten Hand" des Bürgermeisters auf und leitete
das Dezernat Statistik sowie das Dolmetscherbüro. 1946 heiratete
W. und trat in die KPD ein. 1950 zog die inzwischen dreiköpfige
Familie nach Treptow. Von 1946 an arbeitete W. bei einer Baustoff-
beschaffungsgesellschaft, bis sie 1949 schließlich eine Anstellung
als Dozentin an der Humboldt-Universität erhielt. 1959 wurde sie
dort die erste Professorin für Alte Geschichte; für die Wissenschaftlerin hatte sich damit ein Traum erfüllt. W. wurde das erste weibliche Mitglied der Akademie der Wissenschaften zu Berlin, und seit
1951 war sie Mitglied des Schriftstellerverbandes der DDR. Mit
ihrem Romanzyklus *Die Söhne der Großen Bärin*, der sich mit der
Unterdrückung und dem Überlebenskampf der Indianer auseinan-
dersetzt, wurde sie einem breiteren Publikum bekannt. Hierfür erhielt sie den Jugend-Erzählerpreis des Ministeriums für Kultur der
DDR und 1968 den Braunschweiger Literaturpreis für die beste Ju-
genderzählung. Von 1963 bis 1974 unternahm sie Reisen in die
USA, um sich vor Ort über die Lage der Ureinwohner Amerikas zu
informieren. Daraus entstand der ebenso engagierte Buchzyklus
Das Blut des Adlers. W.s 1954 erschienener autobiographischer
Roman *Jan und Jutta* hingegen schildert ihren Einsatz im politischen Widerstand gegen den NS-Terror und den Überlebenskampf
in Berlin in den Wirren der letzten Kriegsjahre.   *(BW)*

Lit.: Oettinger, Angelika/ Schneegass, Beate (Hrsg.): *Gebraucht. Gebremst …
Gefördert. Frauen und Politik in Charlottenburg nach 1945*, Berlin 1993.

Zahn-Harnack, Agnes von, geb. Harnack
Lehrerin, Schriftstellerin • 19. Juni 1884 Gießen – 22. Mai 1950
Berlin • Grolmanstraße 33 (Institut Wellmann von Elpons):
1912–1919

Z. war die Tochter des Theologieprofessors Adolf (von) Harnack.
Mutter und Vater entstammten bedeutenden Gelehrtengeschlech-
tern. Der Theologieprofessor ging 1888 mit seiner Familie nach Berlin. Z. wurde durch ihr Elternhaus eine sehr gute akademische Bil-

dung zuteil. Nach dem Besuch einer privaten Schule ging sie an das
Lehrerinnenseminar bei Ida Klockow in Charlottenburg und absolvierte 1903 ihr Examen. Sie unterrichtete an verschiedenen privaten Schulen in Berlin und bereitete sich auf die Reifeprüfung vor. Z.
studierte Theologie, Germanistik und Anglistik. 1912 promovierte
sie an der Universität in Greifswald über Brentanos *Aloys und
Imelde*. Anschließend nahm sie den Unterricht als Oberlehrerin am
Institut Wellmann von Elpons in Charlottenburg auf. Dieses war ein
vornehmes privates Internat, in dem 14- bis 16jährigen Mädchen
die „höhere Bildung" eines Lyzeums vermittelt wurde. Hier lernten
Schülerinnen aus ganz Preußen, die aus Familien von Industriellen,
Gutsbesitzern und Beamten kamen, aber auch jüdische Großstadt-
schülerinnen. Z. unterrichtete Religion, Deutsch und Englisch und
übernahm später leitende Tätigkeiten. Nach Aussagen von ehemaligen Schülerinnen war sie beliebt und regte die Mädchen zum
selbständigen Denken an. Mit Beginn des Ersten Weltkriegs wuchs
ihr sozialpädagogisches Engagement: Sie trat in den Nationalen
Frauendienst ein und gründete einen Club für Mädchen innerhalb
der Sozialen Arbeitsgemeinschaft Berlin Ost. 1919 heiratete sie
den Juristen Dr. Karl von Zahn und beendete ihre Schultätigkeit in
Charlottenburg. 1921 wurde ihre Tochter und 1923 ihr Sohn geboren. Seit ihrer Heirat befaßte sich Z. in publizistischer, politischer
und organisatorischer Form mit den Schwierigkeiten der Akademi-
kerinnen, der Nachwuchsfrage und der Mitwirkung von Frauen an
Gesetzgebungen. Sie gründete 1926 den Akademikerinnen-Ver-
band und war 1931 bis 1933 Vorsitzende des Bundes deutscher
Frauenvereine, den sie 1933 aufgrund der bevorstehenden nationalsozialistischen „Gleichschaltung" auflöste. Z. gründete direkt nach
Kriegsende den Berliner Frauenbund e. V. und engagierte sich in
der Flüchtlings-, Überlebens- und Rechtshilfe. 1949 wurde ihr für
die Biographie ihres Vaters die Ehrendoktorwürde an der theologi-
schen Fakultät in Marburg verliehen.   *(DH)*

Lit.: Brehmer, Ilse/ Ehrlich, Karin: *Mütterlichkeit als Profession. Kurzbiogra-
phien*, Bd. 2, Pfaffenweiler 1993; Reicke, Ilse: *Agnes von Zahn-Harnack. Ein
Lebensbild*. In: Zahn-Harnack, Agnes von: *Schriften und Reden 1914–1951*,
Tübingen 1964.

Wirtschaft

Der Forschungsbereich zu Unternehmerinnen bis zum Ende des Zweiten Weltkriegs weist noch viele unbeantwortete Fragen auf. Was veranlaßte Frauen, in diese absolute Männerdomäne einzubrechen? Wie verschafften sie sich ihr Know-how und wie vereinbarten sie Familie und Beruf? Interessant ist auch, ob Frauen ihre neu gewonnenen Führungspositionen als Zwang oder Herausforderung ansahen und ob sie einen anderen Führungsstil an den Tag legten als ihre männlichen Kollegen. Diese und andere Fragen untersuchte Elke Hlawatschek an Hand von 60 Unternehmerinnen in ihrem Aufsatz *Die Unternehmerin (1800–1845)*. Doch aufgrund der schlechten Quellenlage zu diesem weiblichen Berufsbild konnten bisher nur mögliche Motive und Tendenzen festgestellt werden, die sich auch bei Charlottenburger Unternehmerinnen widerspiegeln.

Der Begriff Unternehmerin ist zu differenzieren in Unternehmenserbin und Unternehmensgründerin. Zur Unternehmenserbin wurden jene Frauen, deren Ehemann verstarb, bevor die männlichen Erben die Volljährigkeit und entsprechende Ausbildung für die Übernahme eines Betriebes erreicht hatten. Sie wurden „zwangsweise" Unternehmerin, um die materielle Existenz der Familie zu sichern und das Unternehmen für die nächste Generation zu erhalten. Entsprechend dieser belastenden existenziellen und/oder herausfordernden ideellen Verantwortung konnte die Unternehmerin ihren Betrieb weiterentwickeln oder für ihre Nachfahren lediglich aufrechterhalten. Je nach testamentarischer Verfügung des verstorbenen Ehemanns hatte die Leiterin mehr oder weniger Einfluß auf das Firmengeschehen. Diejenigen Frauen, die ein eigenes Unternehmen gründeten, sahen in diesem Schritt ihren Weg zur Selbstverwirklichung – zumeist unabhängig von familiären Motiven.

Wichtig für die Führung eines Unternehmens waren die kaufmännischen und wirtschaftlichen Kenntnisse. Die Unternehmenserbinnen sahen sich zum größten Teil völlig unerwartet dem neuen Beruf gegenüber. Vor allem nach der Mitte des 19. Jahrhunderts standen sie vor einem ganz neuen Verantwortlichkeitsbereich, in dem sie sich erst orientieren mußten. War es bis zur Industrialisierungsphase noch üblich, daß Ehefrauen sich um die Familien kümmerten und gleichzeitig in den (Klein-)Betrieben halfen, so wandelte sich die Frauenrolle dann – durch die zunehmende Industrialisierung und die Entwicklung zum Großbetrieb bedingt – mehr und mehr in Richtung „Heim und Herd". Zusätzlich zu der unzureichenden theoretischen Ausbildung fehlte nun auch noch die Möglichkeit, diesen Mangel durch Praxiserfahrung zu kompensieren. Erleichternd für die Unternehmenserbinnen war allerdings, daß sie zumeist aus Unternehmerfamilien stammten und zumindest mit unternehmerischen Normen und Werten aufgewachsen waren. Was den Unternehmerinnen generell fehlte, war eine qualifizierte, einer Führungsposition entsprechende Ausbildung. Die Gründerinnen, die aus eigenem Antrieb ein Unternehmen aufbauten, besaßen zumeist wenige oder gar keine kaufmännischen Grundlagen. Zeugnisse ihrer kaufmännischen Aktivitäten lassen sich nur selten finden. Ihnen war es vorrangig wichtig, ihre Idee umzusetzen, wenn sie auch manchmal aus einem Zufall geboren war (s. Käthe ↑ Kruse), und ihre Selbständigkeit zu erhalten.

Hedwig ↑ Heyl, die nicht nur im sozialen Bereich Außergewöhnliches leistete, ist ein Beispiel für eine Unternehmenserbin in der Industrialisierungsphase. Die aus einer Bremer Reederfamilie stammende H. Heyl war schon zu Lebzeiten ihres Ehemanns in das Fabrikgeschehen der seit 1875 in Charlottenburg ansässigen Farbenfabrik Heyl eingebunden und steht somit für jene – durchaus auch bekannten – Erbinnen, die von vornherein nicht auf die Familie fixiert waren, sondern die Verbindung zur Einkommensquelle suchten. Hedwig Heyl nahm den ihrer „Frauenrolle" zugeteilten Bereich der heimischen Küche als Ausgangspunkt für ihr Interesse und ihren Forschungsdrang: „Oftmals besprach mein Mann die chemischen Prozesse mit mir, und ich gewann ein immer tieferes Interesse daran, weil die Zusammenhänge mit meinen Beobachtungen in der Küche mir dämmerten und ich unausgesetzt nach Gesetzen suchte, die das große und kleine Geschehen gleichmäßig erklärten." (Heyl, S. 19) Sie las die entsprechende Fachliteratur und besprach sie mit Chemikern. Kenntnisse im kaufmännischen Bereich waren in ihrer Erziehung begründet: „Und das Rechnen war eine seit meiner frühesten Jugend anerzogene Notwendigkeit für mein Gewissen – deshalb habe ich es auch in unzähligen Fällen gepflegt – lange ehe eine Steuereingabe solche Notwendigkeit verlangte." (Heyl, S. 14). Nach dem Tod ihres Mannes übernahm sie 1889 die Firma. Hedwig Heyl strebte nach Unabhängigkeit und scheute sich nicht vor Entlassungen bzw. frühzeitigen Pensionierungen von Arbeitern und Angestellten. Später, mit Umbau und Einführung der Elektrizität in die Fabrik, wandelte sie die Firma in eine GmbH um, stellte einen Leiter und Teilhaber ein und behielt selbst lediglich eine beratende Funktion. Sie verspürte zu diesem Zeitpunkt keine Neigung, sich auf dem neuen Gebiet der Elektrizität einzuarbeiten, da sie es als wichtiger empfand, anderen Frauen zur Seite zu stehen. In Heyls Fall übernahm erst ihr drittgeborener Sohn das Werk. Sie selbst übernahm nochmals alle Verantwortung für die Fabrik, als ihr Sohn in den Ersten Weltkrieg zog. Sie führte die Farbenproduktion fort, und als es zu Absatzengpässen kam, erfand sie eine neue Fleischkonserve, die von ihr benannten ABC-Konserven. Sie nutzte das ihr zur Verfügung stehende Frauennetzwerk und erwirkte in dem von Männern regierten Bankwesen einen Kredit für eine neue Fabrik: „In meiner Privatküche machte ich Proben von Fleischkonserven, die einen absolut anderen Charakter hatten, wie die üblichen Rindfleischkonserven. – Ich bat mir von meinen hohen Freundinnen Empfehlungen an die zuständige Behörde aus und konnte nun meine Offerten und Proben abgeben. Sie wurden geprüft, hervorragend gefunden, und ich erhielt große Aufträge. – Die Verwaltung der Fabrik, zu der gewiegte Herren aus Bankkreisen gehörten, war zuerst vollständig überrascht, aber ich hatte die Anschläge zur Einrichtung der Fabrik und die Kalkulation so vorbereitet, daß schließlich nur ein großer Bankkredit zu bewilligen war. Das geschah, und in vier Wochen stand die Fabrik ..." (Heyl, S. 145) H. Heyl war eine der Unternehmenserbinnen, die mit der Erstellung von innovativen Produkten einen erfolgreichen Weg gingen.

Von der in Charlottenburg wohnenden Zirkusdirektorin Paula

↑Busch ist bekannt, daß sie zu den wenigen Frauen gehörte, die ein großes Unternehmen direkt vom Vater erbten. Als „Chefin" und letztendlich Entscheidende regierte sie über ein fünfköpfiges Männer-Direktorium. Sie war risikobereit – bis hin zum Einsatz ihres eigenen Lebens – und setzte sich mit ihren Neuerungen über die Proteste ihrer Kollegen hinweg. Sie schrieb in ihrem *Spiel meines Lebens*: „Nie verletzte ich wissentlich das Selbstbewußtsein meiner Mitarbeiter, auch wenn sie es ab und zu ein wenig übersteigert hatten ..." (S. 229) Sie, die schwere Männerarbeit leistete, vermied es bewußt, sich in Sprache, Kleidung und Geste wie ein Mann zu benehmen.

Abgesehen von diesen gut durch autobiographische Quellen belegten Beispielen lassen sich in Charlottenburg auch allein im Berliner Adreßbuch von 1859 mehrere selbständige Frauen aus den unterschiedlichsten Bereichen finden. So gab es neben Sophie ↑March noch zwei weitere Fabrikbesitzerinnen: G. H. Bretsch, geb. Gebhardt, Besitzerin einer Dampffärberei und Kattunfabrik am Tiergartenfeld 7, und Frau J. Knolleisen, geb. Silkrodt, Besitzerin einer Kattundruckerei an der Spreestraße 36. Und u. a. folgende Inhaberinnen von kleineren und mittleren Betrieben sind zu nennen: eine Garküchenbesitzerin (M. Stolzmann, geb. Lange, Berliner Straße 57), die Inhaberin einer Waschanstalt (C. W. A. Hofer, geb. Kraft, Glaserwitwe, Neue Berliner Straße neben Chausseestraße), eine Gastwirtin (E. Grandeit, geb. Fielitz, Mühlenstraße 10) und eine Viktualienhändlerin (M. Gade, geb. Schilling, Berliner Straße 39). Alle aufgeführten Frauen – bis auf Frau Gade – waren verwitwet. Dies läßt die Vermutung zu, daß sie als Unternehmenserbinnen ihren Weg machten.

Da Charlottenburg von jeher als Ausflugsziel der Berliner favorisiert wurde, verfügte es über eine weit verbreitete Gastronomie und eine Vielzahl unterschiedlichster Gewerbebetriebe. Hinzu kam ab der Mitte des 19. Jahrhunderts die Ansiedlung von Industriebetrieben (Tiergartenfeld, Martinikenfeld, Bohneshof). In diesem Kontext liegt die Vermutung nahe, daß noch viele Beispiele von Unternehmerinnen im Verborgenen liegen. *(DH)*

Busch, Paula, verh. Uhl

Zirkusdirektorin, Schriftstellerin • 6. 12. 1886 Odense (Dänemark) – 25. 6. 1973 Berlin (West) • Lyckallee 14: 1914–1973

Ihre ganze Liebe galt dem Zirkus, und jahrzehntelang leitete sie
eines der führenden Zirkusunternehmen Deutschlands. B. war in
diese Welt hineingeboren worden: Ihre Eltern Paul Busch und Con-
stanze, geb. Grabe, hatten den Zirkus Busch 1883 in Dänemark gegründet. 1885 eröffneten sie in Berlin am Bahnhof Börse ihr erstes
Zirkusgebäude; Dependancen in Wien, Hamburg und Breslau folgten. Nach einer behüteten Kindheit – B. genoß Privatunterricht –
legte sie 1908 in Köln am Humanistischen Lyzeum das Abitur ab.
Heimlich heiratete sie in London einen ihrer Kölner Lehrer, den
Studienrat Alois Uhl, doch die Ehe wurde nach wenigen Jahren geschieden, und die gemeinsame Tochter Micaela wuchs bei der Mutter auf. Nach einem dreijährigen Studium der Philosophie, Litera-
tur- und Kunstgeschichte in Berlin und Heidelberg entschloß sich
B. zu Beginn des Ersten Weltkrieges, sich ganz dem Zirkus zu widmen. Sie begann als Autorin und Regisseurin von Manegestücken
und Pantomimen, in denen sie oft selbst als Hauptdarstellerin auftrat. Im Lauf ihres Lebens entstanden im Arbeitszimmer ihrer Villa
zahlreiche Romane und Tiergeschichten aus dem Zirkusmilieu, die
sich großer Beliebtheit erfreuten, darunter *Wasserminna* (1933),
das von der legendären Akrobatin des Zirkus Busch handelt. Nach
dem Tod des Vaters 1927 – die Mutter war bereits 1898 verstor-
ben – übernahm B. die Gesamtleitung des Zirkusimperiums, doch
in der NS-Zeit sollte sie fast alles verlieren. 1937 zerstörten die
Nationalsozialisten das Berliner Stammhaus, da es den Bauplänen
Albert Speers im Wege stand, und die Gebäude in Wien und Hamburg fielen Bombenangriffen zum Opfer. Aus Breslau mußte sie im
Winter 1944/45 mit ihren Leuten und Tieren flüchten, als die Stadt
zur Festung erklärt wurde. Zurück in Berlin, begann sie ganz von
neuem – mit einem Holzbau im Zoo –, doch die Blockade 1947/48
machte ihre Bemühungen zunichte. Erst im Mai 1952 konnte sie
zusammen mit ihrer Tochter den Zirkus Busch neu eröffnen. Für
ihre Verdienste erhielt sie mehrere Auszeichnungen, darunter 1961
das Bundesverdienstkreuz.   *(CS)*

Lit.: *Das Spiel meines Lebens. Erinnerungen.* Berlin 1992. • Nachlaß: Circus-
Busch-Archiv Berlin

Jacobsohn, Edith Lotte, geb. Schiffer, verh. Foster,
Pseud.: E. L. Schiffer
6. 10. 1891 Berlin – 31. 12. 1935 London • Dernburgstraße 25:
1910 –1921; Königsweg 33: 1924–1927; Kantstraße 152:
1927–1933 (Verlage)

Von ihren Zeitgenossen wurde sie als Exotikum bestaunt: J. trug
Monokel und Kurzhaarschnitt, besaß Reitpferde und liebte es,
schnelle Autos zu fahren und Zigarren zu rauchen. Als Cousine der
berühmten Gebrüder Cassirer und des Kabarettisten Marcellus
Schiffer gehörte sie schon von Haus aus in die kulturellen und geistigen Kreise, die den Charakter des Berlins der Kaiserzeit und
Weimarer Republik prägten. Als Tochter aus wohlhabender jü-
disch-assimilierter Bauunternehmersfamilie, die im 19. Jahrhundert
aus Breslau nach Berlin gekommen war, besuchte sie nach Abschluß ihrer Schulzeit eine englische Finishing-School. 1915 heiratete sie Siegfried Jacobsohn den Theaterkritiker und Herausgeber
der *Schaubühne* (ab 1918 *Weltbühne*). 1916 brachte J. ihren gemeinsamen Sohn Peter zur Welt, wandte sich aber schon bald ihren
beruflichen Ambitionen zu: Als Journalistin verfaßte sie Beiträge
für das Berliner Satireblatt *Ulk,* für die *Weltbühne* sowie für das
Monatsmagazin *UHU.* Gemeinsam mit einer englischen Freundin
gründete J. Anfang der 20er Jahre im Charlottenburger Königsweg
ein Übersetzungsbüro, aus dem 1924 der Williams&Co-Verlag her-
vorging. Im gleichen Haus befand sich auch die Redaktion der
Weltbühne. Dank J.s kaufmännischem und verlegerischem Ge-
schick mauserte sich ihr auf Kinderbücher spezialisierter Verlag
binnen weniger Jahre zum Erfolgsunternehmen. J. entdeckte und
übersetzte die englischsprachigen Tiererzählungen des Hugh Lofting *(Doktor Doolittle)* und Alan A. Milne *(Pu der Bär)* für das
deutsche Publikum. Sie verlegte Erich Kästner und verhalf ihm zu
einer steilen Karriere. Im Williams-Verlag erschienen von ihm u. a.
Emil und die Detektive und *Pünktchen und Anton,* von dem im Er-

scheinungsjahr 1931 allein sechs Auflagen verkauft wurden. Nebenbei kümmerte sich J. – wenn auch etwas widerwillig, wie aus den Korrespondenzen mit Kurt Tucholsky hervorgeht – um die Geschäftsinteressen der *Weltbühne*, die sie seit dem plötzlichen Tod ihres Mannes im Dezember 1926 übernommen hatte. Zu ihren organisatorischen und verlegerischen Aufgaben für das Blatt gehörte es u. a., daß sie in ihrer Wohnung sog. „Weltbühnen-Tees" veranstaltete, zu denen sich die Autoren des Blattes mit wichtigen Vertretern des öffentlichen Leben zum Meinungsaustausch trafen. In der Nacht des Reichstagsbrandes flüchtete J. gemeinsam mit ihrem Sohn zunächst nach Wien. Von dort ging sie in die Schweiz und später nach England. Nach längerer Krankheit in finanzieller Bedrängnis, mußte sie sowohl den Weltbühnen- als auch den Williams-Verlag verkaufen. Um eine Arbeitserlaubnis zu erhalten, heiratete sie erneut. Als Edith Forster starb sie am 31. Dezember 1935 in London an einem Schlaganfall. Beerdigt wurde sie auf dem jüdischen Friedhof in Hampstead, Middle-Essex.   *(SB)*

Lit: Flechtmann, Frank: *Mein schöner Verlag, Williams&Co. Erinnerung an Edith Jacobsohn*, Berlin 1997; Brauer, Stefanie: *Siegfried Jacobsohn. Eine Berliner Biographie (1881–1926)*, Diss., Uni Potsdam 1998.

Kruse, Käthe (Katharina), geb. Simon
Fabrikantin, Schauspielerin • 17. 9. 1883 Breslau – 19. 7. 1968 Murnau • Rönnestraße: ca. 1902/03 –1904; Fasanenstraße 13: 1910–1915

„Ich habe nie ein Hehl daraus gemacht, daß ich nicht befehlen kann, daß ich lieber etwas allein mache, als es andern aufzulegen. So habe ich nie Untergebene gehabt, sondern Helfer und Helferinnen, zu denen ich in einem gegenseitigen fast zärtlichen Vertrauensverhältnis stand." (Kruse, S. 125)
   Die unehelich geborene K. wuchs in Breslau bei ihrer Mutter in ärmlichen Verhältnissen auf. Nach ihrer Schauspielausbildung kam K. als 17jährige nach Berlin und erhielt ein Engagement am Lessing-Theater. Schnell zu Ruhm gelangt, verkehrte sie u. a. häufig im

legendären Café des Westens am Kurfürstendamm. Dort lernte sie
den um 28 Jahre älteren Bildhauer Max Kruse kennen, und es entwickelte sich eine für die damalige Zeit sehr moderne Lebensgemeinschaft, die u. a. von zeitweilig getrennten Wohnsitzen geprägt
war. Erst kurz vor der Geburt ihrer dritten gemeinsamen Tochter
heirateten Käthe und Max im Jahre 1909. Angeregt durch ihre Kinder und ihren Mann, fertigte K. ab 1905 die ersten beweglichen,
weichen Stoffpuppen an. Schon die anfänglichen primitiven Puppen hatten ein charakteristisches Gewicht, welches dem eines
Kleinkindes nahekam. Im Jahre 1910 – die Familie wohnte nun gemeinsam in der Fasanenstraße 13 – sollte in Charlottenburg für K.
ein neuer Lebensabschnitt beginnen: Sie war mittlerweile als „Pup-
penmacherin" für ihre Kinder bekannt und wurde gebeten, sich an
der Vorweihnachtsausstellung „Spielzeug aus eigener Hand" des
Warenhauses Tietz in Berlin zu beteiligen. Hierfür stellte sie neue
und weiterentwickelte Puppen her. Ihre Beteiligung war ein über-
wältigender Erfolg. Sie wurde über Nacht berühmt, Kunden und
Spielzeugfabrikanten gaben sich die Klinke in die Hand. Erste Versuche fabrikmäßiger Produktion scheiterten, da die Ergebnisse ihren
Ansprüchen von handwerklicher Umsetzung nicht genügen konnten.
1911 stellte sie zusammen mit einigen Heimarbeiterinnen 150 Puppen für die USA in der zur provisorischen Werkstatt umgestalteten
Wohnung her. Nachdem sie Aufträge in immer höheren Stückzah-
len erhielt, verlegte sie die Werkstätte nach Bad Kösen. Ihre Produktion ernährte zur Inflationszeit die Familie. Sie unternahm 1923
Geschäftsreisen nach England und Holland, um neue Kunden zu
gewinnen. 1925 wurde K. für ihre Puppen in einem Gerichtsverfah-
ren – erstmalig in der Geschichte – der künstlerische Urheberschutz
für ein „Spielzeug" zugesprochen, so daß den sich auf dem Markt
befindlichen Kruse-Imitationen endgültig jegliche Legalität entzogen wurde. Später nahm K. Schaufenster- und Lehrpuppen in ihr
Programm auf. Nach 1945 wurden die Kruse-Werkstätten ein Volks-
eigener Betrieb (VEB). Materialmangel zwang K. in den 50er Jahren zu einem Neuanfang in Donauwörth. Sie schuf eine Generation
von handgearbeiteten und abwaschbaren Puppen, deren Formen
vor allem den Sinn des Fühlens, die haptische Erfahrung ansprach
und förderte. Ihre Puppen führten zu einer Wende in der Spielzeug-

herstellung und wurden zum Maßstab einer neuen Geschmacks-
richtung.   *(DH)*

Lit.: Kruse, Käthe: *Ich und meine Puppen*, Freiburg (u. a.) 1982; Städt. Museum
Göttingen (Hrsg.): *Die Puppenwelt der Käthe Kruse*, Göttingen 1998.

March, Magdalena Sophie, geb. Keller

Unternehmerin • 12. 08. 1808 Frankfurt a. M. – 26. 12. 1889
Charlottenburg • Tiergartenfeld 1: 1859

„Werde ich mir die Erfahrungen eines gereiften Geschäftsmannes
aber so leicht zu eigen machen können? Leicht nicht, aber dem ern-
sten Willen ist nichts unmöglich." (Charlottenburg, den 17. 5. 1848)
    Nach dem Tod ihres Ehemanns Ernst March übernahm M. im
Dezember 1847 die Leitung der 1836 in Charlottenburg gegründeten Tonwarenfabrik March. Per Testament wurden ihr mehrere Be-
rater zur Seite gestellt; die Verantwortung jedoch lastete allein auf
ihren Schultern. Aus ihren Tagebuchnotizen geht hervor, welch enormen Anforderungen sie als Mutter von acht Kindern, die gleichzeitig eine Fabrik vor dem Ruin zu retten und die Existenz ihrer Familie zu sichern hatte, ausgesetzt war. Kraft und Stärke zog sie aus
ihrer tiefen Religiosität: Sie besuchte regelmäßig die Gottesdien-
ste, auch wenn sie manchmal vor Müdigkeit der Predigt nicht folgen konnte oder sehr zerstreut war und sich „nicht von den irdischen
Angelegenheiten" losreißen konnte. Selbstzweifel und Schuldge-
fühle bedrängten sie somit nicht nur familiär und beruflich, sondern
auch in ihrem Glauben. Sie maßregelte sich selbst, indem sie ein
Jahr nicht zum Heiligen Abendmahl ging. Zwischen diesen ihren
Gemütszustand widerspiegelnden Tagebucheintragungen finden
sich immer wieder buchhalterische Auflistungen von ausstehenden
und zu begleichenden Posten. Die Tonwarenfabrik hatte sich auf Ge-
brauchs- und Baukeramik spezialisiert. M. erkannte sehr schnell,
daß die Baukeramik lukrativer war, und förderte entsprechend die
Produktion. Mit zähem Willen und bewundernswerter Leistungs-
kraft führte sie die Fabrik durch die politisch und wirtschaftlich an-
gespannten Jahre 1848 bis 1852. M., selbst aus einer Kaufmanns-

familie stammend, erlernte die Buchführung und verfolgte wirtschaftliche Grundprinzipien – so die Erschließung von neuen Absatzmärkten, das Investieren und die Vermeidung von Ausschußproduktionen. Ab 1852 wurde sie durch ihren 22jährigen Sohn Paul
entlastet, der die technische Leitung übernahm, während M. die
Oberaufsicht behielt. Sie übergab ihren Söhnen Paul und Emil im
Jahre 1863 eine Tonwarenfabrik, mit der man weitere innovative
Schritte wagen und durchführen konnte. Das Familiengrab March
befindet sich auf dem Luisen-Kirchhof I in Charlottenburg. *(DH)*

Lit.: Tagebuchnotizen der Sophie March 1848–1852, Manuskript, Privatbesitz;
Tonindustrie Zeitung, 28. Jg., Nr. 93, vom 9. 8. 1904, S. 1107 ff.; March, Paul:
Erinnerungen an Ernst March 1798–1847 (Charlottenburg 1900).

Scheibel, Elfriede, verh. Wehner
Unternehmerin • 20. 11. 1900 Preiskretscham/Oberschlesien –
8. 10. 1980 Essen • Kantstraße 12a (Delphi): ca. 1945–1951

S. wuchs in Rostock auf und kam 1916 zum Besuch der Handelsschule nach Berlin. Als 17jährige lernte sie den um 36 Jahre älteren,
aus einer jüdischen Kaufmannsfamilie stammenden Josef König
kennen. Am 10. Januar 1919 wurde ihr gemeinsamer Sohn Wilhelm geboren, den König kurze Zeit später adoptierte. Da König
1901 in den USA eine Ehe geschlossen hatte, die nicht geschieden
werden konnte, lebten sie ohne Trauschein zusammen. Von den
10er Jahren bis zu Beginn der 30er Jahre hatte sich der Lebenspartner von S. in Berlin ein kleines „Kaffeehaus-Imperium", die König
Betriebe, aufgebaut. Er spezialisierte sich auf die Übernahme und
Sanierung heruntergewirtschafteter Kaffeehäuser. Dazu gehörten
u. a. das ehemalige Café Bauer, das Café Unter den Linden und im
Neuen Westen das Café König am Knie und die Villa d'Este. Hinzu
kam 1930 der Tanzpalast Delphi. Als Pächterin fungierte die Gesellschaft Elbcafe GmbH, deren Geschäftsführer und Hauptteilhaber
König war. Mit ihm begann die „goldene Ära" des Delphi. S. wurde
zur Unternehmerin, als König mit der Machtergreifung Hitlers Berlin verließ. Vorausschauend hatte er S. durch einen Scheinverkauf –

über die Gründung der Donau AG, die vorübergehend als alleinige
Gesellschafterin der Elbcafe GmbH fungierte – seine Betriebe
überschrieben. Somit galten die Betriebe offiziell als „arisiert". S.,
gelernte Buchhalterin, war nun die Treuhänderin Königs, und von
seinem Tod (1933) bis zur Volljährigkeit ihres Sohnes (1940) ver-
waltete sie das Unternehmen. Ihr Sohn war durch die testamentari-
sche Verfügung Königs zum Alleinerben bestimmt worden. S. überwand die anfänglichen Schwierigkeiten und führte die erfolgreiche
Ära des Delphi fort. Durch konsequente Programmpolitik wurde
das Haus zur Legende der Berliner Jazzgeschichte. Ihr vom Swing
begeisterter Sohn Wilhelm trug ebenfalls seinen Teil dazu bei. Von
1934 bis zur Schließung des Delphi 1943 traten u. a. die Original
Teddies, Teddy Staufer, die Orchester Pat Bonen, Fund Candrix,
Fritz Weber und Heinz Wehner auf. S. heiratete im Mai 1941 Heinz
Wehner, der seit 1945 als verschollen gilt. Nach dem Kriege wurde
1948/49 der ehemalige Tanzsaal in ein Kino umgebaut. Das Lokal
im Erdgeschoß konnte nicht mehr an den früheren Ruhm anknüpfen und wurde 1951 verkauft. S. zog Ende 1951 zu ihrer Schwägerin
nach Essen, nachdem sie sich vorher erfolglos in Moabit als Wirtin
versucht hatte. Ab 1954 hielt sie sich in Brasilien bei ihrem Sohn
Wilhelm auf, bis sie 1960 wieder nach Essen zurückkehrte.   *(DH)*

Lit: Wolffram, Knud: *Tanzdielen und Vergnügungspaläste*, Berlin 1992.

Salon

Der Salon entwickelte sich aus der „Hofhaltung" einer Dame. Seit dem 17. Jahrhundert tendierten, bedingt durch den beginnenden königlichen Absolutismus, alle Bereiche der Gesellschaft dazu, sich um eine fürstliche Person bzw. deren Residenz zu konzentrieren. Hierzu zählten in Charlottenburg Königin ↑Sophie Charlotte und die Gräfin Lichtenau (Wilhelmine ↑Encke). In Berlin entstanden die ersten Salons um 1780 nach französischem Vorbild. Der Begriff Salon in seiner Bedeutung als Ort der Konversation und zwanglosen Geselligkeit löste in Deutschland bis zur Mitte des 19. Jahrhunderts langsam die älteren Begriffe wie „Teetisch" oder „Kränzchen" ab. Die Salonnieren der höheren Aristrokratie und der literarischen Salons sprachen zwar über den französischen Salon, mieden diesen Begriff bezüglich ihrer eigenen Geselligkeiten jedoch eher, waren sie doch verhaftet in der romantischen Epoche, die im Gegensatz zum Rationalismus der Franzosen stand. Auch bedingt durch die napoleonischen Kriege blieb das Antifranzosentum noch lange wach. Ein weiterer Grund für die Vermeidung dieser Bezeichnung mag darin gelegen haben, daß man Berlin gegenüber Paris als kleinstädtisch ansah, sich mit einem Begriff wie „Salon" nicht brüsten wollte. Die Salonnieren sprachen von ihren „Donnerstagen", „Dienstagen" etc., und erst im zweiten Deutschen Kaiserreich wählte man für diesen festen Empfangstag dann den Begriff „jour fixe". Wurde man einmal zu einem „jour" einer adligen oder bürgerlichen Frau, die einem Salon vorstand, geladen, war dies der „Eintritt". Man konnte nun erscheinen, wann immer man wollte. Ebenso war es dem „Stammgast" gestattet, weitere Besucher einzuführen. Zu diesen gesellten sich wechselnde Gäste wie durchreisende Persönlichkeiten. So war der Salon auf der einen Seite ein Ort, der durch seine offizielle Einführung nur einer beschränkten Öffentlichkeit zur Verfügung stand, andererseits ein „offenes Haus", in dem man an den offiziellen Empfangstagen immer erscheinen konnte. Ein Salon ist nicht mit einem Club oder Verein gleichzustellen, da es weder Mitgliederlisten noch Mitgliederbeiträge gab. In den Salons wurde v. a. über Literatur, Philosophie, Kunst, Musik oder Politik diskutiert. Die meisten Salons waren dabei eine Mischform, so konnte in einem literarischen Salon z. B. auch musiziert werden, oder es fanden Theateraufführungen statt. Im Idealfall setzten sich die Salongäste aus allen Gesellschaftsschichten und Berufen zusammen. Dieser Ort der zwanglosen Begegnung – frei von Statuten und ideologischen Dogmen und mit dem Ziel des Respektes voreinander, der gegenseitigen Förderung und Bildung – sollte nicht von materiellen Geschäftsinteressen geprägt sein. Aber es ist nicht von der Hand zu weisen, daß einige Salons einen großen gesellschaftlichen Einfluß besaßen und über eine hohe kulturelle Anziehungskraft verfügten, so daß z. B. Künstler hier an den einen oder anderen Auftrag kamen. Die Berliner Salons konzentrierten sich bis 1860 zwischen Brandenburger Tor und Museumsinsel. Bis 1890 kam das Gebiet zwischen Bülowstraße und Tiergartenstraße hinzu. Berühmte Frauen – wie Rahel Levin, Henriette Herz, Marie von Schleinitz, Hildegard von Spitzemberg oder Marie von ↑Bunsen, um nur ein paar zu nennen – prägten das Berliner Salonleben. Erst ca. 1890 sind einige wenige Salonnieren in Charlottenburg nachweisbar. Neben Anna von ↑Helmholtz ist als eine der bekanntesten die Künstlerin Sabine ↑Lepsius hervorzuheben. Bei ihr verkehrten Dichter und Schriftsteller (R. M. Rilke, H. v. Hofmannsthal und v. a. Stefan George), Industrielle (W. Rathenau, H. Simon), Philosophen (W. Dilthey, G. Simmel), Kunsthistoriker (H. v. Tschudi, L. Justi) und Künstler (K. ↑Kollwitz, O. Eckmann), um jeweils nur einige zu nennen. In ihrem Salon wurden künstlerische und lebensphilosophische Themen erörtert. Der Salon galt als Treffpunkt „geistreicher" Frauen, wie Lily ↑Braun, Marie von Bunsen, Lou Andreas-Salomé oder Margarete ↑Susman. In ihrem Hause, so Rudolf Pannwitz, fanden „nicht Diskussionen, sondern Disputationen, und diese auf sehr hohem und höchsten Niveau", statt. Ab dem Ersten Weltkrieg verschwand der Salon als Institution der Geselligkeit und des geistigen Austauschs immer mehr aus dem Berliner und Charlottenburger Kulturleben. Das moderne, hochtechnisierte 20. Jahrhundert ließ die Salonkultur scheinbar überflüssig werden.   *(DH)*

Encke, Diderica Wilhelmina Friderica Bernhardina,

auch: Enke, verh. Ritz; Gräfin Lichtenau, verh. von Holbein

Geliebte und Freundin des Kronprinzen und späteren Königs
Friedrich Wilhelms II. • 19. 12. 1753 Dessau – 9. 6. 1820 Berlin

Als jüngstes von fünf Kindern geboren, zog E. mit ihrer Familie um
1763 nach Berlin, da der Vater Johann Elias Encke zum Waldhorni-
sten an die Hofkapelle Friedrichs des Großen berufen wurde. E.
lernte im Alter von 13/14 Jahren den Kronprinzen und späteren
König Friedrich Wilhelm II. kennen, der sich um die Ausbildung
des Mädchens kümmerte. 1770, E. war 17 und der Prinz 26 Jahre
alt, schlossen die beiden einen romantisch mit Blut unterzeichneten
Vertrag, in dem sie sich ewige Liebe und Treue schworen. Aus dieser Beziehung, die ein Leben lang hielt, gingen fünf Kinder hervor,
von denen drei kurz nach der Geburt starben. E.s Sohn Alexander
starb im Alter von acht Jahren, so daß ihr als einziges Kind ihre
Tochter Marianne blieb. Der König, der gegen die außereheliche
Beziehung seines Neffen heftig Einspruch erhob, befahl diesem
schließlich, E. abzufinden, um sie von der unmittelbaren Umge-
bung des Königshauses fernzuhalten. So erhielt sie 1777 das Schmet-
tausche Landhaus in Charlottenburg zwischen der damaligen Brau-
hof-, Spree- und Berliner Straße als (Abschieds-)Geschenk. Zehn
Jahre später erwarb E. das umliegende Gelände und ließ anstelle
des Landhauses ein Palais errichten und einen großzügigen Garten
anlegen. Außergewöhnlich selbstbewußt und mit sehr genauen
Vorstellungen brachte E. sich in das unmittelbare Baugeschehen
ein und diskutierte mit den Architekten und Handwerkern bautech-
nische Details. Im Garten ließ sie Schäferspiele aufführen und gab
Hofgesellschaften. Auf Wunsch des Königs ging E. zu Beginn der
1880 Jahre eine Scheinehe mit dem Geheimkämmerer und Vertrau-
ten Friedrich Wilhelms II., Johann Friedrich Ritz (1755–1809),
ein. Als Madame Ritz blieb sie – fern von ihrem Ehegatten und in
der Nähe ihres Geliebten – in ihrem Charlottenburger Palais wohnen, richtete einen Salon ein, in dem Geheimräte und Bankiers aus
und ein gingen und sprach mit ihnen über Politik und Wirtschaft.
Trotz seiner vielen Liebschaften blieb E., die von ihm 1794 zur Gräfin Lichtenau erhoben und mit mehreren Gütern beschenkt wurde,

dem König bis zu seinem Tode eine treue Freundin. Nach dem Tod
Friedrich Wilhelms II. 1797 beschlagnahmte dessen Nachfolger
Friedrich Wilhelm III. E.s Vermögen und verbannte sie auf die Festung Glogau. Nach dreijähriger Haft durfte sie Glogau verlassen,
mußte jedoch auf ihr gesamtes Vermögen verzichten und ging nach
Breslau, wo ihr noch ein Haus geblieben war. 1803 ging die Gräfin
eine kurze Ehe mit dem Schauspieler Franz von Holbein ein, die
1806 in Wien wieder gelöst wurde, wohin E. übergesiedelt war, als
die Franzosen Schlesien besetzten. Ein Jahr später lernte sie in Wien
den 20 Jahre jüngeren österreichischen Oberleutnant a. D. Ladislaus von Pöltinger kennen. Nach 13jähriger Verbannung kehrte E.,
die für ihre unkonventionelle und selbstbestimmte Lebenshaltung
bei den älteren Charlottenburgern immer noch bekannt war, wieder
nach Berlin zurück. Zwei Jahre vor ihrem Tod trennte sie sich von
Pöltinger und starb, von der Öffentlichkeit nun vergessen, 67jährig
in Berlin.   *(SM)*

Lit.: Salomon, Ernst von: *Die schöne Wilhelmine. Ein Roman aus Preussens ga-
lanter Zeit*, Reinbek bei Hamburg 1965; Viebig, Clara: *Der Vielgeliebte und die
Vielgehaßte*, Stuttgart 1935.

Helmholtz, Anna von, geb. Mohl
Salonniere • 19. 9. 1834 Tübingen – 1. 12. 1899 Volosca/Istrien •
Marschstraße 25 B (Präsidentenvilla der Physikal. Reichsanstalt in
Charlottenburg): 1889–1895

H. kam als Tochter des liberalen Politikers Robert Mohl und seiner
Frau Pauline, geb. Becher, zur Welt. Am 16. Mai 1861 heiratete sie
den Mediziner und Physiker Hermann Helmholtz (1821–1894).
1871 zogen die Helmholtzens von Heidelberg nach Berlin in die
Kaiserin-Augusta-Straße 45, und ab 1876 wohnten sie in der Neuen
Wilhelmstraße 16. H. veranstaltete schon in Heidelberg anspruchs-
volle Geselligkeiten nach dem Vorbild ihrer Tante, der bekannten
Pariser Salonniere Mary Clarke-Mohl, die sie 1852/53 besucht hatte.
Schon ab Mitte der 1870er Jahre stand der Salon Helmholtz mit an
der Spitze der Berliner Salons. Er war der neuen „Aufklärung" zu-

zuordnen und trug die Züge eines Gelehrtensalons. Das Ansehen ihres berühmten Mannes öffneten ihr alle Kreise Berlins. An ihren „Dienstagen" kamen hochkarätige Wissenschaftler und Mediziner (Max Planck, Emil du Bois-Reymond, Karl R. Lepsius), Künstler (A. Menzel, L. Passini), Musiker (R. Wagner, A. Joachim), Schriftsteller (F. Lewald), Politiker (L. Bamberger, R. Virchow, G. v. Bunsen) und Angehörige der Hofgesellschaft. Die Gäste von H. zeichneten sich nicht nur durch besondere Leistungen, sondern auch durch das Streben nach dem „Wahren" und „Reinen" aus. Als Hermann Helmholtz Leiter der Physikalisch-Technischen Reichsanstalt wurde, zog die Familie nach Charlottenburg. H. trauerte um ihre Wilhelmstraße und beschrieb Charlottenburg 1889 als „öde Vorstadtumgebung". Auch zwei Jahre später hat H. noch Schwierigkeiten mit ihrem Wohnort, am 17. Januar 1891 berichtet sie: „Das ist ganz mein Fall mit Charlottenburg – hier wohnen und schlafen, drinnen in der Stadt leben, immer unterwegs, nicht ganz in Ruhe sein, heißt das ein menschenwürdiges Dasein führen mit 55 Jahren? Gestern Nachmittag habe ich meinen Jour und abends eine Art at home gehabt; wenn auch Wenige hier herauskommen, muß man doch da sein." H. versuchte auch aus dieser Situation das Beste zu machen und führte ihren Salon fort. Sie, die immer hochkarätige Gesellschaften im Kreise des höheren Bildungsbürgertums anstrebte und damit ganz den durch ihr Elternhaus geprägten hohen Maßstäben für geistige Arbeit entsprach, wurde respektiert und bewundert. Allerdings setzte sie sich durch ihr Auftreten über das Vorbild einer bescheidenen Professorengattin hinweg, und das Gebaren einer „grande dame" nahm ihr so manch einer übel. H. war die erste Salonniere, die über eine längere Zeit im Dienst einer gemeinnützigen Organisation stand und verschiedenen Vorstandsgremien angehörte. Durch ihren Einsatz für die Verbesserung der Mädchenbildung und der Krankenpflege wuchs der Kontakt zur Kronprinzessin Viktoria. H. engagierte sich an der von Viktoria gegründeten Stiftung des Victoria-Lyzeums und des Viktoria-Studienhauses. Nach dem Tod ihres Mannes litt H. unter finanziellen Schwierigkeiten. Sie zog im Februar 1895 nach Berlin in die Rauchstraße 3.   *(DH)*

Lit.: Wilhelmy, Petra: *Der Berliner Salon im 19. Jahrhundert (1780–1914)*, Berlin, New York 1989; Siemens-Helmholtz, Ellen von (Hrsg.): *Anna von Helmholtz. Ein Lebensbild in Briefen*, 2 Bde., Berlin 1929.

Lebbin, Helene von, geb. von Brandt

Salonniere • 4. 1. 1849 Stralsund –1. 1. 1915 Berlin • Uhlandstraße 173: 1908–1915

L., Tochter von Friedrich Heinrich von Brandt, preußischer Se-
konde-Leutnant der II. Artillerie-Brigade, und Louise Helene Caroline, geb. von Seidewitz, heiratete am 1. Mai 1875 den Geheimen
Oberregierungsrat und späteren Personaldezernenten im preußischen Innenministerium Hermann Friedrich Karl von Lebbin. Ihr
politischer Salon bestand seit ca. 1890, u. a. in der Wilhelmstraße
86, Bendlerstraße 29 und Am Karlsbad 27 in Berlin. Seit 1908 er-
folgten die Treffen in der Uhlandstraße 173 in Charlottenburg. In
ihrem Salon wurde zum politischen Geschehen Stellung genommen und diskutiert. Zu ihren Gästen zählten die Reichskanzler Caprivi, Hohenlohe und Bülow, Diplomaten – so Hugo Fürst Radolin,
1901 bis 1910 Botschafter in Paris –, Bankiers – u. a. Julius und Paul
Schwabach –, Staatssekretäre sowie Schriftsteller, Mediziner und
Gelehrte. Ihr umfangreiches politisches Wissen eignete sich L. schon
seit ihrer Jugend durch das tägliche Lesen der *Nationalzeitung* an.
In ihrem Salon soll, nach Aussagen von Zeitzeugen, mehr Politik
getrieben worden sein als in so manchem Ministerium. Über ihren
(politischen) Einfluß gibt es kein einhelliges Urteil. Diejenigen, die
sie nicht kannten, hielten sie für intrigant. Baronin v. Spitzember-
gen z. B. äußerte, daß L. ihren politischen Einfluß und ihre Fähigkeiten über-, ihren Charakter aber unterschätzt habe. Man achtete
ihren Verstand und ihr objektives Urteilsvermögen. L. galt als die
engste Vertraute von Friedrich von Holstein (1837–1909). Der
menschenscheue Mann bevorzugte einen kleineren Kreis von Bekannten, so daß die L.'schen Salonabende in seiner Anwesenheit in
einem kleineren Rahmen als üblich stattfanden. Holsteins politischer Einfluß erreichte zur Zeit der Kanzlerschaft von Bernhard
Fürst Bülow seinen Höhepunkt. Auch L. wurde aufgrund ihres engen

Kontaktes zu Holstein anläßlich der Eulenburg-Affäre angegriffen und als Jüdin verleumdet. Als Holstein 1909 erkrankte und er niemanden mehr empfangen durfte, wandten sich viele an L., die nun seine Telefonate übernahm, seine Post öffnete und ihm dasjenige mitteilte, was sie für richtig hielt. Sie erbte den schriftlichen Nachlaß Holsteins, vor dessen Veröffentlichung sich viele fürchteten. L. galt als verschwiegen, absolut zuverlässig und von aufrechtem Charakter – sicherlich Eigenschaften, die sie an der Publikation dieses Materials hinderten. Nach dem Tode Holsteins blieb ihr berühmter Salon weiterhin ein politischer Treffpunkt. L.s Gesundheitszustand verschlechterte sich ab 1909, so daß ihre Salonabende eingeschränkt stattfanden. Nach ihrem Tode ging der Nachlaß Holstein in den Besitz von Paul von Schwabach über. *(DH)*

Lit.: Wilhelmy, Petra: *Der Berliner Salon im 19. Jahrhundert (1780–1914)*, Berlin, New York 1989.

Sophie Charlotte

Kurfürstin von Brandenburg, Königin von Preußen • 30. 10. 1668 Iburg – 1. 2. 1705 Hannover • Schloß Lietzenburg

S.s Vater Herzog August von Braunschweig-Lüneburg, späterer Kurfürst von Hannover, und ihre Mutter Sophie von der Pfalz ermöglichten ihr, als einziger Tochter unter sechs Söhnen, eine überdurchschnittliche Ausbildung. Sie beherrschte Französisch, Englisch, Italienisch und Latein fließend und war äußerst belesen. S. wurde 1684 mit dem brandenburgischen Kurfürsten, dem späteren König Friedrich I., vermählt. Das Berliner Hofleben mit seinen Intrigen und dem Streben nach Herrschaft und Einfluß interessierte sie nicht. Politik war ihr zwar nicht unwichtig, vermochte sie aber nicht in der Weise zu fesseln, daß sie sich den Machtspielen des Hofes unentwegt hätte aussetzen wollen. Als am 11. Juli 1699, zum Geburtstag ihres Ehemannes, Schloß Lietzenburg (heute: Schloß Charlottenburg) eingeweiht wurde, nannte sie dies den – neben ihrer Hochzeit – glücklichsten Tag in ihrem Leben. Sie liebte diesen Ort der Ruhe und Abgeschiedenheit abseits von Berlin, wo sie sich

mit geistigen Dingen umgeben und beschäftigen konnte. Sie, die
sonst im Frühjahr oder Sommer Berlin verließ und in ihr Elternhaus
reiste, verbrachte nun die schönen Jahreszeiten in Lietzenburg.
Hier veranstaltete sie Feste, Musik- und Schauspielabende. Sie diskutierte, als Vertreterin des Humanismus, mit ihren brandenburgischen und ausländischen Gästen vor allem philosophische Themen,
theologische Anschauungen und wissenschaftliche Bestrebungen.
Zu ihren Gästen zählten Theologen wie der Hofprediger Jablonski
oder der Jesuit Vota. Auch der englische Freidenker und Philosoph
John Torland und natürlich Gottfried Wilhelm von Leibnitz hielten
sich längere Zeit in Lietzenburg auf. Mit dem Universalgenie Leibnitz verband S. schon seit ihrer Jugendzeit eine enge Freundschaft.
So veranlaßte sie – zusammen mit Leibnitz – ihren Ehemann 1700
zur Gründung der Berliner Societät der Wissenschaften. S., die ausgezeichnet Klavier spielte, selbst komponierte und der man eine
gute Stimme nachsagte, scharte viele Musiker, vor allem aus Italien
(z. B. Giovanni Bononcini und Attilio Ariosti) um sich. Einige ver-
weilten hier mehrere Jahre. Bis zu ihrem Tode galt das Schloß als
ein Sammelpunkt von geistigen und kulturellen Strömungen in
Brandenburg. S., die als Kurfürstin und erste Königin Preußens an
der Spitze der Berliner Gesellschaft stand und Kunst, Literatur, Wissenschaft und Philosophie förderte, nahm durch ihre „Hofhaltung"
eine wegbereitende Rolle für die Berliner Salonkultur ein.   *(DH)*

Lit.: Wilhelmy, Petra: *Der Berliner Salon im 19. Jahrhundert (1780–1914)*,
Berlin, New York 1989; Staatliches Institut für Musikforschung, Preußischer
Kulturbesitz (Hrsg.): *Sophie Charlotte und die Musik in Lietzenburg*, Berlin
1987; Varnhagen von Ense, K. A.: *Leben der Königin von Preußen Sophie Charlotte*, Berlin 1837.

Zammit, Kitty (Katharina), geb. Schmidt
Musiklehrerin • 1882–1954 Berlin • Giesebrechtstraße 11
(Salon Kitty)

Z., Tochter eines Hamburger Kaufmanns, war Musiklehrerin und
mit einem Spanier verheiratet, der sich aus unbekannten Gründen

erschoß. Ihre Tochter Kathleen wurde in Cardiff (England) geboren. Zwischen 1900 und 1921 hielt sie sich in Cannes, Nizza, Monte Carlo, Paris, Karlsbad und Bombay auf. Ein Salon der besonderen Art wurde von Z. in den 20er Jahren in Charlottenburg eröffnet. Dieser spezielle Ort des geselligen Beisammenseins war ein galantes Etablissement, nach Pariser Vorbild geführt und elegant ausgestattet. Kitty selber trug gern schwarze Kleidung mit Spitze. Selbst der italienische Botschafter Alfieri soll bei einem Berlinbesuch 1940 von der Vornehmheit überrascht gewesen sein. Die Pension Schmidt, genannt Salon Kitty, war einer der bekanntesten Edelbordelle Berlins. Während der NS-Zeit war es einer der einschlägigen Treffpunkte für Diplomaten, internationale Politik- und Wirtschaftsgrößen. Somit mußte die „Salonniere" Kitty das Bravourstück leisten, dafür zu sorgen, daß sich bei ihren Gesellschaften bestimmte Gäste möglichst nicht begegneten. Dieses elf Zimmer umfassende noble Liebesnest war seit 1939 von der Gestapo mit Wanzen präpariert, so daß jedes in den „Salonräumen" gesprochene Wort abgehört und auf Wachsplatten im Keller verewigt werden konnte. So mancher Gast soll sich buchstäblich um Kopf und Kragen geredet haben. Z. äußerte sich zeit ihres Lebens nie zu diesen Spionagevorwürfen, den von ihr beschäftigten Agentinnen der SS und ihrer (erzwungenen) Mittäterschaft. Sie wahrte Diskretion bis zu ihrem Tod im Jahre 1954. Nach dem Krieg führte ihre Tochter Kathleen den Salon als Pension Florian weiter, der zu einem bekannten Künstlertreffpunkt wurde. Gäste wie Erich Kästner, Julia Migenes, Ernst Stankowsky, Irene Mann, Karl-Heinz Schroth und viele andere gingen dort ein und aus. Seit 1992 führt der Enkel von Z. Jochem Matei die Pension unter großen Schwierigkeiten weiter. *(DH)*

Lit.: *Salon Kitty: der Enkel macht weiter.* In: BZ vom 13. 5. 1996; Christoph Lang: *Salon Kitty. Ex-Bettgeflüster-Pension muß auf die Straße.* In: Berliner Morgenpost vom 1. 12. 1992; Heinicke, Hans Peter: *Berlins heimliche Sehenswürdigkeiten,* Berlin 1986; Norden, Peter: *Salon Kitty,* München 1970.

Sport

„Das Wettschwimmen der Damen läßt … jede Stilart vermissen …
es ist lediglich nur ein stilloses Fortwälzen und krampfhaftes Fort-
hasten im Wasser … Wie wäre es, wenn unsere Damen weniger auf
Schnelligkeit als auf Grazie und Anmut beim Schwimmen achten."
Dieser gute Rat eines Journalisten aus dem Jahre 1910 war an
Sportlerinnen gerichtet, die immerhin schon die moralische Hürde
genommen hatten. War es für die ersten Schwimmerinnen 20 Jahre
zuvor noch undenkbar, bar alles umhüllender Kleider oder Bade-
tücher und ohne Anstandsdame an den Beckenrad zu gelangen, so
sah sich die nachfolgende Schwimmerinnen-Generation vermeintlich ästhetischen Klischees ausgesetzt. Zwar war der Frauensport
per Definition im *Handbuch des Damen-Sport* von 1886 offiziell
als Wettkampfsport anerkannt, doch sollte es noch viele Jahre dau-
ern, bis das Ringen um Preise und Plätze auch den Frauen zugestanden wurde und bis man bereit war, das bei der Ausübung dieser
Sportart unvermeidliche Transpirieren und nicht immer vorteil-
hafte Aussehen in Kauf zu nehmen.
Neben Gymnastik und Turnen, Fechten und Schießen erfreuten sich Ballspiele, Fischen, Fußgehen, Eissport, Rollschuhlauf,
Schwimmen, Bootfahren und das Reiten großer Beliebtheit. Sport-
treiben war vor allem ein bürgerliches Vergnügen. Für die Frauen
aus dieser Schicht bedeutete es jedoch noch mehr: Sie verabschie-
deten sich nach und nach vom damaligen Weiblichkeitsideal, in
dessen Mittelpunkt die „mäßige" Bewegung stand.
Auch die reiche, aufstrebende Stadt Charlottenburg hatte in der
zweiten Hälfte des vorigen Jahrhunderts alles, was eine rasche Entwicklung des Sports auf breiter Basis ermöglichte: ein gut ausge-
bautes Straßen- und Verkehrsnetz, Geld, Platz und einen aufgeschlossenen Magistrat. Die damaligen Stadtväter erkannten sehr bald,
daß Sport – neben den bekannten gesundheitlichen und spieleri-

schen Komponenten – auch dazu dienen konnte, die öffentlichen
Kassen zu füllen. So stiftete der Charlottenburger Magistrat einen
Wanderpreis für besondere Leistungen im Schwimmen. Ebenso hat
sich die Stadt mit dem Bau von Sportstätten sowie als Organisator
bzw. Sponsor bedeutender Sportveranstaltungen hervorgetan. Es
entstanden hier die erste deutsche Aschenbahn, der erste deutsche
Golfplatz (an der Spandauer Chaussee gegenüber dem Wasser-
turm) sowie die erste deutsche Großsportstätte, das Grunewaldsta-
dion (später Olympia-Stadion). Der Kurfürstendamm diente in den
1880er Jahren als Radrennbahn, und in den Ausstellungshallen am
Zoo riß 1909 das erste Berliner Sechstagerennen, das zugleich das
erste Rennen dieser Art in Europa war, die begeisterten Zuschauer
von ihren Plätzen.

Von der Mitte des letzten Jahrhunderts bis zum Ersten Weltkrieg
gründeten sich in Charlottenburg ca. 30 Turn- und Sportvereine,
und ebenso viele Sportstätten entstanden auf Charlottenburger Boden. Der älteste Sportverein, der Charlottenburger Turn- und Sportverein von 1858 e. V., mußte die ersten sechs Jahre seines Bestehens
mit großen Gaststätten- bzw. Tanzsälen als Sportstätten vorliebneh-
men, bis 1863/64 die erste Turnhalle in der Bismarckstraße erbaut
wurde. Den Turnern gesellten sich bald Rollschuhläufer, Radfahrer
und Schwimmer hinzu. Zeitgleich mit der ersten deutschen Roll-
schuhbahn in der Hasenheide entstand 1876 der Flora-Rink in Charlottenburg. 1881 fand das erste Radrennen, damals noch auf eisen-
beschlagenen Hochrädern, ebenfalls auf dem Gelände der Flora
statt. Auch die Frauen hatten sich das Radfahren sehr zeitig erobert.
So trugen acht Teilnehmerinnen – nach Vorbildern aus Frankreich,
Belgien und den USA – 1893 das erste offizielle deutsche Damen-
rennen auf der Rennbahn in Berlin-Halensee aus.

Ein Jahr später machten sich die Turnerinnen des Charlottenburger Turn- und Sportvereins von 1858 e. V. mit einer eigenen Abteilung selbständig. Der Deutsche Turnverein Charlottenburg e. V.
eröffnete 1908, drei Jahre nach Gründung des Vereins, seine erste
Frauenabteilung. Die Turnerinnen mußten jedoch bis 1922 warten,
bis ihnen eine eigene Trainingszeit eingeräumt wurde und sie sich
nun die Turnhalle in der Scharrenstraße nicht mehr mit den Männern teilen mußten. Ähnlich erging es auch dem Charlottenburger

Damen-Schwimmverein „Nixe" e. V., der sich 1893 gegründet hatte. Den Schwimmerinnen, die sich den Kochsee mit den Männern des Charlottenburger Schwimmvereins teilten, gestand man als Trainingsstätte das abgetrennte Damenbad zu, das etwa um das Vierfache kleiner war als das großzügig angelegte Herrenbad. Es wurde eifrig trainiert, obwohl Frauenwettkämpfe damals noch verpönt waren, so daß ihnen die reine Lust am Sport und die Hoffnung auf bessere Zeiten als Motivation genügen mußten. Beschaulichere Schwimmveranstaltungen im Kochsee – wie zum Beispiel das Synchronschwimmen der Damen – haben schon eine längere Tradition. 1887 fand das vom Charlottenburger Schwimmverein organisierte erste deutsche Damenschwimmen statt, das mit Wettkampf noch nicht viel zu tun hatte. Das 1898 eröffnete Stadtbad Charlottenburg in der Krummestraße bot den Frauen dann die Möglichkeit, auch in den Wintermonaten zu schwimmen. Hier trainierten in den 30er Jahren die legendären „Nixen" Gisela ↑ Arendt, die Europameisterin im 100-m-Rückenschwimmen von 1934, und Olga ↑ Jensch-Jordan, die ebenfalls 1934 den Europameistertitel im Kunstspringen gewann.

Diese Erfolge sind letztendlich auch darauf zurückzuführen, daß die Damen-Schwimmvereine im Jahre 1907 endlich Aufnahme im Deutschen Schwimmverband fanden. Nun konnten auch die Frauen nach allen Regeln der Sportkunst ihr Training und ihre Wettkämpfe organisieren und durchführen. Nicht zuletzt war es in jenen Jahren dem engagierten Trainerehepaar Toni und Hans Pausin zu verdanken, daß die „Nixen" zu einem der erfolgreichsten Damen-Schwimmvereine Deutschlands avancierte.

Der seit 1902 bestehende Charlottenburger Sportclub (CSC), der sich 1911 mit dem Sportclub Westen 05 zum Sportclub Charlottenburg (SCC) vereinigte, organisierte im Jahre 1919 seine erste Frauen- und Mädchenabteilung für Leichtathletik, Handball und Hockey. Bereits ein Jahr später nahmen Sportlerinnen des SCC an Deutschen Meisterschaften teil. Den ersten Weltrekord über 100 Meter lief 1926 die Sprinterin Wally (Gundel) ↑ Wittmann für den Verein. 1927 veranstaltete der SCC das erste Internationale Frauensportfest in Berlin. Während der Olympischen Spiele 1936 liefen die Leichtathletinnen des SCC Emmy ↑ Albus und Ilse ↑ Dörffeldt in der

4 x 100-m-Staffel für Deutschland mit. An leichtathletischen olympischen Wettkämpfen durften sich Frauen erstmals bei den Olympischen Spielen 1928 in Amsterdam beteiligen.

Das sich stürmisch verändernde Frauenbild brachte in den 20er Jahren auch für den Frauensport den entscheidenden Durchbruch. Der 1921 in Paris gegründete Internationale Frauensportverband veranstaltete ein Jahr darauf die ersten Frauen-Weltspiele, die dann im Rhythmus von vier Jahren in Göteborg, Prag und London stattfanden. Deutschland beteiligte sich erstmals 1930 an den Weltspielen in Prag und ging gleich als stärkste Mannschaft daraus hervor. Die Mitgliedschaft im Internationalen Frauensportverband, dem Deutschland seit 1926 angehörte, bedeutete auch die öffentliche Anerkennung von Weltbestleistungen. So wurde der Weltrekord, den Wally (Gundel) ↑Wittmann 1926 lief, der SCC-Sprinterin offiziell zuerkannt. Dieser so wichtige und für den Frauensport segensreiche Verband löste sich 1938 auf.

Auch von wissenschaftlicher Seite bekam der Sport in den 20er Jahren Aufwind. Die Sportstudentinnen an der Deutschen Hochschule für Leibesübungen auf dem damaligen Reichssportfeld (z. B. Liselott ↑Diem) brachten sich immer wieder in die Diskussionen um das Frauenbild ein. Sie waren diejenigen, die sich den Sport auch auf wissenschaftlich-theoretischer Ebene aneigneten und Konsequenzen vor allem für das Training der Frauen zogen.

Das Weiblichkeitsideal der nationalsozialistischen Ideologie in den 30er und 40er Jahren nahm den Mythos vom „schwachen Geschlecht" auf. Hinzu kam die Überbetonung der Mutterrolle. Dennoch konnte sich der Frauensport in jener Zeit im Schatten der allgemeinen Huldigung eines imaginären „gesunden Volkskörpers" und der damit verbundenen Popularisierung von Körperkultur und Sport stetig weiterentwickeln.   *(SM)*

Albus, Emmy, verh. Liersch

SCC-Leichtathletin, Läuferin • 13. 12. 1911 Wuppertal –
20. 9. 1995 Berlin • Teichgräberzeile 3: 1970 (oder früher) – 1995

Bereits seit ihrem neunten Lebensjahr trieb A. regelmäßig Sport.
Zunächst galt ihr Interesse dem Geräteturnen. Im Barmer Turnver-
ein ihrer Heimatstadt Wuppertal, in dem sie trainiert wurde, stieg
sie binnen kurzer Zeit am Barren in die Musterriege auf. Zur
Leichtathletik, und hier insbesondere zum Kurzstreckenlauf, kam
A. eher nebenbei. Für ihre Schule nahm sie in den 20er Jahren an
den Reichssportwettkämpfen teil, wo ihr Talent als Sprinterin und
Staffelläuferin entdeckt wurde. Den Beginn ihrer leichtathletischen
Laufbahn machte A. selbst jedoch an einem 8 x 100-m-Staffellauf
fest, den die 16jährige als Schlußläuferin der zweiten Mannschaft
mit Bravour meisterte. Mit diesem Lauf hatte sie sich einen Platz in
der ersten 4 x 100-m-Staffel des Vereins erobert. Nach ihrem Schulabschluß arbeitete A. als Stenotypistin, wobei ihr seitens der Vorgesetzten viel Verständnis für ihre Leidenschaft, den Sport, entgegen-
gebracht wurde. Seit 1934 gehörte A. der 4 x 100-m-Nationalstaffel
an und lief mit ihrem Team im selben Jahr Europarekord. In den
Jahren von 1935 bis 1939 nahm sie an den jährlich stattfindenden
Deutschen Meisterschaften über die 100-m-Strecke teil, wobei sie
sich immer zwischen dem zweiten und vierten Platz bewegte. Der
sportliche Höhepunkt in den 30er Jahren war jedoch die Teilnahme
an den Olympischen Spielen 1936 in Berlin. Hier errang sie auf
der 100-m-Strecke den sechsten Platz. Aufregender noch war der
4 x 100-m-Staffellauf, wo sie als Startläuferin antrat. Im Vorlauf
waren die vier Frauen Weltrekord gelaufen, was ihnen das olympische Gold ein großes Stück näher brachte. Im Endlauf geschah
dann das Unvorhersehbare: Bei der letzten Übergabe an Ilse ↑Dörf-
feldt fiel der Stab zu Boden, und der Traum von der Goldmedaille
war ausgeträumt.

1937 heiratete A. ihren Klubkammeraden vom SCC Berlin Walter Liersch und lebte mit ihm in Berlin. Als Läuferin der SCC-Staf-
fel holte sie in den Jahren 1937 bis 1939 immer wieder Mann-
schaftssiege. Während ihrer sportlichen Laufbahn nahm A. an fünf
Länderkämpfen, einer Europameisterschaft und einer Olympiade

teil. Fast 84jährig starb sie nach mehrjähriger schwerer Krankheit
in Berlin.   *(SM)*

Lit.: Fritz Steinmetz: *80 Jahre Leichtathletik des SCC Berlin. 1904–1984,* Berlin 1984; *Der Leichtathlet* vom 12. 12. 1938, S. 23; *Leichtathletik* vom 12. 12. 1961; *Kölner Stadtanzeiger* vom 8. 7. 1976.

Arendt, Gisela, verh. Jacob
„Nixe"-Schwimmerin • 5. 11. 1918–18. 2. 1969 • Krummestraße 10 (Stadtbad): 1933–1950

Von Hans Pausin, dem engagierten und langjährigen Trainer des
Charlottenburger Damen-Schwimmvereins „Nixe" e. V., entdeckt
und gefördert, avancierte A. schon früh zu einer der erfolgreichsten
Schwimmerinnen des Vereins. Bereits als 15jährige holte sie 1933
den Deutschen Meistertitel über 100 Meter Freistil und verteidigte
ihn in ununterbrochener Folge bis 1937. Ein Jahr darauf errang A.
während der Europameisterschaften 1934 in Magdeburg den ersten
Platz über 100 Meter Rückenschwimmen. Bei den Olympischen
Spielen 1936 gewann sie mit ihrem Team als Schlußschwimmerin
der 4 x 100-m-Freistilstaffel die Silbermedaille und im Endkampf
über 100 Meter Freistil die Bronzemedaille in einer neuen deutschen Rekordzeit. Erst 20 Jahre später gelang es Ursel Brunner aus
Heidelberg, diese Zeit zu unterbieten. A., kaufmännische Angestellte, hatte gemeinsam mit ihrer Vereinskameradin Ruth Halbsguth im Stadtbadt Charlottenburg trainiert, um dann im Schwimm-
stadion auf dem Olympiagelände die Medaillien zu holen. Den
Deutschen Meistertitel über 100 Meter Freistil errang sie noch einmal 1939 und, als Abschluß ihrer Sportkarriere, bei Hallenwett-
kämpfen im Jahr 1949. Der Vorstand der „Nixe" e. V. ernannte J.
zum Ehrenmitglied des Vereins.   *(SM)*

Lit.: *Die Stars des Sports von A – Z,* Berlin, Darmstadt 1970; Charlottenburger Damen-Schwimmverein NIXE e. V. (Hrsg.): *90 Jahre. 1893–1983. Festschrift,* Berlin 1983.

Diem, Liselott, geb. Bail

Sportpädagogin • 18. 09. 1906 in Wiesbaden – 25. 4. 1992 Köln •
Falterweg 31: 1932–1947

D. wuchs in einer sportbegeisterten und körperbewußten Familie
auf. Ihren Vater, den Ministerialdirektor Ernst Bail, sah man nach
dem Umzug 1912 nach Berlin oft durch den Grunewald laufen. Wan-
derungen, Kletterpartien und Skiausflüge standen auf der Tages-
ordnung der ganzen Familie. Nach der Mittleren Reife 1922 und
einem einjährigen Besuch der Höheren Handelsschule bewarb sich
D. 1924 erfolgreich zum Studium an der Deutschen Hochschule für
Leibesübungen. Die seit 1927 diplomierte Turn- und Sportlehrerin
engagierte sich schon während des Studiums besonders für den
Frauensport und gehörte dem Frauenausschuß des Deutschen Reichs-
ausschusses für Leibesübungen an. Der Arbeitseifer, mit dem D.
ihre Ausbildung betrieb, fiel auch dem damaligen Rektor der Hochschule, Carl Diem, auf. Über die gemeinsamen Interessen und über-
einstimmenden Einstellungen zur Sportpädagogik vertiefte sich
ihre Freundschaft. 1930 heirateten sie und bekamen vier Kinder. Bis
1933 arbeitete D. als Lehrkraft an der Hochschule. Nach dem Macht-
antritt der Nationalsozialisten wurde Carl Diem nahegelegt, sich
für ein Semester beurlauben zu lassen. Er reagierte darauf mit seinem Rücktritt und kündigte zugleich an, daß sich seine Frau diesem
Schritt anschlösse. Wie D. sich selbst entschieden hätte, beschrieb
sie in ihrer Autobiographie nicht. Sie genoß die Zeit, in der sie sich
nun mit ihren Kindern beschäftigte, Bewegungsstudien betrieb, zum
Thema Kinderturnen publizierte, Kinderkurse aufbaute und Gast-
lehrgänge in der Türkei und Bulgarien durchführte. 1933 bis 1935
ließ sich D. an der Güntherschule zur Gymnastiklehrerin für Mu-
sik-Rhythmische Körperbildung ausbilden und besuchte dabei auch
Kurse von Carl Orff und Gunhild Keetman. Nach Kriegsende fand
D. rasch wieder eine Anstellung an der Waldschule in Berlin-Charlottenburg. Im Auftrag der Britischen Besatzungsbehörde baute D.
gemeinsam mit ihrem Ehemann und anderen Sportpädagogen in
Köln eine Sporthochschule auf. Diese Arbeit wurde zu ihrem Lebenswerk. Sie reiste durch die Welt, um Vorträge zu halten, Seminare
durchzuführen und an allen wichtigen Sportkongressen teilzuneh-

men. Nach dem Tod ihres Mannes 1962 baute sie das Carl-Diem-Institut auf, das 1964 gegründet wurde. 1965 zur ordentlichen Professorin ernannt, hatte D. den Lehrstuhl für Didaktik und Methodik der Leibeserziehung inne und leitete von 1967 bis 1969 als Rektorin die Deutsche Sporthochschule Köln. Neben ihrer ausfüllenden Tätigkeit in verschiedenen Kommissionen und Vereinen bekleidete D. seit den 50er Jahren zahlreiche Ehrenämter im In- und Ausland. Sie erhielt unter vielen anderen Auszeichnungen 1970 das Große Bundesverdienstkreuz.   *(SM)*

Lit.: Diem, Liselott: *Fliehen oder bleiben. Dramatisches Kriegsende in Berlin*, Berlin 1982; Diem, Liselott: *Leben als Herausforderung*, Sankt Augustin 1986.

Dörffeldt, Ilse

SCC-Leichtathletin, Läuferin • 23. 3. 1912 Berlin – 14. 9. 1992 • Waldschulallee 34 (Sportclub Charlottenburg): ca. 1932–1938

Die brandenburgische und Berliner Meisterin über 100 Meter und 200 Meter Sprint wuchs in einfachen Verhältnissen auf. Ihr Vater arbeitete als Dachdecker in Berlin-Karlshorst, wo die Familie auch lebte und D. als junges Mädchen dem Karlshorster TV Berlin beitrat. Seit Anfang der 30er Jahre trainierte sie dann für den SCC Berlin. Von 1934 bis 1936 lief sie für den Verein bei den Deutschen Meisterschaften über die 100-, 200- und 800-m-Strecke. Als Mitglied der Nationalstaffel beteiligte sich D. 1934 an den Europameisterschaften in Lennepp und errang gemeinsam mit ihrer Clubkammeradin Emmy Albus in der 4 x 100-m-Staffel den Europarekord. D.s Mißgeschick während der Olympischen Spiele 1936 in Berlin ist in den Annalen des Vereins nachzulesen: Nachdem die vier Läuferinnen Emmy Albus, Käthe Krauss, Marie Dollinger und D. im Vorlauf einen überzeugenden Weltrekord liefen und im Endlauf mit sicheren 10 Metern Abstand vorn lagen, geschah das Unglück: „Ilse Dörffeldt bekam den Stab nicht richtig zu fassen, er fiel und kullerte über die Bahn, ein Aufschrei der Enttäuschung und Tränen der unglücklichen Läuferinnen. Statt der sicher erschienenen Goldmedaille keine Plazierung." Die Startläuferin Emmy Albus, damals

noch beim Barmer TV, hatte das Geschehen aus der Entfernung be-
obachtet und lief auf D. zu, um sie tröstend in die Arme zu nehmen.
So blieb D. die höchste Auszeichnung ihrer sportlichen Leistungen,
das olympische Gold, versagt. Doch sie lief als Staffelläuferin 1938
in Cottbus und 1940 in Berlin über 4 x 200 Meter Weltrekord sowie
1939 in Erfurt über 4 x 100 Meter deutschen Rekord und bewies damit erneut ihr sportliches Können.   *(SM)*

Lit.: Amrhein, Klaus: *Biographisches Handbuch zur Geschichte der deutschen Leichtathletik. 1898–1998*, Darmstadt 1998; Steinmetz, Fritz: *80 Jahre Leichtathletik des SCC Berlin. 1904–1984*, Berlin 1984.

Jensch-Jordan, Olga, geb. Jordan
„Nixe"-Kunstspringerin • 13. 3. 1913 Nürnberg – nach 1988
Berlin (Ost) • Krummestraße 10 (Stadtbad): 1932–1936

In einem Porträt aus den 80er Jahren wird sie – in Erinnerung an Fotos von den Olympischen Spielen 1932 in Los Angeles – als „kleine,
schwarze Schönheit" beschrieben. Die damals 19jährige Europameisterin fuhr als einzige Teilnehmerin des Deutschen Schwimm-
verbandes und eine von insgesamt nur sieben Frauen der deutschen
Olympiamannschaft nach Kalifornien und errang im Kunstspringen auf Anhieb den vierten Platz. Während dieser Zeit betreute sie
Dr. Arthur Jensch, ein damaliges Leitungsmitglied der Olympiamannschaft. Einige Monate später heiratete sie Jensch und zog zu
ihrem Mann nach Berlin, der dort im Reichsinnenministerium arbeitete und kurze Zeit später in die Reichssportführung wechselte.
In Berlin schloß sie sich den „Nixen" an und holte sich 1934 in
Magdeburg den Europatitel. Zu dieser Zeit war sie bereits siebenfa-
che Deutsche Meisterin. Ihre älteste Tochter war gerade ein Jahr alt,
als sich J. mit ihr während der Olympischen Spiele 1936 in Berlin
am Beckenrad für die Presse ablichten ließ. Damals kam sie auf den
fünften Platz. Im Abstand von zwei Jahren brachte J. zwei weitere
Töchter zur Welt. Kurz vor Kriegende wurde es immer gefährlicher,
in Berlin zu wohnen. Ihr Mann besorgte ihr und den Töchtern daher
im Februar 1945 eine Wohnung in Schwerin, wo sie das Kriegsende

und die Nachkriegszeit erlebte. Im April 1945 wurde er zum „Volks-
sturm" geholt und fiel bei den Kämpfen um Berlin. Als Witwe und
Mutter von drei Kindern mußte sich J. nun allein durchschlagen. Da
sie nie einen Beruf erlernt hatte, blieb sie in Schwerin und engagierte sich als Trainerin und Funktionärin im Frauen- und Mädchen-
sport. 1948 war sie Mitbegründerin des Deutschen Sportausschus-
ses, dem Vorläufer des Deutschen Turn- und Sportbundes (DTSB)
der DDR. Ein Jahr später übernahm J. die Leitung des Frauen- und
Mädchensports im Landessportausschuß Mecklenburg. Anfang
der 50er Jahre ging sie nach Berlin zurück, blieb jedoch im Ostteil
der Stadt und arbeitete bis 1973 als Trainerin in verschiedenen Berliner Sportclubs. Ihre Liebe und Fürsorge galt vor allem dem sportlichen Nachwuchs. Auch ihre jüngste Tochter Heidi profitierte davon: Sie holte sich in den Jahren 1956 bis 1958 dreimal den
DDR-Meistertitel im Kunstspringen. Auch als Rentnerin blieb J.
dem Sport in zahlreichen Ehrenämtern und als Aktive treu: Noch
mit weit über 70 Jahren überraschte sie bei Altersklassen-Meister-
schaften mit Vor- und Rückwärtssalti.   *(SM)*

Lit.: Scherer, Karl Adolf: *Ein deutsches Leben*. In: *Olympisches Feuer*, Heft 3,
Mai/Juni 1985, S. 51; Fischer, Heidi: *Immer hat sie etwas bewegt*. In: *Deutsches
Sportecho* vom 15. 3. 1988.

Paulus, Käthe (Katharina)

Ballonfahrerin, Fallschirmspringerin • 22. 12. 1868 Zellhausen
(Kr. Offenbach) – 26. 7. 1935 Berlin • Nähe Charlottenburger
Schloßgarten (Etablissement Flora): um 1900

„Dem Mutigen gehört die Welt." Nach diesem Motto richtete sich
die beherzte und vielseitige Ballonführerin, Erfinderin und Unternehmerin ihr ganzes Leben lang. Als Tochter eines Tagelöhners und
späteren Maschinenheizers arbeitete sie nach dem Besuch der
Volksschule zunächst als Näherin. Dieses Handwerk kam ihr später
bei der Herstellung von Fallschirmen zugute. Ihren Fertigkeiten mit
Nadel und Faden war es auch zu verdanken, daß der damals bekannte Luftschiffer Hermann Lattemann auf P. aufmerksam wurde.

Die Anfang 20jährige reparierte nämlich schnell und zuverlässig die
von diversen Absprüngen Lattemanns lädierten Fallschirme. 1891
brachte P. ihren Sohn Hermann zur Welt, dessen Vater vermutlich
Lattemann war. Kurze Zeit später durfte sie mit dem Ballon Lattemanns mitfliegen und konnte sich so nach und nach die Kunst des
Fliegens aneignen. Drei Jahre später war es dann soweit: Am 23. Juli
1893 wagte P. ihren ersten Absprung aus 1200 Metern Höhe. Der
Beginn ihrer Karriere als Fallschirmspringerin wurde jäh unterbro-
chen, als Lattemann 1894 bei einem Absprung tödlich verunglückte und ein Jahr später ihr Sohn an Diphtherie starb. P. war fest
entschlossen, nie wieder einen Ballon zu besteigen. Dennoch stieg
sie einige Jahre später als „Aeronautin", „Miss Polly" oder „Prima-
donna der Luft" in das Sport- und Showbusineß wieder ein. P. reiste
kreuz und quer durch Europa und bereite ihre Auftritte selbst vor. In
Charlottenburg trat sie mit Vorliebe auf dem Gelände der Flora auf.
Diese Vorführungen hinterließen bei manchem Lokalpatrioten einen
so starken Eindruck, daß P. ohne Umschweife zur „Wahl-Charlot-
tenburgerin" gemacht wurde. Nachweislich wohnte sie jedoch
seit 1917 in Reinickendorf, am nördlichen Rand der Jungfernheide.
Bis 1912 stieg P. über 500mal mit dem Ballon auf und sprang ca.
150mal mit dem Fallschirm in die Tiefe. Dann nahm sie das Ange-
bot, für die Preußische Heeresluftfahrt-Verwaltung zu arbeiten, an
und entwickelte das Fallschirmpaket, wofür sie 1921 ein Schweizer
Patent erhielt. Ihren Lebensunterhalt verdiente sich die ehemalige
Pionierin der Luftfahrt mit der Produktion von Fallschirmen und
Ballonen. P. starb 67jährig nach langer Krankheit und wurde auf dem
Dankesfriedhof in Berlin-Reinickendorf beerdigt.   *(SM)*

Lit.: Bonnet, Rudolf: *Kätchen Paulus, die Ballonfliegerin und Fallschirmspringerin.* In: *Mitteilungen des Vereins für Geschichte und Landeskunde zu Bad
Homburg vor der Höhe*, 29. Heft, Bad Homburg 1965, S. 22; Walsh, Greta: *Be-
merkenswerte Frauen in Homburg*, Frankfurt am Main 1995, S. 73–75.

Pirch, Gerda, verh. Pinski
SCC-Leichtathletin, Läuferin • 6. 12. 1910 –? • Waldschulallee 34
(Sportclub Charlottenburg): ca. 1930–1934

P. galt als Spezialistin für den 80-m-Hürdenlauf. Ihre Sportkarriere
im SCC begann mit den Berliner Meisterschaften 1930 und 1931,
wo P. das erste Mal das Siegertreppchen bis ganz nach oben stieg.
Bei den Deutschen Meisterschaften 1930 in Lennepp und 1931 in
Magdeburg lief sie die Distanz in 12,3 Sekunden und gewann damit
den Meistertitel. Während ihrer Zeit im SCC wurde P. insgesamt
fünfmal in die deutsche Nationalmannschaft berufen. Dabei ging
sie zweimal bei den Frauenweltspielen–1930 in Prag und 1934 in
London – für Deutschland an den Start. Der Lauf in Prag brachte ihr
mit einer Zeit von 12,7 Sekunden den zweiten Platz im Endlauf ein.
P. bestritt drei Länderkämpfe gegen Großbritannien und Polen. Hierbei konnte sie im September 1930 in Birmingham und im Juli 1934
in Warschau die Siegermedaille erringen.   *(SM)*

Lit.: Steinmetz, Fritz: *80 Jahre Leichtathletik des SCC Berlin. 1904–1984*, Berlin 1984.

Wittmann, Wally, gen. Gundel
SCC-Leichtathletin, Sprinterin, Speerwerferin, Handballspielerin •
17. 9. 1905 Berlin – Juni 1990 Berlin • Ebereschenallee 51a:
mind. 1962–1990

W. gehörte in den 20er Jahren zu den vielseitigsten und erfolgreichsten Sportlerinnen des SCC Berlin. Als 16jährige trat sie dem SCC
bei und errang bereits drei Jahre später den Titel der Deutschen
Meisterin im Speerwurf. Im selben Jahr (1924) lief sie über die
100-m-Strecke Weltbestzeit. Auch in den darauffolgenden Jahren
war W. über diese Distanz die schnellste Frau der Welt. Mit dem
Beitritt Deutschlands zum Frauensportweltverband (1926) wurde
W. nun auch offiziell in die Reihen der Weltrekordlerinnen aufgenommen. Damit gehörte sie sozusagen der Gründergeneration des
deutschen Frauensports auf Wettkampfebene an. 1928 und 1932

war sie neben ihrer Kurzstrecke am Weltrekord der 4 x 200-m-Staffel beteiligt. In den 30er Jahren wechselte W. in den Sportclub Brandenburg-Berlin über, trat jedoch 1945 wieder dem SCC bei. Sie gehörte viele Jahre zu den besten Berliner Handballspielerinnen und übernahm seit den 50er Jahren zahlreiche Ämter in der Frauenabteilung des SCC, von der Betreuung der Handballmannschaft über das Amt der Sportwartin bis hin zur Kassiererin des Clubs. Ihr unermüdliches Engagement, das auch in vielen Ehrenämtern zum Tragen kam, wurde sowohl von ihrem Sportclub als auch von übergeordneten Verbänden mit Ehrungen und Auszeichnungen honoriert. So erhielt sie z. B. 1958 die silberne Verdienstnadel und 1978 die goldene Ehrennadel des Deutschen Leitathletik Verbands. Neben ihrer beruflichen Tätigkeit als Verwaltungsangestellte blieb W. bis ins hohe Alter eine aktive Sportlerin. Mit 67 Jahren trat sie der Seniorenschaft des SCC bei und blieb ihr bis zum Tode treu.   *(SM)*

Lit.: *Leichtathletik*, Nr. 30/90.

Die Autorinnen

Stefanie Brauer (SB), Amory Burchard (AB), Brita Engel (BE),
Sandra Hildebrandt (SH), Doris Hünert (DH), Birgit Jochens (BJ),
Hannelore Kempin (HK), Gudrun Maierhof (GM), Sonja Milten-
berger (SM), Claudia Schoppmann (CS), Birgit Wolf (BW)

Literaturverzeichnis in Auswahl

Allgemein
Bezirksamt Charlottenburg (Hrsg.): *Charlottenburg. Vom Idyll zur Großstadt*, Berlin 1987.
Eifert, Christiane/ Rouette, Susanne (Hrsg.): *Unter allen Umständen. Frauengeschichte(n) in Berlin*, Berlin 1986.
Frauenforschungs-, bildungs-, und -informationszentrum (FFBIZ) e. V. (Hrsg.): *„Oh, Charlottenburg, du frauenfreundlichste unter den Städten …?" Wege zur Frauengeschichte Charlottenburgs 1850–1930*, Berlin 1989.
Helmut Engel/ Stefi Jersch-Wenzel/ Wilhelm Treue (Hrsg.): *Charlottenburg.* Bd. 1: *Die historische Stadt.* Bd. 2: *Der Neue Westen*, Berlin 1985/86.
Hülsbergen, Henrike: *Stadtbild und Frauenleben. Berlin im Spiegel von 16 Porträts*, Berlin 1997.
Klingspor, Christiane/ Zöbl, Dorothea: *Bewegungsräume im Wandel. Mobilität von Frauen in Charlottenburg*, Berlin 1997.
Rave, Paul Ortwin/ Wirth, Irmgard: *Die Bauwerke und Kunstdenkmäler von Berlin. Stadt und Bezirk Charlottenburg*, 2 Bde., Berlin 1961.
Ribbe, Wolfgang (Hrsg.): *Von der Residenz zur City. 275 Jahre Charlottenburg*, Berlin 1980.

Frauenbewegung und Soziales
Koschwitz, Heidi: *Das Jugendheim Charlottenburg (1873–1934). Ein Beitrag zur Geschichte der sozialen Frauenberufe in Berlin* (unveröff. Diplomarbeit, TU Berlin), Berlin 1984.
Peters, Dietlinde: *Mütterlichkeit im Kaiserreich. Die bürgerliche Frauenbewegung und der soziale Beruf der Frau*, Bielefeld 1984.

Politik und Zeitgeschichte
Bezirksverordnetenversammlung von Charlottenburg (Hrsg.): *„Schon damals fingen viele an zu schweigen…" Quellensammlung zur Geschichte Charlottenburgs von 1933–1945*, Berlin 1986.
Günther-Kaminski, Michael/ Weiß, Michael: *„… als wäre es nie gewesen." Juden am Ku'damm*, Berlin 1990.
Weiland, Daniela: *Geschichte der Frauenemanzipation in Deutschland und Österreich*, Düsseldorf 1983.
Wörmann, Heinrich-Wilhelm: *Widerstand in Charlottenburg*, Berlin 1991.

Literatur

Budke, Petra/ Schulze, Jutta: *Schriftstellerinnen in Berlin 1871 bis 1945. Ein Lexikon zu Leben und Werk*, Berlin 1995.

Strohmeyer, Klaus (Hrsg.): *Berlin in Bewegung. Literarischer Spaziergang 2*, Reinbek 1987.

Wichner, Ernst/ Wiesner, Herbert (Hrsg.): *Industriegebiet der Intelligenz. Literatur im Neuen Berliner Westen der 20er und 30er Jahre*, Berlin 1990.

Kunst, Architektur, Musik

Berger, Renate: *Malerinnen auf dem Weg ins 20. Jahrhundert. Kunstgeschichte als Sozialgeschichte*, Köln (2. Aufl.) 1986.

Berlinische Galerie (Hrsg.): *Profession ohne Tradition. 125 Jahre Verein der Berliner Künstlerinnen*, Berlin 1992.

Museum Folkwang, Essen (Hrsg.): *Fotografieren hieß teilnehmen. Fotografinnen der Weimarer Republik*, Essen 1994.

Nicolaas Teeuwisse: *Vom Salon zur Secession. Berliner Kunstleben zwischen Tradition und Aufbruch zur Moderne 1871–1900*, Berlin 1986.

Union Internationale des Femmes Architectes Sektion Bundesrepublik Deutschland (Hrsg.): *Zur Geschichte der Architektinnen und Designerinnen im 20 Jahrhundert. Eine erste Zusammenstellung (Ausstellungskatalog)*, Berlin 1987.

Verein der Berliner Künstlerinnen e. V. (Hrsg.): *Käthe, Paula und der Rest. Ein Nachschlagewerk*, Berlin 1992.

Theater, Film und Kabarett

Fohsel, Hermann-J.: *Im Wartesaal der Poesie. Zeit- und Sittenbilder aus dem Café des Westens und dem Romanischen Café*, Berlin 1996.

Matzker, Reiner (Hrsg.): *Charlottenburger Welttheater*, Berlin 1993.

Stürzer, Anne: *Dramatikerinnen und Zeitstücke. Ein vergessenes Kapitel der Theatergeschichte von der Weimarer Republik bis zur Nachkriegszeit*, Stuttgart, Weimar 1993.

Wissenschaft und Bildung

Brinkschulte, Eva (Hrsg.): *Weibliche Ärzte. Die Durchsetzung des Berufsbildes in Deutschland*, Berlin 1994.

Deutscher Juristinnenbund (Hrsg.): *Juristinnen in Deutschland. Die Zeit von 1900 bis 1998*, Baden-Baden 1998.

Rürup, Reinhard (Hrsg.): *Wissenschaft und Gesellschaft. Beiträge zur Geschichte der Technischen Universität Berlin. 1879–1979*. 2 Bde., Berlin 1979.

Soden, Kristine von/ Zipfel, Gaby (Hrsg.): *70 Jahre Frauenstudium. Frauen in der Wissenschaft*, Köln 1979.

Wildhagen, Harald: „*Laß dich gelüsten der Männer Bildung …*" *Mädchenbildung in Preußen …*, Berlin 1994.

Wirtschaft

Hlawatschek, Elke: *Die Unternehmerin. 1800–1945*. In: Pohl, Hans (Hrsg.):
Die Frau in der deutschen Wirtschaft, Stuttgart 1985, S. 127–146.

Salon

Pannewitz, Rudolf: *Erinnerungen an Georg Simmel*. In: Gassen, Kurt/ Landmann, Michael (Hrsg.): *Buch des Dankes an Georg Simmel*, Berlin 1958.

Wilhelmy, Petra: *Der Berliner Salon im 19. Jahrhundert (1780–1914)*, Berlin,
New York 1989

Drewitz, Ingeborg: *Berliner Salons. Gesellschaft und Literatur zwischen Aufklärung und Industriezeitalter*, Berlin 1965.

Sport

Borowik, Hans: *Sportstadt Charlottenburg*, Berlin 1962.

Diem, Liselott: *Frau und Sport. Ein Beitrag zur Frauenbewegung*, Freiburg, Basel, Wien 1980.

Maierhof, Gudrun/ Schröder, Katinka: *Sie radeln wie ein Mann, Madame. Als
die Frauen das Rad eroberten*, Dortmund 1992.

Sportmuseum Berlin (Hrsg.): *Sportstadt Berlin in Geschichte und Gegenwart.
Jahrbuch 1993*, Berlin 1993.

Personenregister

Abicht, Martha   18 f., 23
Ackermann s. Slavona, Maria
Ackermann, Otto   123
Albers, Anni   88 f.
Albers, Josef   88
Albus, Emmy   215, 217 f., 220
Alfieri, Vittorio   212
Andreas-Salomé, Lou   205
Arendt, Gisela   215, 218
Ariosti, Attilio   211
Arnim, Achim von   121
Astfalck-Vietz, Marta   34, 89 f.
Aufen, Golda Malka s. Kaléko, Mascha
Augsburg, Anita   40, 49

Bäumer, Gertrud   24, 27, 30, 33, 162
Bahn, Roma   142, 146
Bail s. Diem, Liselott
Baker, Josephine   140
Balàzs, Béla   150
Bamberger, Ludwig   208
Barlog, Boleslaw   149
Barnowsky, Victor   137, 145
Bart, Heinrich   107
Baum, Marie   60
Baum, Vicki   137
Bebel, August   39
Beckmann, Max   99
Begall s. Bloch, Klara
Bely, Andrej   78
Bendemann von s. Susman, Margarete
Bendemann, Eduard von   80
Bendow, Wilhelm   148
Benjamin, Walter   72
Benn, Gottfried   62

Berber, Anita   140
Berend-Corinth, Charlotte   90 f.
Berent, Margarete   177
Berger s. Heinroth, Katharina
Bergner, Elisabeth   140
Berliner, Cora   19 f., 31, 44
Bernuth, Max   124
Besser, Luise   162
Birkner, Friede   90
Blamauer, Karoline s. Lenya, Lotte
Bloch, Erich   46
Bloch, Ernst   79
Bloch, Klara   44, 46
Blücher, Gebhard Leberecht   143
Boltzmann, Ludwig   174
Bonapartes, Jerôme   20
Bononcini, Giovanni   211
Bontjes van Beek, Cato   92 f.
Boveri, Margret   67 f.
Brandenburg, Martin   88
Brandt, von s. Lebbin, Helene von
Braun, Heinrich   21, 205
Braun, Lily   20 f., 205
Brecht, Bertholt   137, 142, 148, 150, 158
Brentano, Clemens   192
Breton, André   115
Bretsch, G. H.   196
Bruant, Aristide   158
Bruch, Max   107
Bruckner, Ferdinand   136, 151
Brunner, Ursel   218
Buber, Martin   79
Bülow, Bernhard   209
Bültemann s. Klose, Margarete
Bültemann, Walter   104
Bullrich, August Wilhelm   29
Bunsen, Georg von   68, 208
Bunsen, Marie von   68 f., 205

Busch, Paula   166, 195 f., **197 f.**
Busoni, Ferruccio   114
Byk, Alfred   169
Byk, Suse   82

Calm, Hans   156
Caprivi, Georg Leo von   209
Casanova, Giacomo Girolamo   122
Cassirer s. Durieux, Tilla
Cassirer, Bruno   83, 198
Cassirer, Paul   83, 144, 198
Castonier, Elisabeth   137
Cauer, Eduard   47
Cauer, Ludwig   47
Cauer, Minna   21, 28, 39, **47 f.**
Chodziesner s. Kolmar, Gertrud
Clarke-Mohl, Mary   207
Clauberg, Claus   158
Cocteau, Jean   142
Corinth s. Berend-Corinth, Charlotte
Corinth, Lovis   91, 129, 144
Courths, Fritz   70
Courths-Mahler, Hedwig   63, **69 f.**
Crelinger, Auguste   143
Crelinger, Otto   135, 143
Crüsemann s. Heyl, Hedwig
Cune, Marie   175

Davis s. Lenya, Lotte
Deege, Gisela   97
Dehmel, Ida   33
Dehmel, Richard   33
Detwiler s. Lenya, Lotte
Deutsch, Elise   41, 162
Deutschkron, Inge   44
Diem, Carl   219
Diem, Liselott   216, **219 f.**
Dietrich, Marlene   140
Dilthey, Wilhelm   205
Dinesen s. Schön, Margarete
Dörffeldt, Ilse   215, 217, **220 f.**
Dollinger, Marie   220
Dryander, Ernst von   22
DuBois-Reymond, Emil   208
Düring s. Crelinger, Auguste

Düring, Wilma von   166
Dürrenmatt, Friedrich   142
Duncan, Isadora   **93 f.**, 97
Durieux, Tilla   62, 136, 140, **144 f.**

Ebert, Carl   85
Eckmann, O.   205
Edvardson, Cordelia   75
Edvardson, Ragnar   75
Egk, Werner   104
Ehrenburg, Ilja   78
Eich, Günter   74
Eichberg, Richard   147
Einstein s. Nathorff, Hertha
Einstein, Albert   103, 116, 175, 178
Eisenblätter, Charlotte   49 f.
Eleska, Elena s. Schneider-Kainer
Elisabeth [Fürstin, Rumänien]   98
Elisabeth [Königin, Preußen]   29
Elzer, Margarete   70
Encke, Alexander   206
Encke, Marianne   206
Encke, Wilhelmine   204, **206 f.**
Engl, Jo   139
Erb s. Ivogün, Maria
Erb, Karl   101
Erffa, Margarete Freiin von   164
Erlholz, Käthe   140
Eulenburg, Philipp zu   56
Eysoldt, Gertrud   136

Fall, Leo   113
Fallenstein s. Weber, Helene
Fechter, Paul   68
Fehling, Ilse   94 ff.
Fehling, Jürgen   95
Feininger, Lore   96 f.
Finck, Werner   150
Fintelmann, Ferdinand   29
Fischer, Walter   131
Flechtheim, Alfred   133
Fleischmann s. Albers, Anni
Fleißer, Marieluise   137
Forst, Willi   157

Forster s. Jacobsohn, Edith
Foygonnier, H.   133
Frank, Leonhard   134
Franke, Friedrich Wilhelm   131
Freier, Maayan   51
Freier, Moritz   50 f.
Freier, Recha   44, **50 ff.**
Freisler, Rudolf   53, 60
Friedrich I. [König, Preußen]   84, 210
Friedrich II., der Große [König, Preußen]   85
Friedrich Wilhelm II. [König, Preußen]   206 f.
Friedrich Wilhelm III. [König, Preußen]   207
Frisch, Max   142
Fritsch, Willy   147
Fröbel, Friedrich   15, 25
Fürst, Paula   20, 31
Fürstenberg, Aniela   13
Fuhrmann, Ernst   127
Furtwängler, Wilhelm   100, 117

Gad s. Nielsen, Asta
Gade, M.   196
Garcia Lorca, Federico   142
Genni s. Wiegmann-Mucchi, Jenni
George, Stefan   79, 111, 170, 205
Geppert, Lotte   162
Gierke, Anna von   11 ff., 16, 18, **22 ff.**, 26, 33 f., 40 f., 60, 74, 162
Gierke, Otto von   22
Gies, Ludwig   85
Giradoux, Jean   142, 146
Gizycki von s. Braun, Lily
Gizycki, Georg von   20 f.
Gloeden, Elisabeth-Charlotte   52 f.
Gloeden, Erich   52 f.
Gmeyner, Anna   137
Godeffroy, Ottilie s. Durieux, Tilla
Goebbels, Joseph   17, 42, 65, 141
Goethe, J. W.   20, 122
Goetz, Curt   96
Goetze s. Schwimmer, Eva

Goldberg s. Ullmann, Irma
Goldberg, Simon   76
Gollwitzer, Helmut   24
Graef s. Lepsius, Sabine
Grandeit, E.   196
Grétor, Willy   123
Gründgens, Gustav   145, 156
Grüning, Ilka   140, 149, 152
Grunwald, Rosa   25, 29
Gsovsky, Tatjana   85, **97 f.**
Gsovsky, Victor   97
Guardini, Romano   24
Guilbert, Yvette   148
Gumiljow, Nikolaj   78
Gumz, Emma und Franz   44
Günther, Ida von   101
Gussow, C.   110

Haack, Käte   142, **145 f.**
Haas-Heye s. Schulze-Boysen, Libertas
Häring s. Bahn, Roma
Hahn, Otto   174 f.
Hajek-Halke, Heinz   90
Halbsguth, Ruth   218
Hamel, Ilse   66
Hansemann, Ottilie von   160
Harbou, Thea von   139, 146, 156
Hagen, Johanna Simonetta ten   154
Harlan, Veit   141
Harnack s. Zahn-Harnack, Agnes von
Harnack, Arvid und Mildred   56
Harrison s. Palmer, Lilli
Harrison, Rex   152
Hartstein, Margarete   24 f., 29
Harvey, Lilian   146 f., 155, 157
Hase, Annemarie   148
Hasenclever, Walter   136
Hauptmann, Elisabeth   137
Hauptmann, Gerhard   106, 148, 156
Hauser, Heinrich   127
Heinroth, Katharina   165 f.
Heinroth, Oskar   165
Helfrich, Carl   58
Heller, Hermann   74

Helmholtz, Anna von 110, 205, **207 ff.**
Helmholtz, Hermann von 207 f.
Henrich s. Welskopf-Henrich, Liselotte
Herceg, Steffi 109
Herrmann, Marie 50
Herrnstadt, Rudolf 57 f.
Herovici, Leonida 166 f., 169
Herterich, Ludwig 106, 123
Herzog, R. O. 171 f.
Herz, Henriette 205
Hesterberg, Trude 63, 137, 140, **147 f.**, 150, 159
Heuss, Elly 24
Heuss, Theodor 24
Heyl, Georg 10, 26
Heyl, Hedwig 11 f., 14, 18, 22, **25 ff.**, 36, 40, 69, 134, 194 ff.
Heymann, Lida Gustava 40
Heymann, Werner R. 148
Hille, Peter 76
Himpel, Helmut 59
Hindemith, Paul 116 f.
Hippler, Fritz 141
Hirsch, Rahel 166 f.
Hitler, Adolf 16, 59, 202
Hitz, Dora 83 f., 98 f.
Hlawatschek, Elke 193
Höcker, Karla 98, **100 f.**, 132
Höflich, Lucie 140 f., **149**, 152
Hofer, C. W. A 196
Hofmann, Hans 128
Hofmannsthal, Hugo von 205
Hoffmann s. Langgässer, Elisabeth
Hoffmann, E. T. A. 122
Hoffmann, Elisabeth 75
Hoffmann, Wilhelm 75
Hohenlohe-Schillingsfürst, Chlodwig 209
Holbein von s. Encke, Wilhelmine
Holbein, Franz von 207
Holl, Gussy 148
Hollaender, Friedrich 140, 148
Holm, Renate 102
Holstein, Friedrich von 209 f.
Holwede s. Höflich, Lucie

Honig s. Jacobi, Lotte
Horlitz, Albert 134
Huchel, Peter 74

Ibsen, Henrik 142
Iffland, August Wilhelm 143
Israel, Clara 15, 24 f., **28 f.**
Issatschenko s. Gsovsky, Tatjana
Ivogün, Maria 85, **101 f.**

Jablonski, Daniel Ernst 211
Jacob s. Arendt, Gisela
Jacobi, Lotte 82, **102 ff.**
Jacobsohn, Edith 198 f.
Jacobsohn, Siegfried 198
Jaffe, Helene 169
Jannings s. Höflich, Lucie
Jannings, Emil 149
Janssen, Karl 124
Jastrow, Fam. 170
Jensch, Arthur 221
Jensch-Jordan, Olga 215, **221 f.**
Jensen, Abelone 11, **29 f.**
Jessenin, Sergej 94
Jessner, Leopold 137, 141, 156
Joachim, A. 208
Joachim, Joseph 86
Jordan s. Jensch-Jordan, Olga
Juchacz, Marie 42
Jung s. Bloch, Klara
Jung, Carl Gustav 115
Justi, Ludwig 205

Kästner, Erich 140, 148, 150, 198
Kainer s. Schneider-Kainer, Lene
Kainer, Ludwig 118
Kaiserin Friedrich s. Viktoria [Kaiserin, Deutsches Reich]
Kaléko, Mascha 65, **70 f.**
Kantorowicz, Gertrud 79, **170 f.**
Karminski, Hannah 20, **30 f.**, 44
Katzenellenbogen s. Durieux, Tilla
Katzenellenbogen, Ludwig 144
Kaufmann von s. Porten, Henny

Kaufmann, Friedrich   172
Kaufmann, Oscar   136
Kaufmann, Wilhelm von   153 f.
Kaus, Gina   137
Kautsky, Karl   31 f.
Kautsky, Luise   31 f., 40
Keetman, Gunhild   219
Kehrbach, Prof.   18
Keller, Maria   162
Keller s. March, Sophie
Kellermann, Bernhard   118
Kempner s. Ivogün, Maria
Kempner, Pál   101
Kerr, Alfred   134
Keun, Irmgard   63
Kiep, Otto   60 f.
Kierkegaard, Sören   184
Klabund   158
Klatte, Wilhelm   114
Klee, Paul   95
Klockow, Ida   41, 163, 192
Klose, Friedrich   114
Klose, Margarete   85, **104**
Kloss, Lutz   89
Knipper von s. Tschechowa, Olga
Knipper-Tschechowa, Olga   156
Knobelsdorff, Elisabeth   87, **105**
Knobelsdorff, Georg W. von   105
Knolleisen, J.   196
Koch, Elisabeth   43
König, Josef   202 f.
König, Wilhelm   203
Kolbe, Georg   85, 124 f.
Kollatz, Karl Wilhelm   29
Kollwitz, Käthe   84, 99, **106 f.**,
    123, 133, 205
Kolmar, Gertrud   71 f.
Kosinzewa, Ljubow   78
Kowa, Victor de   96
Kracauer, Siegfried   139
Kraus, August   129
Krauss, Käthe   220
Kraze, Friede   66
Kretschmann s. Braun, Lily
Krieger s. Schreiber-Krieger, Adele
Krieger, Richard   55
Krüger, Deodata   171 f.

Krüger, Horst   74
Kruse, Käthe   194, **199 ff.**
Kruse, Max   200
Kühl, Kate   148, **150**, 158 f.
Kuyper, Elisabeth   107 f.
*Kuznitzky s. Gloeden, Elisabeth-
    Charlotte*
Kwast, James   114

Landau, Lola   73 f., 137
Landshoff, Ruth   63
Lang, Fritz   139, 156
Lange, Helene   27, 42, 48, 68, 162,
    176, 186, 189
Langgässer, Elisabeth   74 ff.
Langner, Ilse   137
LaRoche s. Oppenheim, Meret
Lask, Berta   137
Lasker, Berthold   76
Lasker-Schüler, Else   62, **76 f.**,
    118, 124, 137, 141
Lattemann, Hermann   222, 225
Latzel s. Cauer, Minna
Latzel s. Mikusch, Margarete
Latzel, August   47
Lebbin, Helene von   209 f.
Lebbin, Hermann Friedrich Karl von
    209
Léger, Fernand   129
Léhar, Franz   113
Lehmbruck, Wilhelm   133
Leibnitz, Gottfried Wilhelm   211
Leistikow, Walter   83
Lenya, Lotte   103, **108 f.**, 137
Lepsius, Karl R.   208
Lepsius, Reinholdt   110
Lepsius, Sabine   83 f., **110 f.**, 170,
    205
Leschke, Gertrud   43
Leven, Luise   34
Levi s. Salomon-Lindberg, Paula
Levin s. Lasker-Schüler, Else
Levin, Georg s. Walden, Herwarth
Levin, Rahel   205
Levy, Rudolf   133
Lewald, Fanny   208

Lichnowsky, Mechtilde   137
Lichtenau s. Encke, Wilhelmine
Liebermann, Max   83, 123, 144
Liebknecht, Sophie   32
Liebreich, Franziska   110
Liersch s. Albus, Emmy
Liersch, Walter   217
Lincke, Paul   159
Lindberg s. Salomon-Lindberg, Paula
Lindemann, Fritz   52
Lion, Hilde   32 f.
Lion, Margo   148
Loerke, Oskar   74
Lofting, Hugh   198
Lorca s. Garcia Lorca
Lourié, Vera   77 ff.
Lubitsch, Ernst   139
Ludendorff, Erich   138
**Lüders, Marie-Elisabeth   12, 41,
    48, 53 f.**
Luft, Friedrich   145 f.
Lukàcs, Georg   79
Lukas s. Werkmeister, Lotte
Lukas, Heinrich   159
Lumière, Brüder   138
Luxemburg, Rosa   32

Mahler s. Courths-Mahler, Hedwig
Maillol, Aristide   124
Mammen, Jeanne   111 f.
Mann, Erika   64
Mann, Thomas   69
March, Ernst   201
March, Emil   201
March, Paul   202
March, Sophie   196, 201 f.
Marck s. Landau, Lola
Marck, Siegfried   73
Marckwald, Fam.   169
Marlitt, Eugenie   69
Marschalk, Franz   104
Martin s. Bahn, Roma
Martin, Karl Heinz   142
Massary, Fitzi   112 f., 148, 159
Massolle, Joseph   139
Matei, Jochem   212

Mathilde [Prinzessin, Sachsen]   114
Matz, Elsa   172 f., 41
Mauer, Rudolf   106
Mehring, Walter   140, 148, 150, 158
Meitner, Lise   174 f.
Mendelsohn, Erich   116 f., 139
Mendelsohn, Luise   87, 116 f.
Menzel, Adolph von   208
Merian, Maria Sibylla   90
Metzinger, Jean   133
Meyer s. Höflich, Lucie
Mikusch, Margarete von   114
Milne, Alan A.   198
Mohl s. Helmholtz, Anna von
Mommsen, Adelheid   176 f.
Moosdorf s. Thalemann, Else
Morisot, Berthe   123
Mosson, Georg   128, 133
Mozart, Wolfgang Amadeus   100 f.
Mucchi s. Wiegmann-Mucchi, Jenni
Mucchi, Gabriele   129
Muche, Georg   95
Mühsam, Erich   62 f.
Müller s. Wiegmann-Mucci, Jenni
Müller-Oerlinghausen, Berthold   129
Müller-Otfried, Paula   41
Münter, Gabriele   114
Munch, Edvard   123
Munk, Marie   177 f.
Murnau, Friedrich   157

Nacken, Johanna   34
Nagler, Alexander   117
Naujok, G.   106
Nathorff, Hertha   178 f.
Nehrhaupt s. Kühl, Kate
Neide, Emil   106
Nelson, Rudolf   140
Nemitz, Anna   40
Neuer, Bettina   136
Neufert, Hermann   18
Neuländer, Else s. Yva
**Nielsen, Asta   69, 138, 140, 146,
    150 ff.**
Niemöller, Martin   178
Noddack, Ida   161, 180 f.

Noddack, Walter 180
Nörenberg, Marie 16, **181 f.**
Nowikow, Laurent 97

Ochs, Siegfried 117
Offenbach, Jacques 113
Onégin, Sigrid 85
**Oppenheim, Meret Elisabeth
114 ff.**
Orff, Carl 122, 219
Osthaus, K. 124
Otto, Louise 39

Pabst, Georg W. 151
Pallenberg s. Massary, Fritzi
Pallenberg, Max 113
Palmer, Lilli 141, 149, **152 f.**
Pannwitz, Rudolf 205
Pape s. Harvey, Lilian
Pappenheim, Bertha 30, 80
Passini, Ludwig 208
Paulsen, Harald 137
Paulus, Käthe 222 f.
Pauly, Ernst 63
Pauly, Gert. 170
Pausin, Hans 215, 218
Pausin, Toni 215
Peiser s. Palmer, Lilli
Perathoner, Hans 129
Petersen, Jan 49
Petri, Trude 85
Petroff, Prof. 169
Pinski s. Pirch, Gerda
Pirch, Gerda 224
Piscator, Erwin 136, 144
Pissarro, Camille 123
Pistocchi (Musiker) 211
Planck, Max 174, 208
Platon (Plato) 49
*Plavona né à Varsovie, Carl-Maria s.
   Slavona, Maria*
Poelzig, Hans 139
Poelzig-Moeschke, Marlene 87
Pollak s. Massary, Fritzi
Pöllnitz, Gisella von 57

Pöltinger, Ladislaus von 207
Porten, Henny 138 f., 151, **153 f.**
Posnjakov, Alexej 78
Preobrajenska, Olga 97
Proßnitz s. Nörenberg, Marie
Purrmann, Hans 13

Raatz-Brockmann, Julius 117
Radolin, Hugo 209
Rathenau, Walter 83, 205
Raucheisen s. Ivogün, Maria
Raucheisen, Michael 102
Rautter, Christiane s. Höcker, Karla
Reckzeh, Paul 60
Reger, Max 114
Reiner, Otto s. Susman, Margarete
Reinhardt, Max 63, 113, 136 ff.,
   141 f., 144 f., 147 ff., 155
Reinholm, Gerd 97
Reinhold, Alwine 16, 41, 163,
   182 f.
Reiss s. Jacobi, Lotte
Relham s. Courths-Mahler, Hedwig
Reuter, Ernst 134
Rheydt, Celly de 140
Richter, Liselotte 183 f.
Richter, Paul 156
Riefenstahl, Leni 141
Riess, Hanna 83
Rilke, Rainer Maria 205
Ringelnatz, Joachim 62, 148, 150
Ritz s. Encke, Wilhelmine
Ritz, Johann, Friedrich 206
Robitschek, Kurt 140
Robyns s. Tschechowa, Olga
Rodin, Auguste 124
Roemer, Erich 134
Römer, Josef 49 f.
Röntgen, Wilhelm Conrad 67
Rösch s. Heinroth, Katharina
Roettger, Prof. 126
Röttgers, Elisabeth 103
Ronsperger s. Kautsky, Luise
Rosenau s. Schwarz, Minna
Roseno, Margarete 162
Roth s. Valetti, Rosa

Rubinstein, Hilde   137
Rüdiger, Hedwig   16
Rüdiger, Jutta   43
Rühmann, Heinz   156

Salomon, Albert   118
Salomon, Alice   28, 33, 60
Salomon, Charlotte   116, 118
Salomon, Erich   152
Salomon-Lindberg, Paula   116,
   117 f.
Sandrock, Adele   154
Sartre, Jean Paul   142
Schäfer, Oda   74
Schäffer, Hans   19 f.
Schäffner, Ernst   52
Scheffler, Karl   99
Scheibel, Elfriede   202 f.
Scheliha, Rudolf von   58
Schelle s. Cauer, Minna
Schiffer s. Jacobsohn, Edith
Schiffer, Marcellus   148
Schlemmer, Oskar   95
Schlemmer-Amboss, Irene   101
Schleinitz, Marie von   205
Schlenther, Paul   155
Schlittgen, Hermann   99
Schmarje, Prof.   95
Schmidt s. Kollwitz, Käthe
Schmidt s. Zammit, Kitty
Schmitt, Charlotte   184 f.
Schmitt, Rudolf   185
Schneider-Kainer, Helene   118 f.
Schnitzler, Arthur   136, 155
Schön, Margarete   139, 155 f.
Schönberg, Arnold   114, 118
Schönherr s. Hesterberg, Trude
Schorer s. Slavona, Maria
Schottmüller, Oda   59, 120 f.
Schrader-Breymann, Henriette   13,
   25 f.
Schreiber-Krieger, Adele   16, 41,
   44, 48, **55 f.**, 179
Schreyer, Lothar   95
Schroeder, Louise   166
Schroth s. Haack, Käte

Schroth, Hannelore   146
Schroth, Heinrich   145
Schubert, Franz   100
Schüler s. Lasker-Schüler, Else
Schünzel, Reinhold   155
Schulenburg von der, Fam.   132
Schulze-Boysen, Harro   44, 56,
   58 f., 120
Schulze-Boysen, Libertas   44,
   56 f., 58 f., 92, 120
Schumacher, Kurt   121
Schumann, Clara   100
Schwabach, Julius   209
Schwabach, Paul   209 f.
Schwaen, Kurt   120
Schwalm, Hans   49
Schwarz, Minna   34 f.
Schwarzkopf, Elisabeth   102
Schweitzer s. Freier, Recha
Schweitzer, Albert   116 f.
Schwenke, Martha   16
Schwerin, Jeanette   28
Schwimmer, Eva   121 f.
Schwimmer, Max   121
Segonzac, Dunoyo de   133
Segrè, E.   180
Semler s. Schön, Margarethe
Sintinis, Renée   85
Shaw, George Bernard   142
Siemens, Fam.   10
Simmel, Georg   79, 170, 205
Simon s. Kruse, Käthe
Simon, H.   205
Simonis, Hugo   167
Simson, Clara von   185 f.
Simson, Eduard von   185
Singer, Kurt   117
Skladanowsky, Max   138
Slavona, Maria   99, **122 ff.**, 133
Slevogt, Max   83, 144
Solf, Hanna   60
Solf, Wilhelm   60
Soltmann, Hans   121
Sophie Charlotte [Königin,
   Preußen]   7, 82, 85, 204, **210 f.**
Speer, Albert   197
Spiro s. Durieux, Tilla

Spitzemberg, Hildegard von   205,
    209
Spoliansky, Mischa   140, 148
Stanislawskij, Konstantin   156
Stark s. Porten, Henny
Staufer, Teddy   203
Stauffer-Bern, Karl   106, 123
Steger, Milly   120, **124 f.**, 126
Stein, Elisabeth   14
Steinthal, Fanny   13
Stern, Julius   83
Stich s. Crelinger, Auguste
Stich, Wilhelm   143
Stöbe, Ilse   57 f.
Stöcker, Helene   55
Stolzmann, M.   196
Stomps, Louise   125 f.
Strauß, Johann   113
Strauss, Richard   101
Streich, Rita   102
Strelow, Heinz   93
Strindberg, August   142, 151
Stürzer, Anne   137
Susman, Margarete   79 f., 152,
    205
Szagunn, Ilse   186 ff.
Szagunn, Walter   186

Tacke s. Noddack, Ida
Tagger, Theodor s. Bruckner,
    Ferdinand
Tergit, Gabriele   63, 65
Terwiel, Maria   58 f.
Thadden, Elisabeth von   60 f.
Thalemann, Else   127 f.
Thälmann, Ernst   103
Theede s. Nielsen, Asta
Theede, Christian   151
Thompson s. Palmer, Lilli
Tidow, Günter   92
Tietjen, Heinz   85
Tippelskirch, von s. Knobelsdorf,
    Elisabeth
Toller, Ernst   136, 150
Torelli   211
Torland, John   211

Tschechow, Anton   156
Tschechow, Michail   156
Tschechowa, Olga   156 f.
Tschudi, Hugo von   83, 205
Tucholsky, Kurt   103, 140, 148, 150,
    158, 199
Tygör, Elfriede   50

Uhl s. Busch, Paula
Uhl, Alois   197
Uhrig, Robert   49 f.
Ullmann, Fritz   188 f.
Ullmann, Irma   188 f.
Ury, Else   80 f.

Valetti, Rosa   63, 140 f., 148, 150,
    158
Valentin s. Valetti, Rosa
Valentin, Hermann   158
Valeur-Larsen s. Harvey, Lilian
Vehrigs, Ursula   128
Verhoeven, Paul   96
Viktoria [Kaiserin, Deutsches Reich]
    11, 13, 26, 68, 208
Vietz s. Astfalck-Vietz, Marta
Vinaver s. Kaléko, Mascha
Vinaver, Chemjo   71
Virchow, Rudolf   208
Vogt, Hans   139
Vota (Jesuit)   211

Wagner, Richard   208
Walden, Herwarth   62 f., 76, 118
Waldorff, Claire   140
Walter, Bruno   85, 101
Wassermann   69
Weber, Alfred   12
Weber, Fam.   10
Weber, Fritz   203
Weber, Helene   12, 14, 22, **35 f.**, 41
Weber, Marianne   36
Weber, Max   35
Weber, Max (Sohn)   12, 36
Wedekind, Frank   62, 142

Wegner s. Landau, Lola
Wegner, Armin T.   73
Wegscheider, Max   189
**Wegscheider-Ziegler, Hildegard
189 f.**
Wehner s. Scheibel, Elfriede
Wehner, Heinz   203
Wehowski, Else   162, 183
Weigel, Helene   137
Weill s. Lenya, Lotte
Weill, Kurt   109, 148
**Welskopf-Henrich, Liselotte
190 f.**
Wenger-Ruutz, Lisa   115
Werkmeister, Lotte   159
Werner, Anton von   83
Wiegmann-Mucchi, Jenni   129 f.
Wieruszowski, Lili   130 f.
Wiese, Leopold von   33
Wilhelm I. [Kaiser, Deutsches Reich]
29
Winckelmann, Emilie   87, **132 f.**,
136, 160

Wingaardh s. Nielsen, Asta
Winsloe, Christa   137
Wittig s. Fehling, Ilse
Wittmann, Wally   215 f., 224 f.
Wölfflin, Heinrich   105
Wolff, Emilie   33 f.
Wolff, Mathilde   162
Wolff, Theodor   57
Wolfskehl, Karl   79
Worm, Hardy   63

Yva   82

Zahn, Karl von   192
Zahn-Harnack, Agnes von   191 f.
Zammit, Kitty   212
Zerwer, Antonie   13, **37 f.**
Zetkin, Clara   21
*Ziegler s. Wegscheider-Ziegler,
Hildegard*
Zitzewitz, Augusta von   137 f.